Rüdeger Baumann

Programmieren mit PASCAL

CHIP WISSEN

Software

Rüdeger Baumann

Programmieren mit PASCAL

Einstieg für Schüler, Hobbyprogrammierer, Volkshochschüler

VOGEL-VERLAG

ISBN 3-8023-0667-8
1. Auflage. 1980

Printed in Germany

Herstellung: VOGEL-DRUCK WÜRZBURG

Inhalt

Vorwort

Diese Schrift versteht sich als Einführung in die Kunst des Programmierens. Es werden keine Vorkenntnisse vorausgesetzt; an Mathematik-Kenntnissen genügen die der Mittelstufe. Damit eignet sich die Einführung für Schüler des Sekundarbereichs I, aber auch für die Erwachsenenbildung (Volkshochschulen) und zum Selbststudium, z.B. für den Hobby-Programmierer.
Um möglichst rasch zu einem aktiven Umgang mit dem Rechner hinzuführen, werden die Sprachkomponenten von PASCAL hier nicht systematisch abgehandelt, sondern beim Lösen konkreter Aufgaben nach und nach erarbeitet. Zahlreiche Übungsaufgaben (teils mit Lösungen im Anhang) dienen der Festigung des Gelernten und laden zum Weiterdenken ein.
Ab der Mitte des Buches wird das Niveau allmählich angehoben; hier fließen zuweilen auch etwas anspruchsvollere Überlegungen ein. Insgesamt soll jedoch der Charakter einer Schrift für Anfänger (oder, wie man neuerdings gerne sagt: für 'Einsteiger') gewahrt bleiben. Daher werden dynamische Datenstrukturen nur gestreift und etwas tiefer liegende Probleme, wie z.B. Korrektheitsfragen, nicht behandelt. Information über den Aufbau von Rechenanlagen findet man in anderen Bänden dieser Reihe (siehe die Literaturhinweise im Anhang).

Die auf Tischrechnern und Personal-Computern und damit in Schulen und Hobby-Kellern sowie bei kleineren kommerziellen Anwendern gegenwärtig (Ende 1980) am weitesten verbreitete Programmiersprache ist zweifellos BASIC. Dies hat gute Gründe: die Sprache ist leicht erlernbar und ermöglicht ohne weiteres interaktives Arbeiten. Da das Programmieren mit ihr unbestritten Spaß macht, neigt der unbefangene Benutzer dazu, unmittelbar nach der Idee für ein Programm sich ans Gerät zu setzen und jenes direkt am Bildschirm, d.h. ohne den Umweg über Papier und

Bleistift, zu entwickeln. Dies geht solange halbwegs gut, als die Algorithmen einfach und leicht zu durchschauen sind. Sowie das Problem jedoch einen gewissen Umfang und/oder Komplexitätsgrad angenommen hat, wird der Benutzer vom BASIC-System hoffnungslos im Stich gelassen. Es verführt ihn zum 'Hacken', dem wilden, unsystematischen Programmieren. Die uneingeschränkte Möglichkeit bzw. Notwendigkeit von Sprüngen (GOTO) führt leicht zum berüchtigten 'Spaghetti-Code'.Hierfür bieten die in Computer-Zeitschriften und von Firmen vertriebenen zahlreichen Spiel- und Verwaltungsprogramme in BASIC sprechendes Anschauungsmaterial: sie sind i.a. Muster der Unverständlichkeit und meist nahezu unlesbar. PASCAL-Programme dagegen vermögen sich in wesentlich höherem Maß selbst zu dokumentieren: hier ist die Sprache ein adäquates Ausdrucksmittel der Gedanken.

Natürlich läßt sich auch in PASCAL Spaghetti-Code schreiben - und umgekehrt kann man auch in BASIC übersichtliche, modular aufgebaute und gut dokumentierte Programme zuwege bringen. Nur stellt dies an die Disziplin des Programmierers erhebliche Anforderungen; er wird hierbei von BASIC nicht unterstützt.

PASCAL dagegen zwingt dazu, den Lösungsweg im einzelnen zu durchdenken und das Programm zuerst zu Papier zu bringen, bevor man sich ans Gerät begibt; PASCAL unterstützt das Bemühen um Verständlichkeit, Änderbarkeit und Korrigierbarkeit der Programme.

PASCAL ist nicht ganz so bequem zu erlernen wie BASIC; dafür bietet es jedoch ungleich reichere Ausdrucksmöglichkeiten: ich habe versucht, den Leser an reizvollen und abwechslungsreichen Beispielen damit bekannt zu machen. Im Verlauf der Arbeit mit PASCAL wird er von den Vorzügen dieser Sprache überzeugt werden und den Lohn für die aufgewandte Mühe ernten.

Lüneburg, August 1980 R. Baumann

Einleitung

Schon immer hat der Mensch mit Erfolg versucht, ermüdende Routinearbeit - sowohl körperlicher wie geistiger Natur - von Maschinen sich abnehmen zu lassen. Die Geschichte mechanischer Rechenhilfsmittel beginnt im Altertum, die der Rechenmaschinen im 17. Jahrhundert (SCHICKARD, PASCAL, LEIBNIZ, HAHN). Praktische Bedeutung gewinnen diese jedoch erst in unserem Jahrhundert; innerhalb weniger Jahrzehnte sind Computer nicht nur unentbehrliche Hilfe für Handel, Banken und Versicherungen geworden, sondern sie erweisen sich als Spiel- und Trainingspartner, stellen Wirtschaftsprognosen, lenken den Verkehr, bereiten politische Entscheidungen vor, steuern technische Prozesse und wachen über unserer Sicherheit.

Soll ein Computer für uns tätig werden, müssen wir den Auftrag, den wir ihm erteilen, in einer ihm verständlichen Sprache formulieren. Eine sowohl für wissenschaftlich-technische wie für ökonomische und administrative Probleme besonders gut geeignete und daher weltweit an Beliebtheit zunehmende Programmiersprache ist PASCAL. Sie wurde Anfang der siebziger Jahre von Niklaus Wirth, Professor an der Eidgenössischen Technischen Hochschule Zürich, geschaffen; die Namensgebung erfolgte zu Ehren des französischen Philosophen und Mathematikers Blaise Pascal (1623 - 1662), der als Neunzehnjähriger eine Rechenmaschine erfand.
Wie andere Sprachen besitzt auch PASCAL verschiedene Dialekte; jeder Computer-Hersteller kreiert seinen eigenen. In vorliegender Schrift wird das an der University of California at San Diego von K. Bowles und Mitarbeitern entwickelte sogenannte UCSD-PASCAL (siehe Literaturverzeichnis [2]) zugrundegelegt, da es auf preiswerten Kleinrechnern (apple II, ITT 2020, Microengine) verfügbar ist. Die im folgenden aufgeführten Programme sind auf einer PASCAL-Microengine (P-Code-Maschine SE-90) gelaufen.

1 Geradeaus - Programme

In diesem Kapitel werden wir für einige ganz einfache Probleme Lösungsverfahren aufschreiben, in die Programmiersprache PASCAL übersetzen und durch den Computer ausführen lassen. Mancher mag einwenden: "Dazu hätte ich keinen Computer gebraucht." Gewiß - aber, wer Ski-Abfahrten unternehmen will, übt zuerst am Hang, und wer eine neue Sprache zu erlernen gedenkt, muß sich erst mit Wortschatz und Satzbau quälen.
Vorausgesetzt wird, daß der Leser sich auf dem Tastenfeld seines Rechners auskennt und ein Programm eingeben, evtl. korrigieren sowie zum Laufen bringen kann.

1.1 Programm - Aufbau

Beispiel 1 : Preisberechnung
Es soll der Bruttopreis einer Warenlieferung aus Menge und Preis der gelieferten Ware berechnet werden.

Bekanntlich ist (vor der Berücksichtigung von Umsatzsteuer und Rabatten) der zu zahlende

Bruttobetrag = Menge mal Preis.

Damit der Computer eine solche Rechnung für uns durchführt, müssen wir ihm geeignete A n w e i s u n g e n (Befehle) erteilen. Wir formulieren sie zunächst in Deutsch:

```
Programm  Preisberechnung
   Eingabe: Menge, Preis
   Ausgabe: Menge mal Preis
Ende
```

Die Übersetzung in PASCAL ist fast wörtlich möglich; jedoch muß dem Rechner zunächst noch die Bedeutung der Worte 'Menge' und 'Preis' mitgeteilt werden. Wir *vereinbaren*, daß 'Menge' und 'Preis' *Variable für Dezimalzahlen* sind; aufgrund dieses Hinweises kann der Rechner geeigneten Speicherplatz bereitstellen. Das PASCAL-Programm lautet dann wie folgt:

```
PROGRAM preisberechnung;
  VAR
    menge, preis : real;
  BEGIN
    read ( menge, preis ) ;
    write ( menge * preis )
  END.
```

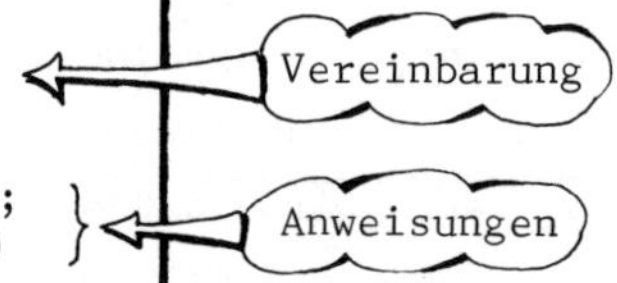

VAR ist Abkürzung für 'Variable', dieser Teil des Programms heißt *Vereinbarungsteil*; real bedeutet Dezimalzahl (von engl. real number = reelle Zahl). Die Anweisungen read (engl.: lies) und write (engl.: schreibe) bilden den *Anweisungsteil* unseres Programms.

Um es durch den Rechner ausführen zu lassen, schreiben wir das Programm über das Tastenfeld Zeile für Zeile ein und kontrollieren unsere Eingabe auf dem Bildschirm.

Auf ein geeignetes *Ausführungskommando* hin beginnt der Rechner mit der Übersetzung des Programms in die Maschinensprache (man nennt diesen Vorgang 'Kompilieren', von engl.: to compile = zusammentragen, übertragen).

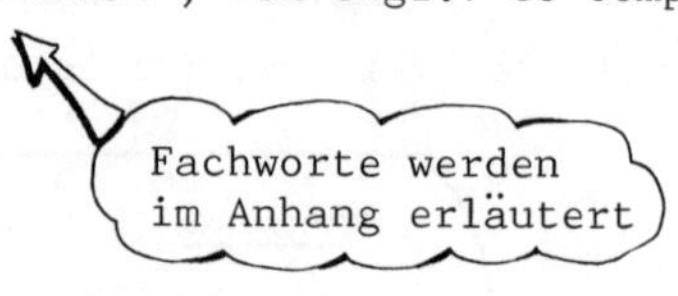

Hier können zwei Fälle eintreten:

1. Fall: Auf dem Bildschirm erscheint eine *Fehlermeldung*, wenn wir gegen eine Grammatik-Regel von PASCAL verstoßen haben. Zum Beispiel:

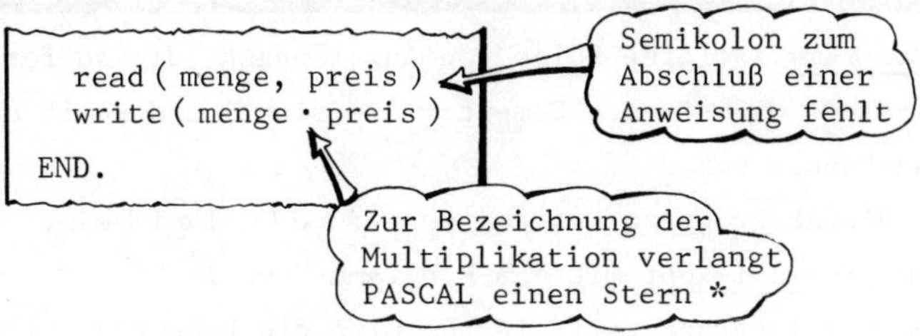

Wir korrigieren den Fehler und starten den Übersetzungsvorgang erneut.

2. Fall: Auf dem Bildschirm erscheint folgender Text:

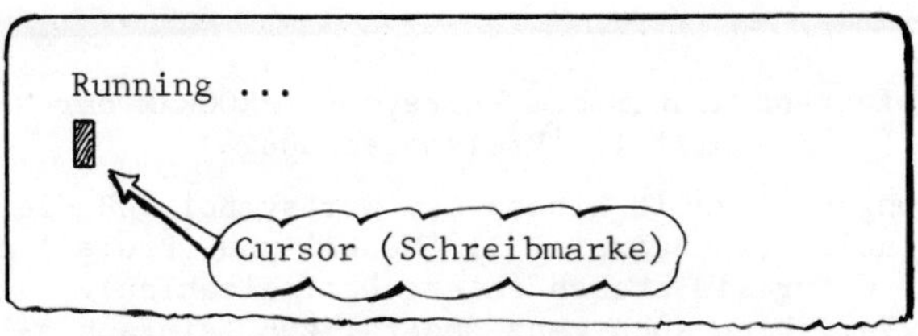

Das bedeutet: Das Programm läuft (engl.: to run = laufen); es passiert aber nichts weiter, denn der Rechner wartet auf die Eingabe zweier Zahlen, nämlich auf Menge und Preis der Lieferung. Wir geben (zum Beispiel) die Zahl 12 ein und drücken die RETURN-Taste, dann geben wir die Zahl 0.75 ein und drücken wieder die RETURN-Taste. Jetzt stellt sich der Bildschirm wie folgt dar:

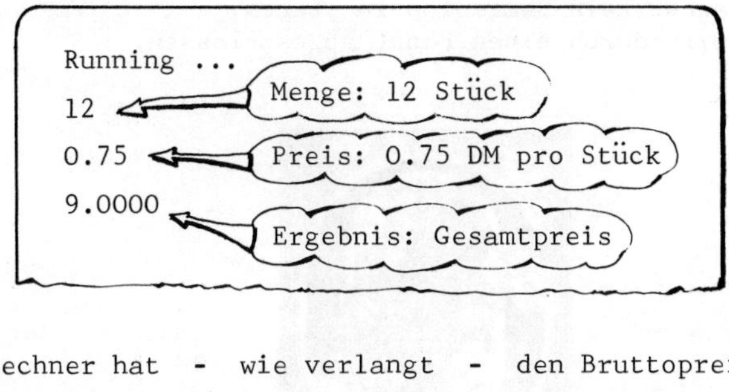

Der Rechner hat - wie verlangt - den Bruttopreis der Lieferung ausgerechnet und angezeigt. Wollen wir den Gesamtpreis für *andere Eingabewerte* wissen, starten wir das Programm von neuem.

Ein Programm ist eine Folge von Anweisungen, die so formuliert sind, daß sie der Computer 'versteht' und somit ausführen kann.

Jedes PASCAL-Programm besteht aus d r e i T e i l e n:

1. dem Programm-Kopf mit dem Programm-Namen,
2. dem Vereinbarungsteil: in ihm wird die Bedeutung aller vorkommenden Namen festgelegt,
3. dem Anweisungsteil: in ihm sind die einzelnen Anweisungen aufgeführt.

Vereinbarungs- und Anweisungsteil zusammen heißen Block.

- Im Programmkopf steht hinter dem Wortsymbol PROGRAM der Name des Programms (in Beispiel 1: 'Preisberechnung').
- Der Vereinbarungsteil zählt hinter dem Wortsymbol VAR die vorkommenden Variablen (in Beispiel 1: 'Menge' und 'Preis') auf und legt fest, wofür sie stehen (hier: Dezimalzahlen).
  Man hätte die Variablen auch ganz anders, z.B. einfach - wie in der Mathematik - durch Buchstaben, bezeichnen können.
- Der Anweisungsteil wird von den Wortsymbolen BEGIN und END eingeschlossen.
- Die Eingabe-Anweisung read bewirkt das Einlesen der zwischen den Klammern genannten Größen; die Ausgabe-Anweisung write veranlaßt die Anzeige des Ergebnisses auf dem Bildschirm.
- Die einzelnen Vereinbarungen und Anweisungen werden durch Semikolon (Strichpunkt) voneinander getrennt; vor dem Wortsymbol END braucht kein Semikolon zu stehen.
  Das Programm wird durch einen Punkt abgeschlossen.

Beispiel 2 : Fallschirmabsprung

Die Höhe, bei der ein Fallschirmspringer spätestens seine Reißleine ziehen muß, um unversehrt zu landen, beträgt etwa 650 m . Für verschiedene Absprunghöhen ist die Zeitspanne zwischen dem Verlassen des Flugzeugs und dem Ziehen der Reißleine zu berechnen.

Die hierfür benötigte Formel (bei Vernachlässigung des Luftwiderstandes) lautet:

$$t = \sqrt{\frac{2(h-650)}{9{,}81}} ,$$

(wird im Anhang erläutert)

dabei ist t die Zeit (in Sekunden) und h die Absprunghöhe (in Meter).

Wir wollen das Programm so abfassen, daß uns der Rechner nicht nur - wie in Beispiel 1 - die nackten Zahlen auf dem Bildschirm anzeigt, sondern auch dazu sagt, was diese Zahlen jeweils b e d e u t e n . Bei der Eingabe soll er uns f r a g e n , welche Zahl er wissen will.

Das Programm läßt sich unmittelbar in PASCAL hinschreiben:

```
PROGRAM absprung;
  VAR
    h , t : real;
  BEGIN
    write ( 'Geben Sie die Absprunghoehe in Meter an!    ');
    read ( h ) ;
    write ( 'Bis zum Ziehen der Reissleine haben Sie    ');
    write ( sqrt(2*(h - 650)/9.81), '   Sekunden Zeit.')
  END.
```

(Zwischenraum)

Dialog mit dem Rechner:

```
Running ...
Geben Sie die Absprunghoehe in Meter an!   2500
Bis zum Ziehen der Reißleine haben Sie  1.9420E1
Sekunden Zeit
```

(das bedeutet: 19,4 Sekunden)

Noch ein kleines Zwiegespräch:

```
Running ...
Geben Sie die Absprunghoehe in Meter an!   600
Bis zum Ziehen der Reissleine haben Sie
FLOATING POINT ERROR
```

der Rechner weigert sich, aus einer negativen Zahl die Quadratwurzel zu ziehen!

'Floating point' heißt 'Gleitkomma' oder besser: 'Gleitpunkt'; diese Bezeichnung bezieht sich auf die Zahldarstellung (siehe dazu Abschnitt 4.2). Statt der Variablennamen h und t hätten wir auch 'hoehe', 'zeit' o.ä. wählen können; dann wäre aber der Rechenausdruck noch länger geworden. Das Wurzelzeichen $\sqrt{}$ wird in PASCAL durch <u>sqrt</u> (von engl.: square-root = Quadratwurzel) wiedergegeben; der Schrägstrich / vertritt den Bruchstrich.

***

A u f g a b e n

1. Schreiben Sie das Programm von Beispiel 1 so um, daß der Rechner nach den einzugebenden Werten fragt und die Bedeutung des Ergebnisses mitteilt.

2. Welchen Rauminhalt besitzt ein quaderförmiger Kasten der Länge a , Breite b und Höhe c ; und für wieviel Quadratmeter benötigt man Farbe, um ihn außen zu streichen?
   Schreiben Sie ein PASCAL-Programm!

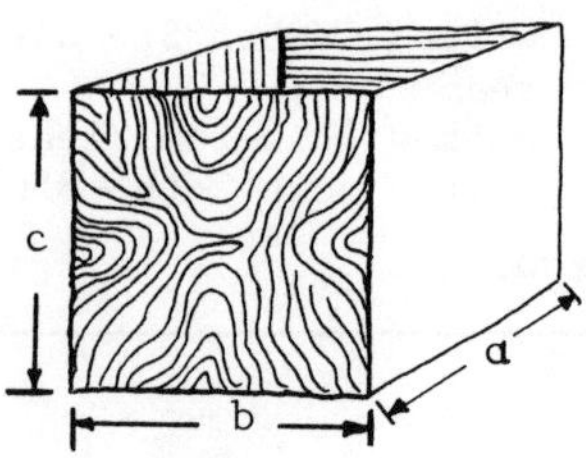

3. Auf den Listenpreis eines Computers von 13.790,-- DM werden 5% Rabatt gewährt; anschließend werden 13% Mehrwertsteuer draufgeschlagen. Welcher Rechnungsbetrag ergibt sich?
   Ein PASCAL-Programm ist zu schreiben, welches zu beliebigen Eingabewerten für Listenpreis, Rabatt und Mehrwertsteuer den Nettopreis ausgibt.
   Was ist für den Käufer günstiger: zuerst Rabatt runter, dann Mehrwertsteuer drauf - oder umgekehrt?

1.2 Variablen, Ausdrücke, Wertzuweisung

Beispiel 3 : Sparguthaben

Ein Geldbetrag wird zu 5,5% pro anno Zinseszinsen auf die Sparkasse gelegt. Auf welchen Betrag ist das Guthaben nach 1,2,3 Jahren angewachsen?

Nach einem Jahr haben wir das Guthaben

$$\begin{aligned}\text{Guthaben}(1) &= \text{Anfangsguthaben plus Zinsen}\\ &= \text{Anfangsguthaben} + \text{Anfangsguthaben} \cdot \frac{\text{Zinssatz}}{100}\\ &= \text{Anfangsguthaben} \cdot \left(1 + \frac{\text{Zinssatz}}{100}\right),\end{aligned}$$

nach zwei Jahren entsprechend

$$\text{Guthaben}(2) = \text{Guthaben}(1) \cdot \left(1 + \frac{\text{Zinssatz}}{100}\right) \quad \text{und so fort.}$$

Der Ausdruck $1 + \frac{\text{Zinssatz}}{100}$ ist der sogenannte Zinsfaktor;

wir können also auch schreiben:

$$\text{Guthaben}(2) = \text{Guthaben}(1) \cdot \text{Zinsfaktor} \quad \text{usw.}$$

Das Berechnungsverfahren lautet dann:

```
Programm Sparguthaben
  Konstante: Zinsfaktor = 1,055
  Variable:  Anfangsguthaben, Guthaben(1),
             Guthaben(2), Guthaben(3) : Dezimalzahlen
  Beginn
    Eingabe: Anfangsguthaben
           Guthaben(1) ← Anfangsguthaben · Zinsfaktor
           Guthaben(2) ← Guthaben(1) · Zinsfaktor
           Guthaben(3) ← Guthaben(2) · Zinsfaktor
    Ausgabe: Guthaben(1), Guthaben(2), Guthaben(3)
  Ende
```

Die Anweisung

Guthaben(1) ← Anfangsguthaben · Zinsfaktor

gelesen:

"Ersetze Guthaben(1) durch Anfangsguthaben mal Zinsfaktor"

bedeutet, daß 'Anfangsguthaben mal Zinsfaktor' ausgerechnet und das Ergebnis der Variablen Guthaben(1) zugewiesen wird: beträgt das Anfangsguthaben z.B. 1000 DM, so erhält die Variable Guthaben(1) den Wert 1055 (DM). Allgemein hat eine Wertzuweisung die Aufgabe, den augenblicklichen Wert einer Variablen durch einen neuen Wert zu ersetzen, der sich durch Ausrechnung eines (Rechen-) Ausdrucks ergibt. In PASCAL wird die Wertzuweisung durch das Zeichen := ausgedrückt. Das PASCAL-Programm lautet dann:

```
PROGRAM sparguthaben;
   CONST
     zinsfaktor = 1.055;
   VAR
     anfguth, guth1, guth2, guth3 : real;
   BEGIN
     write ( 'Welches Anfangsguthaben?  ');
     read ( anfguth ) ;
     guth1 := anfguth * zinsfaktor;
     guth2 := guth1 * zinsfaktor;
     guth3 := guth2 * zinsfaktor;
     write ( 'Endguthaben nach 1,2,3 Jahren:  ');
     write ( guth1, guth2, guth3)
   END.
```

Die Variablen-Namen mußten abgekürzt werden, da der Rechner nur die ersten 8 Zeichen zur Kenntnis nimmt (andernfalls hätte er guthaben1 und guthaben2 nicht unterschieden).

Als Dialog ergibt sich:

```
Running ...
Welches Anfangsguthaben?  1000
Endguthaben nach 1,2,3 Jahren: 1.05500E3  1.11302E3  1.17
```

Diese Art der Ausgabe ist für uns ziemlich ungenießbar. Schreiben wir die vorletzte Programmzeile jedoch in der Gestalt

```
write ( guth1:10:2 , guth2:10:2 , guth3:10:2 , '  DM')
```

so erhalten wir folgende - besser lesbare - Anzeige:

Endguthaben nach 1,2,3 Jahren: 1055.00 1113.02 1174.24 DM .

Diese Möglichkeit zur Gestaltung der Ausgabe wird im nächsten Abschnitt ausführlich besprochen.

<u>Konstanten</u> sind Größen, deren Wert sich während des Programmablaufs nicht ändert. Sie werden in PASCAL mittels des Wortsymbols CONST vereinbart.
<u>Variablen</u> sind Größen, deren Wert sich während des Programmablaufs ändern kann. Sie werden in PASCAL mittels des Wortsymbols VAR vereinbart.
<u>Arithmetische Ausdrücke</u> sind aus Konstanten, Zahlvariablen, Rechenzeichen und Klammern aufgebaut. Werden für die Variablen Zahlen gesetzt, so geht ein korrekt gebildeter arithmetischer Ausdruck (nach dem Ausrechnen) in eine Zahl über.
Ist x eine Variable und A ein arithmetischer Ausdruck, so bewirkt die <u>Wertzuweisung</u>

$$x \leftarrow A \qquad (\text{in PASCAL} \quad x := A)$$

folgendes: der Wert von A wird unter Verwendung der momentanen Werte der in A vorkommenden Variablen berechnet; das Ergebnis ersetzt den früheren Wert von x.

- Weitere Beispiele für Konstanten-Vereinbarungen:

```
CONST  pi = 3.14159;
       min = -5;
```

- Weiteres Beispiel für eine Variablen-Vereinbarung:

```
VAR  anzahl : integer;
```

das heißt: <u>anzahl</u> ist Variable für ganze Zahlen, nimmt also Werte aus der Menge {0, 1, -1, 2, -2, 3, -3, ...} an (lat./engl.: integer = ganz).

- Wertzuweisungen nennt man auch '<u>Ergibt-Anweisungen</u>' (weil sich der Wert nach Ausrechnen des arithmetischen Ausdrucks 'ergibt'). Weitere Beispiele:

```
anfangsguthaben := 1000;

anzahl := anzahl - 13;

i := i + 1;
```

Auch die Anweisung <u>read</u>(x) bewirkt eine Wertzuweisung an die Variable x; man nennt dies: 'Wertzuweisung durch Dateneingabe'.

- Die arithmetischen Rechenzeichen lauten in PASCAL +, -, *, / (für Addition, Subtraktion, Multiplikation, Division).
Für die Potenzierung ('Hochrechnung') gibt es in PASCAL kein Rechenzeichen.
Es gelten die üblichen 'Vorfahrtregeln' für Multiplikation und Division, und es werden wie gewöhnlich - wenn nötig - Klammern gesetzt.

- 'Korrekt gebildet' heißt ein arithmetischer Ausdruck, wenn er eine für den Computer ausführbare Rechenvorschrift darstellt. So ist z.B. der Ausdruck 1:(a+2) nicht korrekt gebildet, weil der Doppelpunkt in PASCAL nicht die Bedeutung eines Rechenzeichens hat; korrekt wäre 1/(a+2).
Die Bedeutung des Doppelpunkts wird im folgenden Abschnitt erläutert.

*

<u>Zur Übung</u>: Aufgaben 4 bis 6

Um die Wertzuweisung noch besser zu verstehen, beschäftigen wir uns mit

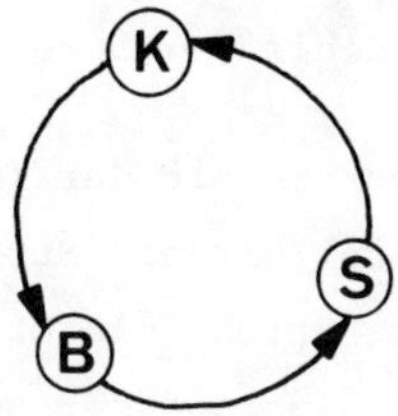

Beispiel 4 : Kreistausch

Die Werte dreier Variablen sollen zyklisch, d.h. im Kreis, vertauscht werden.

Variablen brauchen nicht immer Zahlen als Werte zu haben, es können vielmehr auch Buchstaben oder Worte sein (beispielsweise: 'Strohhalm', 'Kohle' oder 'Bohne'). Zunächst seien die Wertzuweisungen

Stroh ← 'Stroh', Kohle ← 'Kohle', Bohne ← 'Bohne'

vorgenommen worden. Wir können uns eine Variable als Tafel vorstellen, auf die man schreiben und von der man das Geschriebene auch wieder löschen kann:

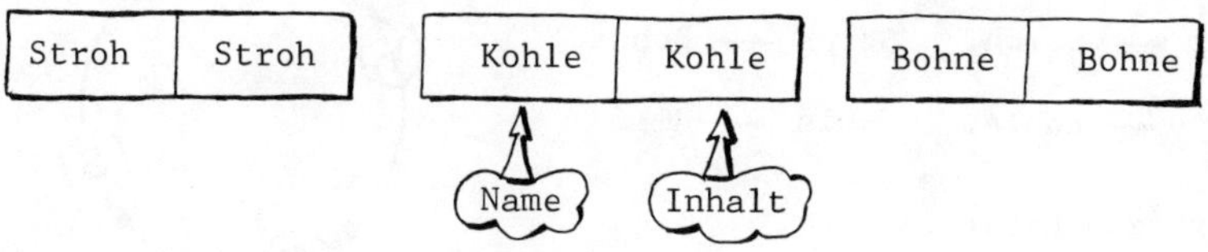

Jede der Tafeln besitzt einen Namen und einen Inhalt. Aufgrund obiger Wertzuweisung stimmen Name und Inhalt überein. Nun soll der Kreistausch vorgenommen werden, und zwar soll das Stroh den Platz der Kohle, die Kohle den Platz der Bohne und die Bohne den Platz des Strohs einnehmen. Zu diesem Zweck könnte man die Anweisungsfolge

(1) Kohle ← Stroh, Bohne ← Kohle, Stroh ← Bohne

oder

(2) Stroh ← Bohne, Bohne ← Kohle, Kohle ← Stroh

ins Auge fassen. Dies hätte jedoch unterschiedlichen - und gewiß nicht den gewünschten - Erfolg!

Denn durch die Wertzuweisung

Kohle ← Stroh

Kohle	Stroh

wird der Inhalt der Tafel namens 'Kohle' gelöscht und durch den der Tafel namens 'Stroh' überschrieben; der Inhalt der Tafel namens 'Stroh' bleibt erhalten. Machen Sie sich bitte klar, daß nach Ausführung der Anweisungsfolge (1) auf allen drei Tafeln das Wort 'Stroh' steht.

Bei Anweisungsfolge (2) dagegen heißt es zum Schluß:

Stroh	Bohne

Bohne	Kohle

Kohle	Bohne

,

d.h. der ursprüngliche Inhalt der Tafel namens 'Stroh' ist verlorengegangen. Um ihn zu retten, müssen wir eine weitere Variable (sozusagen eine Ausweich- oder Hilfs-Tafel) vorsehen: die Folge der Anweisungen

Hilf ← Stroh, Stroh ← Bohne,

Bohne ← Kohle, Kohle ← Hilf

führt zum Erfolg.-

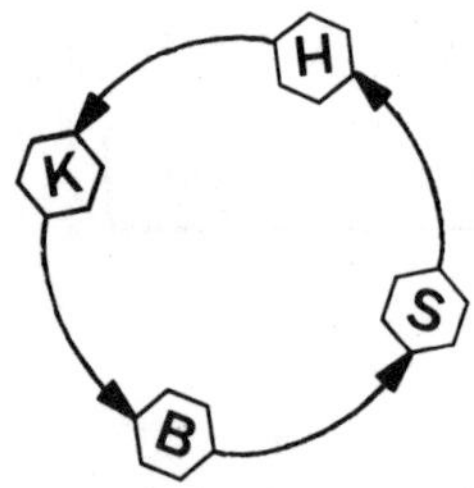

Wären S, K und B Variablen für Z a h l e n gewesen, so hätten wir mittels einer geschickten Rechnung auf die Hilfsvariable verzichten können:

```
B ← S + K + B

S ← B - (S+K)

K ← B - (S+K)

B ← B - (S+K)
```

Wir verfolgen den Ablauf mittels einer Wertetabelle:

Schritt	S	K	B
0	3	5	7
1	3	5	15
2	7	5	15
3	7	3	15
4	7	3	5

Variable werden durch N a m e n bezeichnet; sie können Zahlen, Worte u.a. Gegenstände als W e r t e annehmen.

Genauer: eine Variable ist ein P a a r aus

Name (symbolische Adresse einer Speicherzelle) und

Wert (Inhalt der Speicherzelle).

Der Wert einer Variablen kann während der Ausführung eines Programms wechseln, nicht aber der Name. Eine Variable behält den ihr zugewiesenen Wert so lange, bis ihr durch Wertzuweisung ein neuer Wert gegeben wird; der alte Wert ist damit gelöscht.

- Die Bezeichnung 'symbolische' Adresse soll andeuten, daß die Adresse der Speicherzelle durch ein Symbol, eben den Namen der Variablen angegeben wird. Der PASCAL-Übersetzer wandelt diese symbolische Adresse in eine Zahladresse der Speicherzelle um.
- Auch K o n s t a n t e n besitzen Namen und Wert; letzterer ändert sich jedoch nicht. Dies drückt man auch durch die Redeweise aus: "auf Konstanten kann man nur l e s e n d zugreifen, sie sind schreibgeschützt". Das heißt: der Inhalt der zugehörigen Speicherzelle kann zwar gelesen, aber nicht durch Schreiben verändert werden. Auf Variablen dagegen kann man sowohl lesend wie schreibend zugreifen.
- Das PASCAL-Zeichen := für die Wertzuweisung ist streng vom G l e i c h e i t s z e i c h e n zu unterscheiden.
  Wertzuweisung ist ein D a t e n t r a n s p o r t in die Speicherzelle, deren Name links vom Zeichen := steht.

  Die Anweisung n := n + 2 ist also etwas anderes als die mathematische Gleichung $n = n + 2$. Letztere ist eine Aussageform, die nach Zuweisung eines Wertes an die Variable n in eine (falsche) Aussage übergeht.
  Die Anweisung n := n + 2 dagegen bedeutet: "addiere zum aktuellen Inhalt von n die Zahl 2 und speichere das Ergebnis in der Speicherzelle namens n ab; der frühere Inhalt von n geht dabei verloren." Im Gegensatz zur Mathematik kann die Variable n innerhalb eines und desselben Ausdrucks v e r s c h i e d e n e Werte besitzen.

***

Aufgaben

4. Übersetzen Sie folgende PASCAL-Ausdrücke in die gewöhnliche Schreibweise:

   a) (2*a + 1)*a - 3 b) a/b*c + d c) 1/2*k d) 1/2/k

5. Übersetzen Sie folgende arithmetische Ausdrücke in PASCAL-Schreibweise:

   a) $\frac{1}{2} + \frac{1}{3} + \frac{1}{4}$ b) $(3 + 7) \cdot 37 - (3^3 + 7^3)$ c) $x^2 + y$

   d) $\frac{x + y}{2x - y}$ e) $(x + y)^4$ f) $1 + \cfrac{1}{a + \cfrac{1}{b}}$

6. Auf welchen Betrag wächst ein Guthaben in 10 Jahren an, wenn in den ersten 4 Jahren ein Zinssatz von 4,5%, dann von 5% gewährt wird? Schreiben Sie ein PASCAL-Programm!

7. Welchen Wert besitzt die Variable k nach Ausführung folgender Anweisungen: k := 1; k := k + k ; k := k + 2*k ?

8. Was bewirkt nebenstehender Programm-Ausschnitt?

```
x := 2;  y := x*x;
y := y*y;  y := x*y
```

9. Schreiben Sie ein PASCAL-Programm zu nebenstehendem Verfahren.

   Wozu dient es?

<u>Eingabe</u> a,b,c
$s \leftarrow a + b + c$
$a \leftarrow 100 \cdot a : s$
$b \leftarrow 100 \cdot b : s$
$c \leftarrow 100 \cdot c : s$
<u>Ausgabe</u> a,b,c

10. Die Werte der Variablen a,b,c,d sollen - wie in Beispiel 4 einen Kreistausch durchführen.

11. Bei jeder Anweisung

    a) 4 := x b) a + b := c c) 4*x + 1 := x

    meldet der Rechner SYNTAX ERROR. Warum?

12. Mit folgendem kleinen Gag ('Alter aus Schuhgröße') können Sie einen - nicht allzu intelligenten - Partner verblüffen. Lassen Sie ihn ein Programm zur Ausführung folgender Rechenvorschrift schreiben:
    Schuhgröße (als ganze Zahl) verdoppeln, dazu 39 addieren; das Ergebnis mit 50 multiplizieren und anschließend 30 dazuaddieren; vom Resultat das Geburtsjahr subtrahieren. Dies ergibt eine vierstellige Zahl, an der sich das Alter ablesen läßt.
    Zusatzfrage: Wie muß die Rechenvorschrift abgeändert werden, damit der Gag auch im Jahr 1984 funktioniert?

1.3 Gestaltung der Ausgabe

Programme sollten in zweifacher Hinsicht verständlich sein: zum einen für den Leser des Programmtextes, zum anderen - während des Programmlaufs - für den Benutzer. Dem ersten Zweck dienen folgende Maßnahmen:

(1) Optische Gliederung des Programmtextes,

(2) problem-angepaßte Bezeichnung der Variablen und Konstanten,

(3) Programmkommentar.

Zum ersten Punkt: Hier ist der Programmierer weitgehend frei. So könnte er - im negativen Extremfall - das Programm als fortlaufenden Zeichenstrom eingeben, z.B.:

```
program preisberechnung; var menge, preis: real;
begin read(menge, preis); write(menge*preis) end.
```

Dem PASCAL-Übersetzer ist dies völlig einerlei; für den Leser ist eine solche Form jedoch denkbar ungünstig. Die optische Gliederung wird durch geeignete Wahl von Groß- und Kleinschrift unterstützt; wir halten uns hier an die Verabredung, nur die PASCAL-Wortsymbole groß zu schreiben, alles andere klein. Text, der wörtlich auszugeben ist, und Programmkommentar (siehe unten) wird wie gewöhnlich (mit Groß- und Kleinbuchstaben) geschrieben.

Zum zweiten Punkt: Variablen und Konstanten sollten so bezeichnet werden, daß man ihre Bedeutung im Zusammenhang des behandelten Problems aus dem Namen unmittelbar erkennt. Also 'Menge' statt statt einfach 'x' oder 'Zinssatz' anstelle von 'p'. Bei komplizierten Formeln, wie sie die Mathematik verwendet, ist allerdings die Bezeichnung mittels einzelner Buchstaben vorteilhafter. (Nicht umsonst schätzt der Mathematiker seine knappe Formelsprache.)

Zum dritten Punkt: Programmkommentar ist ein Text in Umgangssprache zur Erläuterung einzelner Anweisungen oder Programmabschnitte. Er wird zwischen Klammern mit Stern (* ... *) gesetzt und kann an jede Stelle des Programms plaziert werden.

Alle drei genannten Maßnahmen beeinflussen die Programmausführung (bis evtl. auf die Geschwindigkeit) überhaupt nicht; sie werden vom PASCAL-Übersetzer nicht beachtet.-

Anders dagegen die Maßnahmen zur Ein- und Ausgabe. Die Dateneingabe wird mittels der Anweisung read(...) bewerkstelligt; dabei bewirkt

```
read(a,b,c)
```

das gleiche wie

```
read(a); read(b); read(c);
```

nämlich das Einlesen von drei Werten und ihre Zuweisung an die Variablen a, b, c. Dabei ist auf den Typ zu achten; ist zum Beispiel a als ganze Zahl vereinbart und wird eine Dezimalzahl eingegeben, so erfolgt Fehlermeldung. (Wir haben hier also eine wirksame Eingabekontrolle.)

Ausgabe-Anweisung ist write(...); dabei bewirkt

```
write(a,b,c)
```

das gleiche wie

```
write(a); write(b); write(c);
```

nämlich Ausgabe der Werte von a, b, c unmittelbar nebeneinander in der gleichen Zeile.

Ein Text kann durch Setzen zwischen Anführungszeichen wörtlich wiedergegeben werden; auch Leerstellen können vorgesehen werden. Die Anweisung

```
write('In      der           Fruehe')
```

führt zu

```
In      der           Fruehe sind die Tannen kupferr
                                               BRECH
```

Für jedes auszugebende Zeichen läßt sich die Druckposition genau vorschreiben durch die Anweisung

```
write(a:w)
```

;

die natürliche Zahl w gibt die Breite des Datenfelds an, in das der Wert von a rechtsbündig eingeschrieben wird:

ist a = 185 und b = 0.0437, bekommen wir

```
write(a:6)  ⇒ . . . 1 8 5
              \_________/
                   6

write(a:6,b:10)  ⇒ . . . 1 8 5 . . . . 0 . 0 4 3 7
                   \_________/ \_________________/
                        6              10
```

Werden zu wenig Stellen vorgesehen, so nimmt sich der Rechner den Platz, den er braucht.

Bei Dezimalzahlen kann man die Anzahl der N a c h k o m m a s t e l l e n (Stellen hinter dem Dezimalpunkt) vorschreiben; für a = 3.14159 bekommen wir

```
                          2
                         /\
write(a:6:2)  ⇒ . . 3 . 1 4
               \_________/
                    6
```

Die Anzahl der Druckpositionen und die der Nachkommastellen läßt sich auch unter Programmkontrolle variieren: z. B. ist die Anweisung

```
write(a:i, b:2*i)
```

möglich.

Um die Ausgabe in Z e i l e n zu gliedern, benutzt man die Anweisung <u>writeln</u>(...) (engl.: write-line, d.h. 'schreibe Zeile'): sie bewirkt, daß die eben beschriebene Zeile abgeschlossen wird, also einen Z e i l e n v o r s c h u b .

Die Anweisungen

```
write(a); writeln;
```

haben den gleichen Effekt wie

```
writeln(a);
```

FÜNF GEBOTE DER VERSTÄNDLICHKEIT

- Programmtext optisch gliedern
- Kommentare einfügen
- Variablen und Konstanten ihrer Bedeutung gemäß benennen
- Vor jede Eingabe eine Anfrage des Rechners stellen
- Jeder Ausgabe einen erläuternden Text des Rechners beifügen

Aufgaben

13. Für einen Kredit, der nach zwei Jahren zurückzuzahlen ist, werden 9,5% Jahreszinsen berechnet. Als 'Bearbeitungsgebühr' werden 20,- DM und als 'Spesen' 50,- DM berechnet, d.h. es werden nicht 1000, sondern nur 930,- DM ausgezahlt.
Wie hoch ist der tatsächliche ('effektive') Zinssatz?
Für beliebige Kredithöhe, Laufzeit, Zinssatz, Bearbeitungsgebühr und Spesen ist ein Programm zu schreiben.

14. In einem Sparschwein befinden sich eine Anzahl Pfennige, Zweipfennigstücke, Fünfer, Groschen, Fünfziger, Markstücke, Zweimarkstücke und Heiermänner.
Der Inhalt ist in DM anzugeben.

15. Die mittels des nebenstehenden Verfahrens erzeugbaren Zahlentripel (a,b,c) besitzen eine merkwürdige Eigenschaft.
Erkunden Sie sie, indem Sie ein Programm schreiben und mit dem Rechner zahlreiche solcher Tripel erzeugen!

<u>Eingabe</u>: ungerade ganze Zahl b

$a \leftarrow \frac{1}{2}(b^2 - 1)$

$c \leftarrow a + 1$

<u>Ausgabe</u> a, b, c

2 Programme mit Verzweigungen

Unsere bisher entworfenen Programme waren sehr einfach in folgendem Sinne: der Rechengang lief sozusagen geradlinig ab. Das heißt: die Anweisungen wurden so hintereinander ausgeführt, wie sie im Programmtext standen, jede genau einmal. Häufig treten jedoch Probleme auf, wo sich im Verlauf der Rechnung die Notwendigkeit zu einer Entscheidung stellt, wo sich der Rechenweg verzweigt: während der Programmausführung wird in Abhängigkeit von gewissen Bedingungen eine Entscheidung darüber getroffen, welche Anweisung(en) als nächste auszuführen ist (bzw. sind). Natürlich besitzt ein Computer nicht die Entscheidungsfähigkeit eines menschlichen Individuums; er folgt vielmehr im Programm festgelegten Steueranweisungen; sie wollen wir jetzt kennenlernen.

2.1 Entscheidungsanweisungen

Beispiel 5 : Portozuschlag

Eine Versandbuchhandlung berechnet bei einer Bestellung im Wert von weniger als 50 DM einen Portokosten-Anteil von 1,50 DM. Es ist ein Programm zu schreiben, das den Rechnungsbetrag in Abhängigkeit vom Bestellwert angibt.

Um das wesentliche hervortreten zu lassen, wollen wir hier von Umsatzsteuer und Rabatten absehen. Die Bedingung lautet dann (in Form einer Frage): "Ist der Bestellwert kleiner als 50 DM?" Wenn dies der Fall ist, werden 1,50 DM zugeschlagen, sonst nicht. Das Verfahren zur Ermittlung des Rechnungsbetrags lautet also:

PORTOZUSCHLAG

```
Eingabe: Bestellwert

Portozuschlag ←— 1,50
Rechnungsbetrag ←— Bestellwert
Wenn  Bestellwert  <  50
   dann  Rechnungsbetrag ←— Rechnungsbetrag
                            + Portozuschlag

Ausgabe: Rechnungsbetrag
```

In PASCAL:

```
PROGRAM portozuschlag;
  (* berechnet Portokostenanteil in Abhängigkeit
     vom Rechnungsbetrag *)
  CONST
    porto = 1.5;
  VAR
    bestellwert, rechnung : real;
  BEGIN
    write ( 'Bestellwert in DM?   ');
    read ( bestellwert);
    rechnung := bestellwert;
    IF bestellwert < 50
      THEN rechnung := rechnung + porto;
    write (' Rechnungsbetrag:  ', rechnung:6:2, ' DM')
  END.
```

Dialog:

```
Running ...

Bestellwert in DM?   38.20
Rechnungsbetrag:  39.70 DM

Bestellwert in DM?   83.20
Rechnungsbetrag:  83.20 DM
```

Eine Anweisung der Gestalt <u>Wenn</u> ... <u>dann</u> ... ,
bzw. in PASCAL IF ..... THEN ......
heißt <u>Entscheidungsanweisung</u>.

hier steht die Bedingung

hier steht eine Anweisung

Oft soll zwischen *zwei Alternativen* in Abhängigkeit von einer Bedingung entschieden werden.

<u>Beispiel</u> 6 : Maximum zweier Zahlen
Zu zwei gegebenen Zahlen soll die jeweils größere bestimmt werden.

Das Verfahren lautet:

MAXIMUM ZWEIER ZAHLEN

```
Eingabe a , b

Wenn  a  größer als  b
    dann  m ← a
    sonst m ← b

Ausgabe  m
```

Das zugehörige PASCAL-Programm lautet:

```
PROGRAM maximum;
  (* bestimmt die größere zweier Zahlen *)
  VAR
    a, b, max : integer;
  BEGIN
    writeln ('Geben Sie die Zahlen ein!');
    write ('Erste Zahl?  '); read(a);
    write ('Zweite Zahl? '); read(b);
    IF a > b THEN max := a
             ELSE max := b;
    write ('Maximum: ', max)
  END.
```

Dialog:

```
Running ...
Geben Sie die Zahlen ein!
Erste Zahl?  5
Zweite Zahl?  7
Maximum: 7
```

Eine Anweisung der Gestalt

(1) Wenn B dann A bzw.

(2) Wenn B dann A_1 sonst A_2 ,

wobei B eine Aussage ist, und A , A_1 , A_2 Anweisungen sind, heißt Entscheidungs-Anweisung;
die Aussage B heißt die zugehörige Bedingung.
In PASCAL:

(1) IF B THEN A bzw.

(2) IF B THEN A_1 ELSE A_2 .

Für (1) gilt: Ist B erfüllt, wird A ausgeführt (einseitige Entscheidung).

Für (2) gilt: Ist B erfüllt, wird A_1 , andernfalls A_2 ausgeführt (zweiseitige Entscheidung).

- Da eine der Anweisungen A_1 , A_2 gemäß der Bedingung B ausgewählt wird, nennt man die Entscheidungsanweisung auch bedingte Auswahl.
- Die einseitige Entscheidung kann man als zweiseitige Entscheidung auffassen, bei der die Alternative A_2 die leere Anweisung (d.h. die Anweisung, nichts zu tun) ist.
- Beispiel 6 hätte man auch mittels der einseitigen Entscheidung behandeln können:

MAXIMUM ZWEIER ZAHLEN

```
Eingabe  a , b

m ← a
Wenn  m < b
    dann  m ← b

Ausgabe  m
```

***

Aufgaben

16. Es soll ein einfaches Programm 'Lohnberechnung' folgender Art erstellt werden: eingegeben wird die Anzahl der pro Woche gearbeiteten Stunden sowie der Stundenlohn. Für jede über 40 Wochenstunden gearbeitete Stunde soll ein halber Stundenlohn zugeschlagen werden.
(Beispiel: Bei 42 Arbeitsstunden und einem Stundenlohn von 18.- DM beträgt der Bruttoverdienst $40 \cdot 18 + 2 \cdot 9 = 738$ (DM).)

17. Das Programm 'Maximum zweier Zahlen' (Beispiel 6) soll so abgeändert werden, daß im Fall der Gleichheit beider eingegebener Zahlen der Text: "Ihre Zahlen sind gleich" erscheint.

18. Es soll der Wert des arithmetischen Ausdrucks $\frac{a}{2b-c}$ berechnet werden; erfolgt eine Eingabe für b und c, welche den Nenner Null werden läßt, soll eine entsprechende Meldung ausgegeben werden.

19. In Beispiel 2 (Fallschirmabsprung) soll bei einer Eingabe $h < 650$ das Programm gestoppt und eine entsprechende Meldung ausgegeben werden.

20. Die Funktion

$$\text{abs}(x) = \begin{cases} x & \text{für } x \geqq 0 \\ -x & \text{sonst} \end{cases}$$

heißt 'Absolutbetrag' bzw. 'Betragsfunktion'.
Es ist z.B.

$$\text{abs}(3) = 3, \quad \text{abs}(-5) = 5, \quad \text{abs}(0) = 0.$$

(In der Mathematik schreibt man Betragsstriche: $\text{abs}(x) = |x|$.)
Die Funktion soll durch ein Programm nachgebildet werden, d.h. bei Eingabe von x soll abs(x) ausgegeben werden, ohne die Standardfunktion <u>abs</u> von PASCAL zu benutzen.
Hinweis: die Aufgabe läßt sich sowohl mit einseitiger wie mit zweiseitiger Entscheidungs-Anweisung lösen.

21. Man erprobe an Beispielen und zeige allgemein: die Anweisung

<u>Wenn</u> B <u>dann</u> A_1 <u>sonst</u> A_2

ist gleichbedeutend mit

<u>Wenn</u> 'nicht B' <u>dann</u> A_2 <u>sonst</u> A_1 .

*

2.2 Struktogramm und Programmablaufplan

Vieles gewinnt durch *graphische Darstellung* an Übersichtlichkeit. Um die Ablaufsteuerung übersichtlich darzustellen, bedient man sich einmal der sogenannten *Struktogramme*, zum anderen der *Programmablaufpläne*.

<u>Fortsetzung von Beispiel 5</u>: Graphische Darstellung des Portozuschlag-Programms.

PORTOZUSCHLAG 1 PORTOZUSCHLAG 2

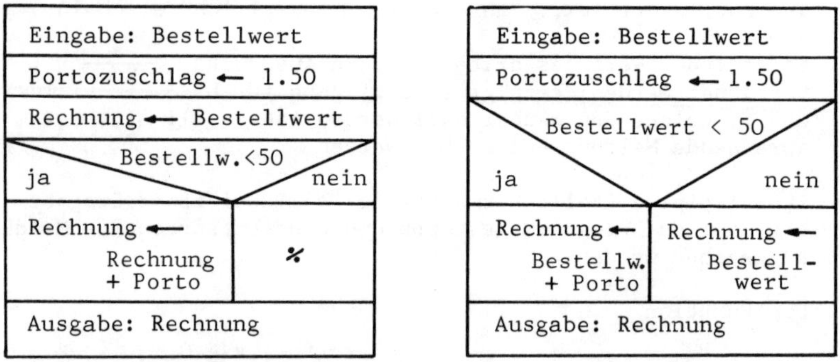

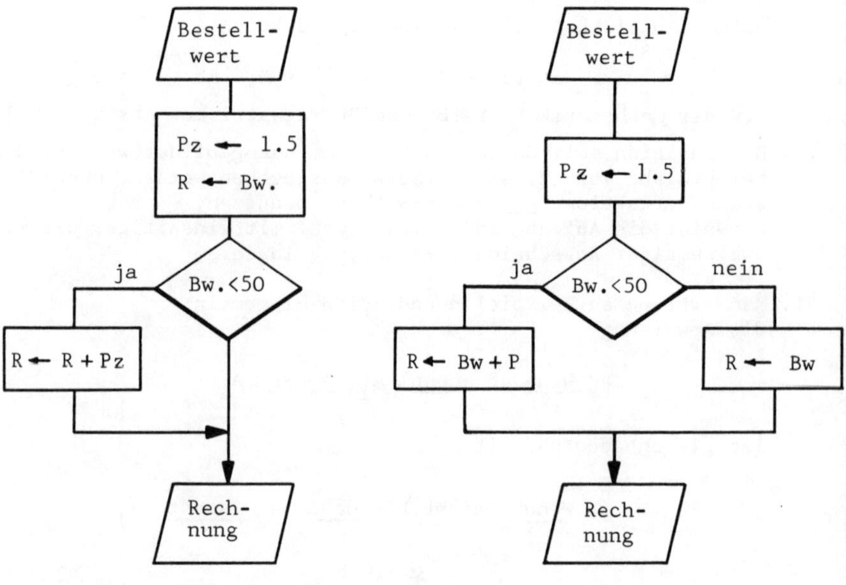

a) S t r u k t o g r a m m

Wie ein Gebäude aus Steinen wird ein Struktogramm aus Blöcken, das sind Kästen (oder Kästchen) A , in denen Anweisungen notiert sind, nach folgenden Regeln zusammengesetzt:

(1) Aneinanderfügen

Sind A_1 und A_2 Blöcke, so ist auch

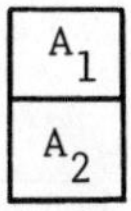

ein Block.

Die gesamte Unterkante (Ausgang) des ersten Blocks wird mit der Oberkante (Eingang) des zweiten Blocks, oder einem Teil von ihr, zusammengelegt. Dies Aneinanderfügen der Blöcke bedeutet H i n t e r e i n a n d e r a u s f ü h r e n der im Block notierten Anweisungen: erst A_1, dann A_2. Man nennt die so gebildete neue Anweisung auch S e q u e n z (von lat.: sequi = folgen).

Möglich ist auch

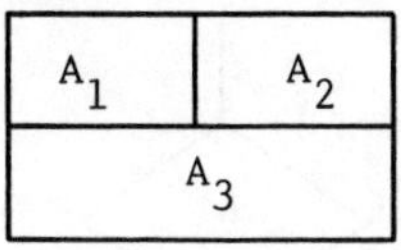

N i c h t möglich:

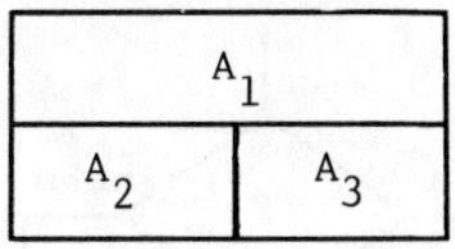

(2) Auswahl

Sind A_1 , A_2 Blöcke, und ist B eine Aussage, so ist

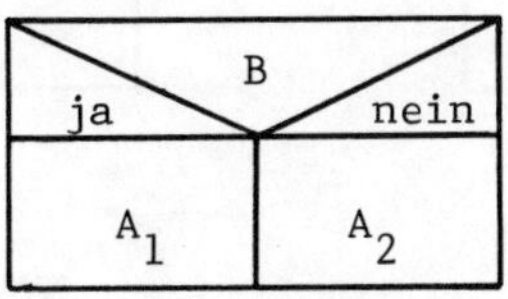

ein Block. Dies ist die graphische Darstellung der Entscheidungsanweisung. Handelt es sich - wie in Beispiel 5 - um eine einseitige Entscheidung, bleibt eines der Kästchen leer (oder trägt das Zeichen ·/·).

Die weiteren Regeln für Struktogrammbau werden im Zusammenhang mit den zugehörigen Steuer-Anweisungen behandelt.

b) Programmablaufplan

Während man bei Struktogrammen Blöcke aufeinandertürmt oder einfügt, herrscht beim Programmablaufplan eher die Vorstellung, daß man die Anweisungen auffädelt bzw. daß man den Pfeilen wie auf markierten Wegen folgt. Für Eingabe- und Ausgabeanweisung benutzt man Parallelogramme , die Raute 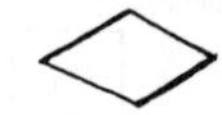 symbolisiert eine Entscheidungsanweisung.

(1) Sequenz

Die Aufeinanderfolge zweier Anweisungen A_1, A_2 wird wie nebenstehend symbolisiert.

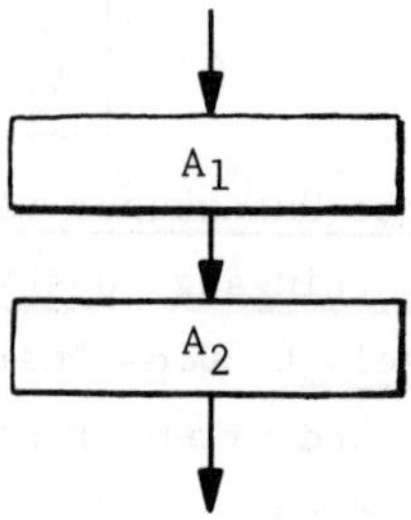

(2) Auswahl

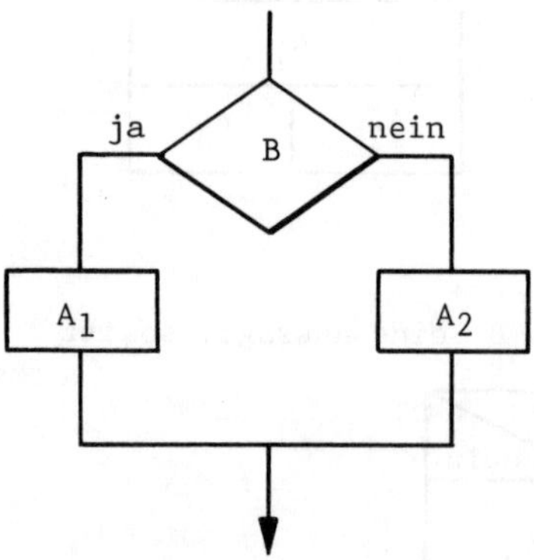

zweiseitige Entscheidung

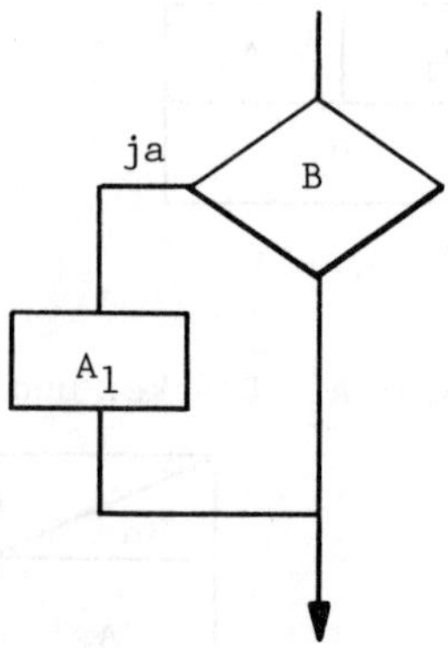

einseitige Entscheidung

2.3 Mehrstufige Entscheidungen

Häufig erfolgt eine Entscheidung in mehreren Stufen, d.h. die einzelnen Fälle werden weiter unterteilt.

Beispiel 7 : Prämienberechnung

Eine Firma gewährt ihren Angestellten unter folgenden Bedingungen zu Weihnachten eine Prämie: Beträgt das Dienstalter (= Anzahl der Dienstjahre) weniger als ein Jahr, wird keine Prämie gegeben; beträgt es mindestens ein Jahr aber weniger als sechs Jahre, besteht die Prämie aus 200 DM. Ist der Mitarbeiter sechs oder mehr Jahre bei der Firma, bekommt er 80 DM und dazu für jedes Dienstjahr 20 DM. Ist er im letzteren Fall außerdem älter als 50 Jahre, so erhält er noch eine Zulage von 50 DM.
Man schreibe ein Programm, das zur Eingabe von Alter und Dienstalter die Höhe der Prämie nennt.

Zunächst ein Struktogramm:

PRÄMIENBERECHNUNG

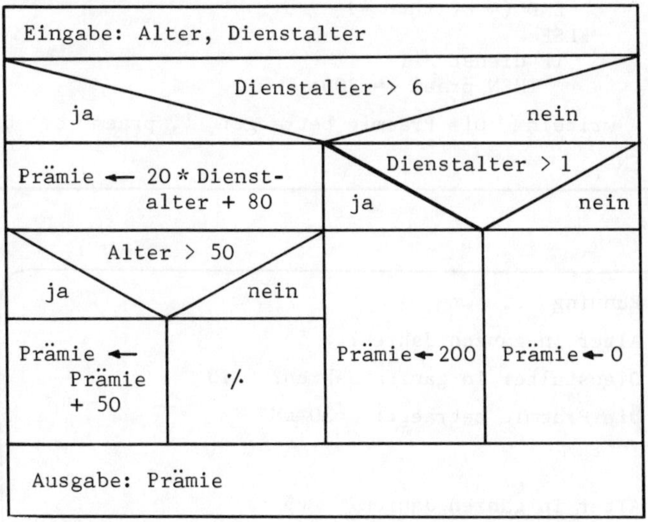

Wir haben dabei die - nicht ganz realistische - Annahme gemacht, daß das Alter und das Dienstalter in angefangenen ganzen Jahren eingehen.

Und nun das PASCAL-Programm:

```
PROGRAM praemienberechnung;
   (* berechnet die Weihnachtspraemie in Abhängigkeit
      von Alter und Anzahl der Dienstjahre *)
   VAR
     alter, dienst, praem : integer;
   BEGIN
     write(' Alter in ganzen Jahren?  ');
     read( alter ) ;
     write(' Dienstalter in ganzen Jahren?  ');
     read( dienst ) ;
     praem := 0;
     IF dienst > 6
       THEN
         BEGIN
           praem := 80 + 20 * dienst ;
           IF alter > 50
             THEN praem := praem + 50
         END (* of then *)
       ELSE
         IF dienst > 1
           THEN praem := 200;
     writeln(' Die Praemie betraegt:  ', praem : 6,' DM')
   END.
```

Dialog:

```
Running ...
Alter in ganzen Jahren?   55
Dienstalter in ganzen Jahren?   15
Die Praemie betraegt:  430 DM


Alter in ganzen Jahren?   45
Dienstalter in ganzen Jahren?   4
Die Praemie betraegt:  200 DM
```

Eine Entscheidungs-Anweisung

<u>Wenn</u> B <u>dann</u> A_1 <u>sonst</u> A_2 ,

bei der A_1 oder A_2 ihrerseits Entscheidungsanweisungen sind, heißt <u>mehrstufige Entscheidung</u>(sanweisung).

In PASCAL bedeutet

```
IF B1 THEN IF B2 THEN A1
                 ELSE A2
```

das gleiche wie

```
IF B1 THEN BEGIN IF B2 THEN A1
                       ELSE A2
           END
```

- Zu obiger Anweisung gehört dieses Struktogramm

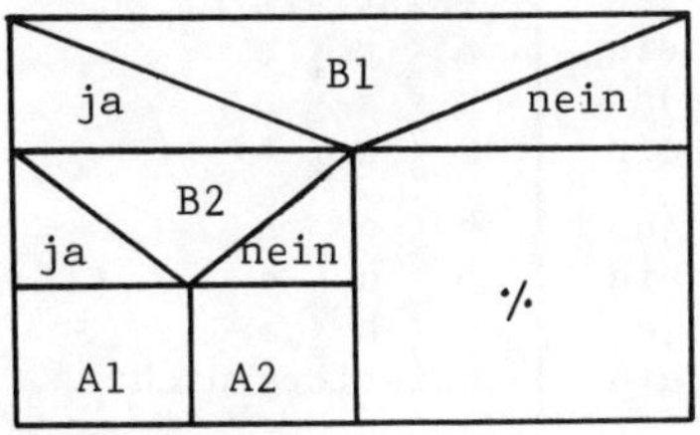

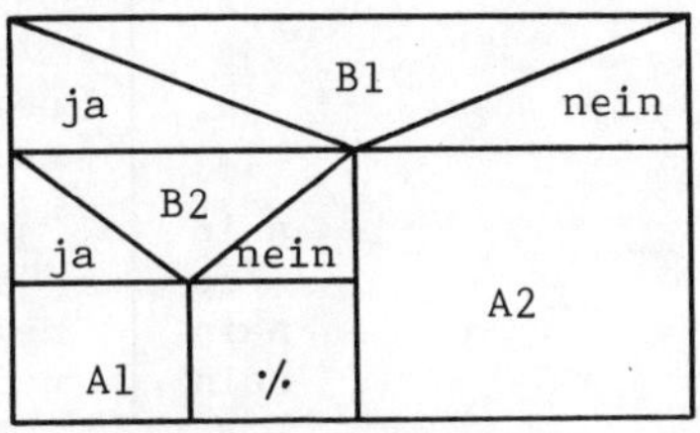

Zu diesem Struktogramm gehört die PASCAL-Anweisung

```
IF B1 THEN BEGIN IF B2 THEN A1 END
           ELSE A2
```

- Mehrstufige Entscheidungen kann man durch eine Umformulierung umgehen (damit werden wir uns in Abschnitt 4.4 beschäftigen).

*

Zur Übung: Aufgabe 22 bis 24

*

Beispiel 8 : Minimumsuche und Sortieren dreier Elemente

Aus drei gegebenen Namen soll der Computer den alphabetisch ersten und den letzten heraussuchen.
Z.B. aus Christian, Alfons, Benno den Alfons und den Christian.

Dieses für Menschen - bei so wenigen Elementen - triviale Problem erfordert zur Aufbereitung für den Computer sorgfältiges Nachdenken: eine lohnende geistige Investition, die sich schon ab 100 Elementen auszahlt.

Um die Reihenfolge der drei Elemente (nennen wir sie kurz a,b,c) kennenzulernen, müssen wir drei Vergleiche anstellen: $a \leqq b$, $b \leqq c$ und $c \leqq a$. Hierfür gibt es $2^3 = 8$ mögliche Fälle; andererseits gibt es aber nur $1 \cdot 2 \cdot 3 = 6$ mögliche Reihenfolgen von drei Elementen; zwei der Fälle sind also unmöglich. Die Tabelle zeigt alle Fälle:

$a \leqq b$	$b \leqq c$	$c \leqq a$	Anordnung
ja	ja	ja	existiert nicht
ja	ja	nein	$a \leqq b \leqq c$
ja	nein	ja	$c \leqq a \leqq b$
ja	nein	nein	$a \leqq c \leqq b$
nein	ja	ja	$b \leqq c \leqq a$
nein	ja	nein	$b \leqq a \leqq c$
nein	nein	ja	$c \leqq b \leqq a$
nein	nein	nein	existiert nicht

Wollen wir das Maximum (bzw. das Minimum) feststellen, kommen wir mit einer zweistufigen Entscheidung zum Ziel:

MAXIMUM DREIER ELEMENTE

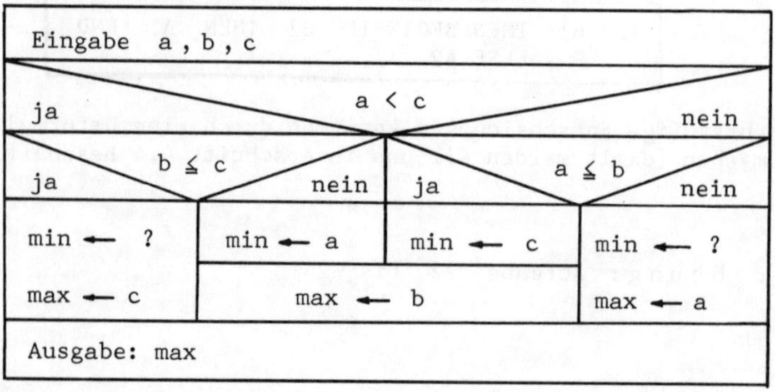

Die Fragezeichen im Diagramm deuten an, daß sich das Minimum auf diese Weise nicht in allen Fällen finden läßt: mit zwei Abfragen können wir die Reihenfolge dreier Elemente nicht vollständig kennenlernen. Ein analoges Struktogramm läßt sich für die Minimumsuche aufstellen; das zugehörige PASCAL-Programm lautet:

```
PROGRAM minimum;
  (* sucht das alphabetisch erste dreier Worte *)
  VAR
    a, b, c, min : string;
  BEGIN
    writeln ('Geben Sie drei Namen ein!');
    write ('Erster Name:   '); readln(a);
    write ('Zweiter Name:  '); readln(b);
    write ('Dritter Name:  '); readln(c);
    IF a < c THEN IF  a <= b  THEN min := a
                              ELSE min := b
             ELSE IF  b <= c  THEN min := b
                              ELSE min := c;
    writeln;
    write ('Aphabetisch erster:   ', min)
  END.
```

vor ELSE darf kein Semikolon stehen!

Dialog:

```
Running ...
Geben Sie drei Namen ein!
Erster Name:  Christian
Zweiter Name: Alfons
Dritter Name: Benno
Alphabetisch erster:  Alfons
```

In diesem Programm haben wir eine neue Art von Variablen kennengelernt, nämlich Variablen für W o r t e (engl.: string = Schnur, Reihe i.S. von Zeichenreihe). Diese Zeichenreihen sind alphabetisch, besser: <u>lexikographisch geordnet</u>, d.h. der Rechner kann ohne weiteres entscheiden, welche von zwei Zeichenreihen in dieser Anordnung vorgeht.

Benutzt man einseitige Entscheidungen, sieht ein Struktogramm für Minimumsuche so aus:

MINIMUM DREIER ELEMENTE

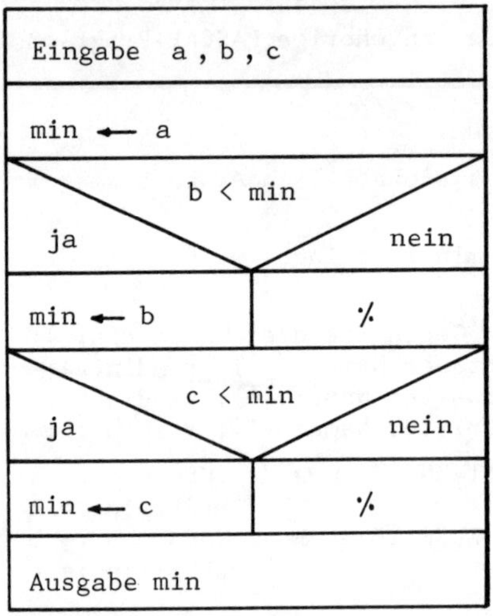

Ein analoges Struktogramm läßt sich für die Maximumsuche aufstellen. Das zugehörige PASCAL-Programm lautet:

```
PROGRAM maximum;
  (* sucht die lexikographisch letzte
     von drei Zeichenreihen *)
  VAR
    a, b, c, max : string;
  BEGIN
    writeln('Geben Sie drei Zeichenreihen ein!');
    write('Erste Zeichenreihe:  '); readln(a);
    write('Zweite Zeichenreihe: '); readln(b);
    write('Dritte Zeichenreihe: '); readln(c);
    max := a   (* vorlaeufiges Maximum *)
    IF max < b THEN max := b;
    IF max < c THEN max := c;
    writeln;
    write('Lexikographisch letzte:  ', max)
  END.
```

```
Running ...

Geben Sie drei Zeichenreihen ein!
Erste Zeichenreihe:  89
Zweite Zeichenreihe: 123
Dritte Zeichenreihe: 1115

Lexikographisch letzte: 89


Geben Sie drei Zeichenreihen ein!
Erste Zeichenreihe: *!!$
Zweite Zeichenreihe: 0;0
Dritte Zeichenreihe: +-*/?

Lexikographisch letzte: 0;0
```

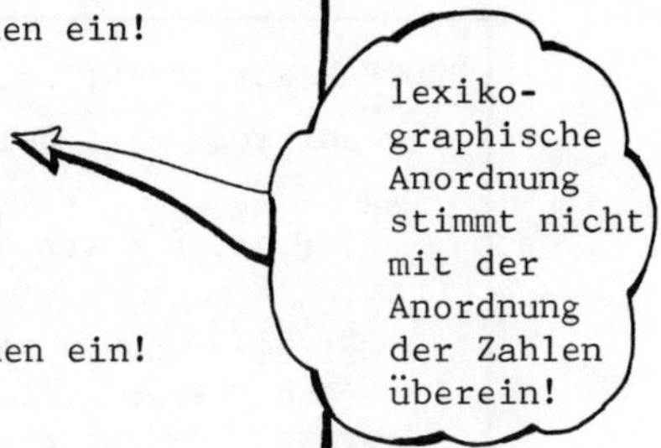

Der Rechner kennt also eine Anordnung für beliebige Zeichenreihen (näheres darüber in Abschnitt 4.3).-

Um die drei Elemente v o l l s t ä n d i g z u s o r t i e r e n, können wir wie folgt vorgehen: wir nehmen drei Abfragen vor, wie es hier graphisch angedeutet ist:

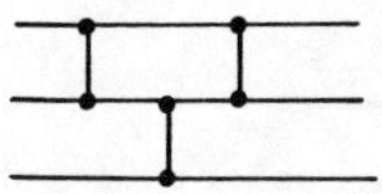

Das Struktogramm sieht so aus:

SORTIEREN DREIER ELEMENTE

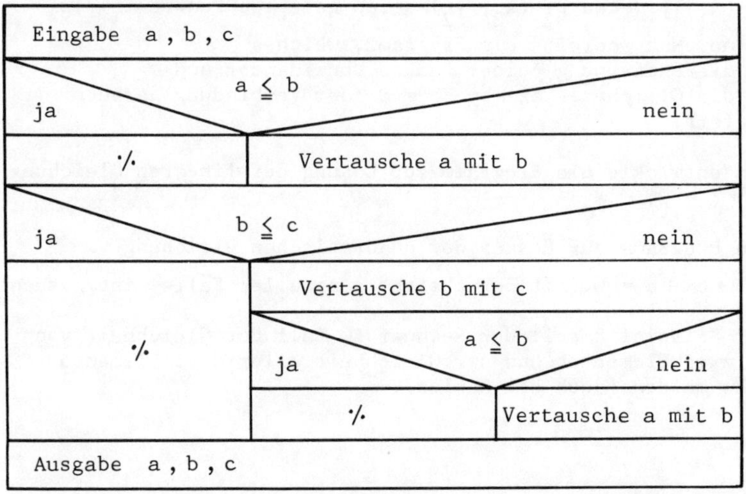

Und das Programm so:

```
PROGRAM sortieren;
  (* sortiert drei Zeichenreihen *)
  VAR
    a, b, c, h : string;
  BEGIN
    writeln('Geben Sie drei Zeichenreihen ein!');
    write('Erste Zeichenreihe:  '); readln(a);
    write('Zweite Zeichenreihe:  '); readln(b);
    write('Dritte Zeichenreihe:  '); readln(c);

    IF a > b THEN h := a; a := b; b := h;
    IF c > b THEN h := c; c := b; b := h;
    IF a > b THEN h := a; a := b; b := h;

    write(a:15, b:15, c:15)
  END.
```

***

Aufgaben

22. Der 'Schweizer Computer-Club' teilt mit: "Bei Bestellungen ab 100,- Franken übernehmen wir die Versandkosten, und Mitglieder erhalten zusätzlich 10% Rabatt bei Aufträgen ab 50,- Franken." (Also nichts wie Eintreten!)
Schreiben Sie ein PASCAL-Programm.

23. $P_1=(x_1, y_1)$ und $P_2=(x_2, y_2)$ seien gegebene Punkte in der Ebene. Man schreibe ein Programm, welches
a) die Entfernung beider Punkte voneinander und
b) die Gleichung $ax + by + c = 0$ der Verbindungsgeraden
liefert.

24. Man entwickle ein Programm zur Lösung der linearen Gleichung $ax + b = 0$.

25. Ein Programm zur Lösung der quadratischen Gleichung $ax^2 + bx + c = 0$ (mit Berücksichtigung aller Fälle) ist gesucht.

26. Für Beispiel 8 soll der Rechner im Fall der Gleichheit von je zwei Elementen und der Gleichheit aller drei Elemente dies melden (auch bei Zahlen).

27. Ein Programm ist zu schreiben, das den Kaufpreis in DM für Reiseschecks einer ausländischen Währung in beliebiger Höhe für einen einzugebenden Wechselkurs und einer Bearbeitungsgebühr von 4% bei Wechselbeträgen über 1500 DM angibt.

28. Gegeben ist folgendes Programm

```
PROGRAM poevo;
  CONST
    rab1 = 0.10;
    rab2 = 0.05;
  VAR
    listenpr, rabatt, verkpr : real;
  BEGIN
    write(' Welcher Listenpreis?    ');
    read( listenpr ) ;
    IF listenpr  > 5000
      THEN rabatt := listenpr * rab1
      ELSE rabatt := listenpr * rab2;
    writeln(' Rabatt:   ', rabatt:10:2);
    verkpr := listenpr - rabatt;
    writeln(' Verkaufspreis:    ', verkpr:10:2)
  END.
```

a) Schreiben Sie hierzu ein Struktogramm!
b) Wozu dient das Programm?

29. Hier sind zwei Struktogramme:

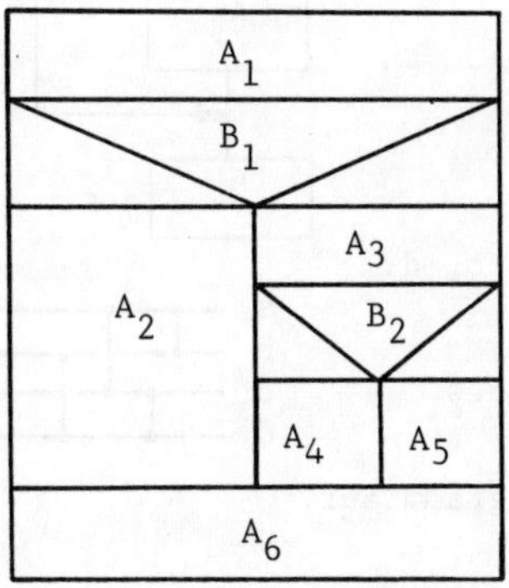

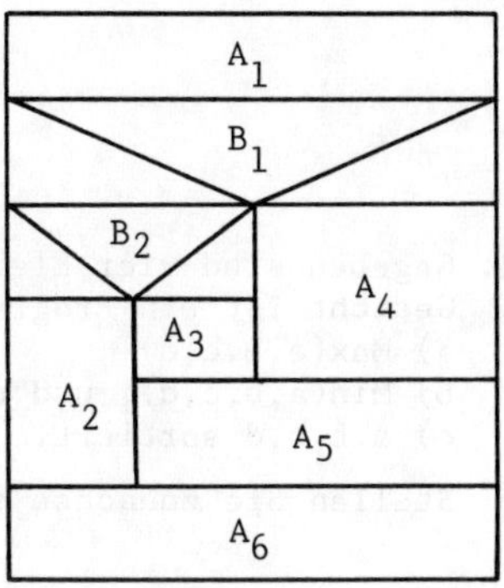

Übersetzen Sie jedes in einen Programmablaufplan.
Sind die Struktogramme nach Vorschrift gebaut?

30. Was ist an diesem Struktogramm falsch?

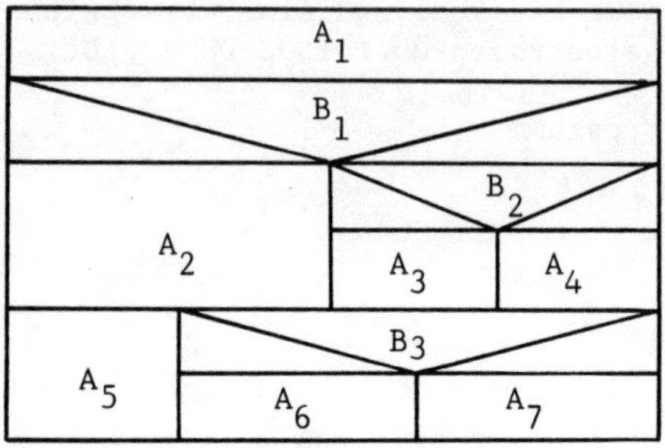

31. Nebenstehender Programmablaufplan ist in ein Struktogramm zu übersetzen.

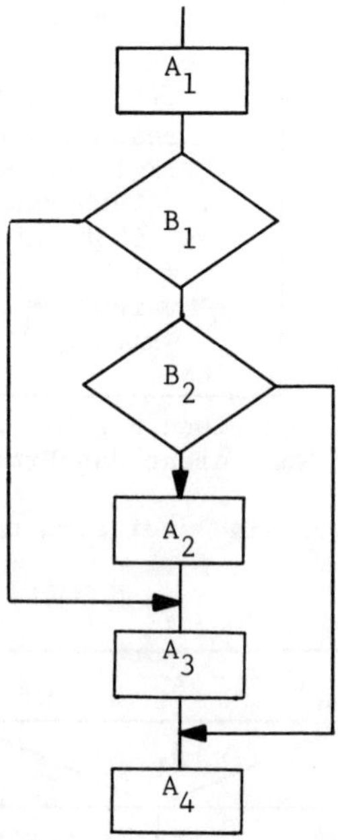

32. Gegeben sind vier Elemente a, b, c, d. Gesicht ist ein Programm für
a) Max(a,b,c,d)
b) Min(a,b,c,d), und eines, welches
c) a,b,c,d sortiert.

Stellen Sie zunächst ein Struktogramm auf.

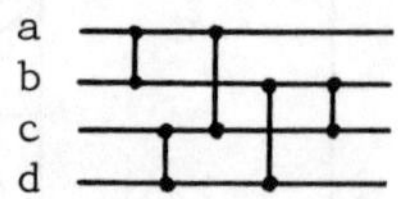

2.4 Mehrfachauswahl

Beispiel 9 : Bereichern Sie Ihren Wortschatz

Es soll ein Programm geschrieben werden, mittels dem der Benutzer gemäß folgendem Dialog einen Auswahltest bestehen kann:

"Bedeutet 'Turf'   a) Heizmittel
                    b) Gesteinsart
                    c) Aschenbahn
                    d) Pferderennsport?"

Man könnte das Programm mittels einer mehrstufigen Entscheidungsanweisung schreiben:

Wenn Eingabe 'Heizmittel' dann Antwort 'falsch' sonst
Wenn Eingabe 'Gesteinsart' dann Antwort ...

Das folgende Struktogramm symbolisiert eine solche Mehrfachauswahl:

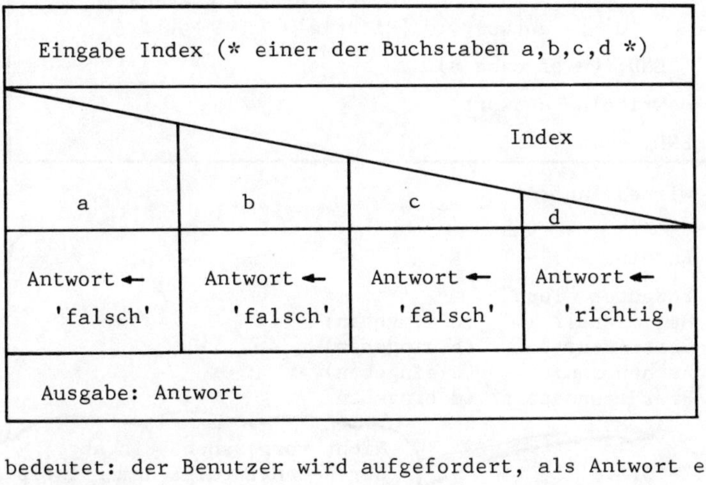

Das bedeutet: der Benutzer wird aufgefordert, als Antwort einen der Buchstaben a, b, c, d einzugeben (je nachdem, welchen der vier zugehörigen Begriffe er für zutreffend hält). Dieser Buchstabe heißt Index der Mehrfachauswahl. (Man hätte als Index z.B. auch die Ziffern 1,2,3,4 nehmen können.) Der Rechner erhält nun die Anweisung, je nach dem Wert des Index die Antwort auszuwählen. In PASCAL gibt es hierfür eine Anweisung, wie das folgende Programm demonstriert:

```
PROGRAM wortschatztest;
  VAR
    eingabe : char;
    antwort : string;
  BEGIN
    writeln(' Bedeutet "Turf");
    writeln(' Heizmittel? (a eingeben)');
    writeln(' Gesteinsart? (b eingeben)');
    writeln(' Aschenbahn? (c eingeben)');
    writeln(' Pferderennsport? (d eingeben)');
    readln( eingabe ) ;
    CASE  eingabe  OF
      'a' :  antwort := 'Leider falsch.
                         Sie meinen wohl Torf';
      'b' :  antwort := 'Daneben geraten.
                         Sie denken an Tuff';
      'c' :  antwort := 'Nicht ganz. Pferde laufen
                         nicht gerne auf Asche';
      'd' :  antwort := 'Richtig'
    END; (* of case *)
    writeln( antwort )
  END.
```

Lassen wir es laufen!

```
Running ...
Bedeutet "Turf"
Heizmittel?        (a eingeben)
Gesteinsart?       (b eingeben)
Aschenbahn?        (c eingeben)
Pferderennsport?   (d eingeben)
x
%='Ø:Z!Ø!Z''
```

Nicht vorgesehene Eingabe.
Der Rechner folgt dem Prinzip:
"Wie man in den Wald hineinschreit, so schallt es heraus"

Dies heißt in der Rechnersprache 'Blödmann!'

Mit obigem Programm lernen wir zugleich eine neue Variablenart kennen, nämlich Variablen für <u>Zeichen</u> (Buchstaben, Zahlen und andere Zeichen); man vereinbart wie mit der Bezeichnung <u>char</u>.

Eine Anweisung der Form

Falls i dann A(i) ,

wobei i Element einer endlichen geordneten Menge und A(i) eine Anweisung ist, heißt Mehrfachauswahl.
Es wird diejenige Alternative A(i) ausgeführt, die dem Index i zugeordnet ist; dieser Index errechnet sich als Wert eines Ausdrucks, des sogenannten Selektors.

In PASCAL lautet die Mehrfachauswahl

```
CASE  <Ausdruck>  OF
 <Konstante 1>  :  <Anweisung 1>
 <Konstante 2>  :  <Anweisung 2>
  ..............................
 <Konstante n>  :  <Anweisung n>
END;
```

- Die Bezeichnung CASE bedeutet 'Fall'.
- Im Beispiel 9 durchlief der Index die Buchstaben a,b,c,d; ein Selektor-Ausdruck war anscheinend nicht vorhanden. Aber jeder einzelne Buchstabe ist ja auch ein Ausdruck. (In Aufgabe 35 wird ein 'richtiger' Selektor-Ausdruck benötigt.)
'Selektor' heißt wörtlich 'Auswähler'.
- Der Index muß in PASCAL von einfachem Typ (siehe Kapitel 4), darf aber keine Dezimalzahl sein.
- Kommt der Wert des Selektor-Ausdrucks unter den Indexwerten nicht vor, so steigt der Rechner aus dem Programm aus (wie oben demonstriert). Will man dies verhindern, muß man vor der CASE-Anweisung eine entsprechende Entscheidungsanweisung stellen, die angibt, was in diesem Fall zu tun ist.

***

Aufgaben

33. Schreiben Sie das Programm des Beispiels 9 ohne die CASE-Anweisung (also mit mehrstufiger Entscheidung).

34. Mittels Mehrfach-Auswahl ist ein Programm zu schreiben, das gegebene Beträge ausländischer Währungen (US-Dollar, ital. Lira, österr. Schilling, franz. Franc usw.) in DM umrechnet.

35. Ein Lehrer zensiert nach folgendem Verfahren: er vergibt zunächst sogenannte Rohpunkte und setzt eine maximal erreichbare Rohpunktzahl fest. Dann ermittelt er den Prozentsatz der tatsächlich erreichten Punkte; die Umrechnung in Noten geschieht nach folgendem Schlüssel:

tatsächlich erreichte Punkte (in %)	Note
weniger als 20	ungenügend
20 bis unter 40	mangelhaft
40 bis unter 55	ausreichend
55 bis unter 70	befriedigend
70 bis unter 85	gut
85 und mehr	sehr gut

Schreiben Sie ein Programm, das bei Eingabe der maximal erreichbaren Punktzahl und der tatsächlich erreichten Punkte die Note ausgibt.
(Anleitung: Sie können als Selektor-Ausdruck $\mathrm{trunc}(\frac{x - 40}{15})$ benutzen, wobei x die Rohpunktzahl angibt; die Fälle 'mangelhaft' und 'ungenügend' müssen gesondert behandelt werden.)

3 Programme mit Schleifen

Alles Geschehen in der Natur, aber auch in der Gesellschaft und im privaten Leben besteht weitgehend aus Wiederholung. Der tägliche Auf- und Niedergang der Sonne und der Gestirne und - hieran angelehnt - Wachen und Schlafen; die Jahreszeiten und - hiernach sich richtend - die beweglichen Feste; Herzschlag und Atmung und - als Grundlage neuerer Zeitmessung - die Schwingungen in Quarzkristallen: all' dies sind Beispiele sich wiederholender Vorgänge. Physikalische, biologische und soziale Rhythmen sind eng verzahnt.

Die menschliche Arbeit besteht im wesentlichen ebenfalls aus Wiederholungsvorgängen - ebenso wie das Gebet. Um die Last sich gleichförmig wiederholender Arbeitsvorgänge zu erleichtern, erfand der Mensch Maschinen; ihr Prototyp ist das Rad. (Im Mythos wird es zum Rad der Wiedergeburt: Wiederholung als Fluch.)

Auch im seelischen und geistigen Bereich fallen stets wiederkehrende Aufgaben gleicher Art an, von denen der Mensch sich durch Maschinen zu befreien sucht. So zeigt ein Computer seine wahren Fähigkeiten und seinen Nutzen erst im wiederholten schnellen und präzisen Ausführen der gleichen Handlung, ohne zu ermüden oder in seiner Aufmerksamkeit nachzulassen.

3.1 Wiederholungsanweisungen

Eine grundlegende Tätigkeit, die im Wiederholen eines einfachen Vorgangs besteht, ist Zählen.

Beispiel 10: Zählen

Der Rechner soll von 1 bis zu einer vorgegebenen natürlichen Zahl n zählen.

Ist zum Beispiel n = 15, so soll der Rechner also die Anweisungen

schreibe 1, schreibe 2, ..., schreibe 15

der Reihe nach ausführen. Um dies präziser auszudrücken, benutzen wir eine Zahlvariable k und sagen:

```
(1) k ← 0
(2) erhöhe k um 1
(3) schreibe k ;
```

dabei sollen die Schritte (2) und (3) wiederholt werden, bis k = 15 ist. Dies schreiben wir in folgender Form auf:

ZÄHLEN

```
k ← 0
Wiederhole
  k ← k + 1
  schreibe k
bis  k = 15
```

oder

ZÄHLEN

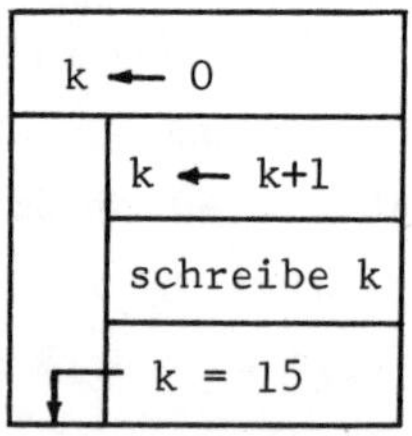

Der geknickte Pfeil im rechtsstehenden Struktogramm kennzeichnet die Aussageform 'k = 15' als A b b r u c h b e d i n g u n g : ist sie erfüllt, wird der Wiederholungsvorgang abgebrochen und zum nächsten Block übergegangen. Der zugehörige Programmablaufplan erinnert an ein Bahngeleise mit E i n f a h r t und A u s f a h r t :

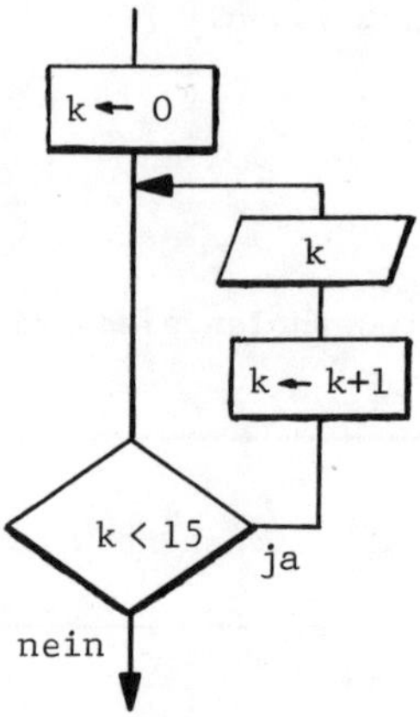

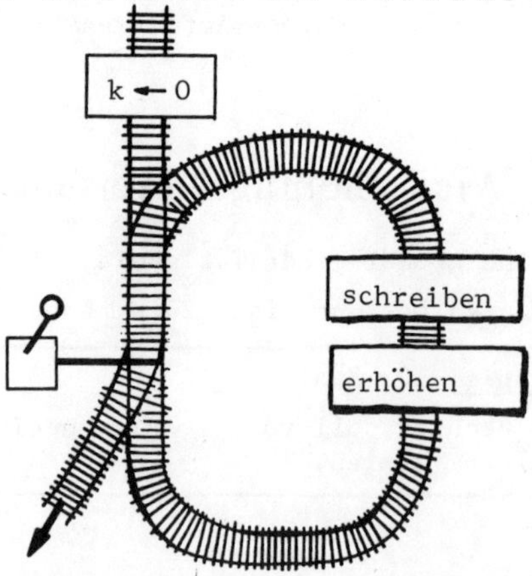

Die Weiche ist entscheidend - ohne sie würden wir die Strecke ohne Aufhören umrunden. In PASCAL gibt es zwei Sprachelemente, mit denen Wiederholungsanweisungen ausgedrückt werden können:

```
PROGRAM zaehler1;
  VAR
    k, n : integer;
  BEGIN
    write ('Wie weit soll
      gezaehlt werden?  ');
    read(n);
    WHILE k < n DO
      BEGIN
        k := k+1;
        write(k:5)
      END (* of while *)
  END.
```

```
PROGRAM zaehler2;
  VAR
    k, n : integer;
  BEGIN
    write ('Wie weit soll
      gezaehlt werden? ');
    read(n);
    k := 1;
    REPEAT
      k := k+1;
      write(k:5)
    UNTIL k=n
  END.
```

Lassen wir eines dieser Programme laufen, erhalten wir

```
Running ...
Wie weit soll gezählt werden?  15
1  2  3  4  5  6  7  8  9  10  11  12  13  14  15
```

Schreiben Sie hier auf, was Sie erhalten, wenn Sie das andere Programm laufen lassen:

Eine Anweisung der Gestalt

(1) Solange B führe A aus bzw.

(2) Wiederhole A bis B ,

wobei B eine Aussage und A eine Anweisung ist,
heißt Wiederholungsanweisung.

In PASCAL:

(1) `WHILE B DO A` oder

`WHILE B DO BEGIN A1; A2; ...; An END`

(2) `REPEAT A UNTIL B` oder

`REPEAT A1; A2; ...; An UNTIL B .`

Für (1) gilt: Solange die Bedingung B erfüllt ist, wird A (bzw. die Anweisungssequenz A1; A2; ...; An) ausgeführt (B heißt Ausführungsbedingung).

Für (2) gilt: A (bzw. die Anweisungssequenz) wird solange wiederholt, bis B erfüllt ist (B heißt Abbruchbedingung).

- Wiederholungsanweisungen heißen wegen der geschlossenen Linienzüge im Programmablaufplan auch S c h l e i f e n .

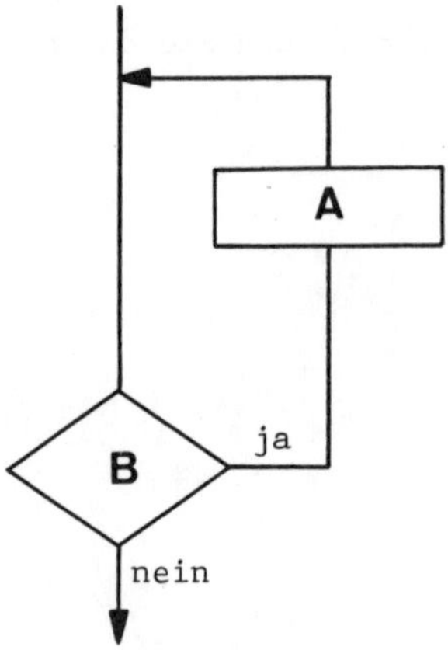

'Solange-tue-Schleife'

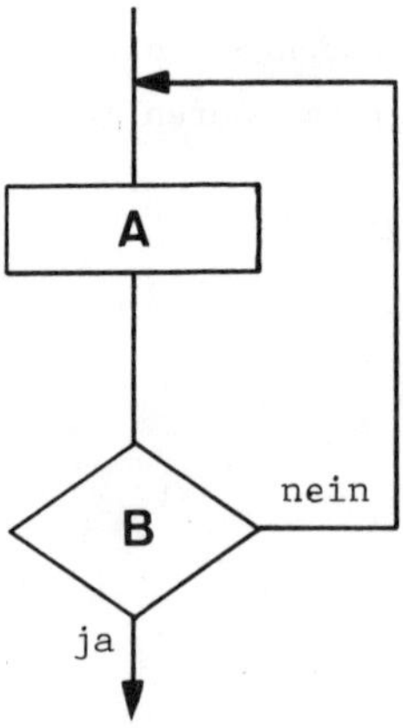

'Wiederhole-bis-Schleife'

- Die Schleife erster Art ('Solange ... tue ...') heißt auch Schleife mit *Eintrittsbedingung*, weil die Bedingung vor dem Eintritt in die Schleife ausgewertet wird: hier wird geprüft, ob die Anweisung(sfolge) A überhaupt auszuführen ist (es kann also durchaus der Fall eintreten, daß A gar nicht ausgeführt wird).
- Die Schleife zweiter Art ('Wiederhole ... bis ...') heißt auch Schleife mit *Austrittsbedingung*, weil die Bedingung am Ende geprüft wird. Einmal wird die Anweisung A (bzw. die Anweisungsfolge) auf jeden Fall ausgeführt.

*

<u>Beispiel</u> 11: Mittelwert

Zu gegebenen Zahlen $x_1, x_2, \ldots, x_n$ soll das arithmetische Mittel $m = \frac{1}{n}(x_1 + x_2 + \ldots + x_n)$ berechnet werden; dabei ist die Anzahl n der Werte vorher nicht bekannt.

Ein Struktogramm für diese Aufgabe sieht so aus:

MITTELWERT

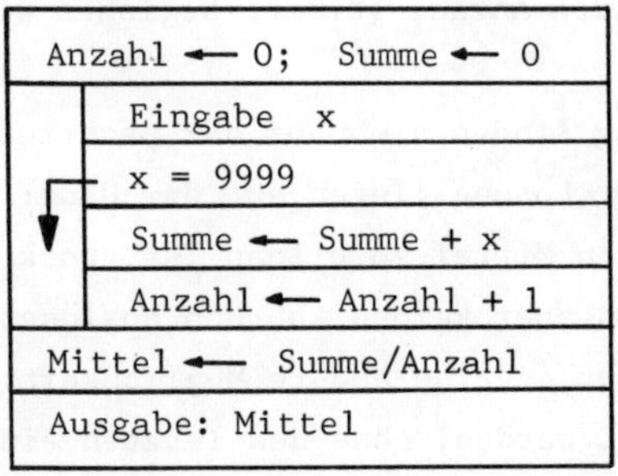

Als Abbruchbedingung dient die Aussageform 'x = 9999', wobei 9999 für eine Zahl stehen soll, die unter den x-Werten nicht vorkommt, und die als letzte einzugeben ist. Charakteristisch ist hier, daß die Abbruchbedingung *in der Mitte* auftritt: nach Einlesen von 9999 soll nicht mehr addiert werden, wir müssen also aus der Schleife herausspringen.

Dies stößt in PASCAL auf Schwierigkeiten: hier gibt es ja nur Wiederholungsanweisungen mit der Abbruchbedingung am Anfang oder am Ende des Schleifenkörpers (siehe die beiden folgenden Struktogramme):

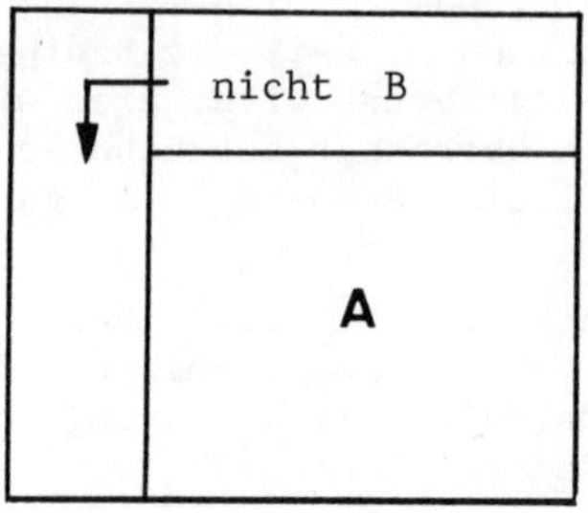

Struktogramm der Wiederholungsanweisung 'Solange B tue A'

(Abbruchbedingung 'nicht B')

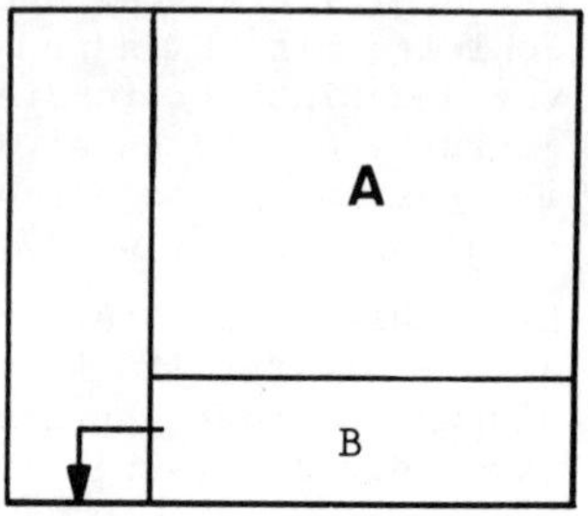

Struktogramm der Wiederholungsanweisung 'Wiederhole A bis B'

Das heißt für unser Beispiel: bei jedem Schleifendurchlauf wird addiert und weitergezählt. Um zu vermeiden, daß der Mittelwert (durch Addition von 9999) falsch wird, nehmen wir den Wert 0 als Signal für den Abbruch: seine Addition verändert an der Summe nichts. Damit auch die Anzahl stimmt, beginnen wir mit der Zählvariable bei -1.

(Programm und Dialog finden sich auf der nächsten Seite.)

Die Schwächen dieser Lösung liegen auf der Hand: Null kann ja unter den Werten, deren Mittel zu bilden ist, vorkommen: die Eingabe von 0 darf dann aber keinen Abbruch auslösen.

Glücklicherweise gibt es eine andere Möglichkeit: der Eingabevorgang kann beendet werden, ohne den letzten eingegebenen Wert vom Rechner lesen zu lassen, und zwar mit einem Signal eof , das mittels der Tastenkombination CTRL-C (bzw. mittels einer Steuerkarte bei Dateneingabe über Markierungskarten) gegeben wird. Die Abbruchbedingung lautet dann einfach

UNTIL eof oder WHILE NOT eof .

(Genaueres über eof ('end of file') in Kapitel 8.)

→

```
PROGRAM mittelwert;
  (* berechnet das arithmetische Mittel *)
  VAR
    anzahl : integer;
    wert, summe, mittel : real;
  BEGIN
    writeln ('Geben Sie die Werte ein.');
    writeln ('Nach dem letzten Wert 0 eingeben!');
    anzahl := -1;
    summe := 0;
    REPEAT
      read(wert);
      summe := summe + wert;
      anzahl := anzahl + 1
    UNTIL wert = 0;
    mittel := summe / anzahl;
    writeln ('Mittelwert:  ', mittel:6:2)
  END.
```

```
PROGRAM mittelwert;
  (* verbesserte Fassung *)
  VAR
    anzahl              : integer;
    wert, summe, mittel : real;
  BEGIN
    writeln ('Geben Sie die Werte ein.');
    writeln ('Am Schluß CTRL-C druecken!');
    anzahl := 0;  summe := 0;
    REPEAT
      read(wert);
      summe := summe + wert;
      anzahl := anzahl + 1
    UNTIL eof;
    mittel := summe / anzahl;
    writeln;
    writeln ('Mittelwert:  ', mittel:6:2)
  END.
```

Probieren Sie die Programme aus, sie funktionieren!
(Für einen Dialog reicht hier leider nicht der Platz.)

Die allgemeine Form der Wiederholungsanweisung besteht in einem Zyklus von Anweisungen (bzw. Programmstücken), zwischen denen an beliebiger Stelle Abbruchbedingungen stehen:

Struktogramm

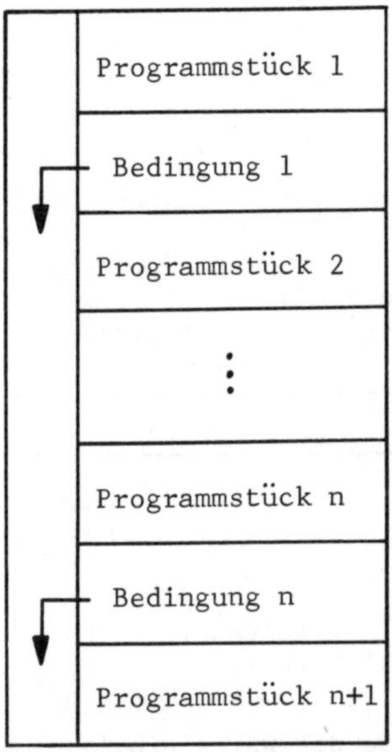

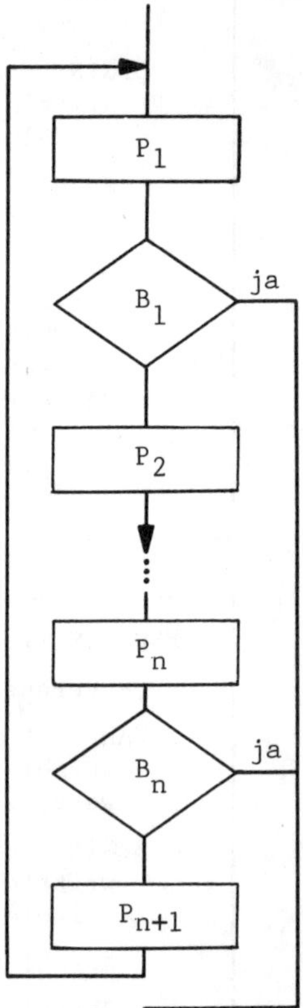

Die Ausführung der Anweisungen bzw. Programmstücke erfolgt solange, bis eine der Bedingungen zutrifft. Dann wird die Schleife verlassen und das Programm mit dem folgenden Block fortgesetzt.

Z u r Ü b u n g : Aufgabe 36 bis 39

*

Das folgende Beispiel demonstriert eine andere Art der Abbruchbedingung.

<u>Beispiel</u> 12: Gebremstes Wachstum

Eine Population (Bevölkerung) von Lebewesen, bei der das Wachstumstempo mit steigender Individuenzahl abnimmt, läßt sich durch die Gleichung

$$(*) \qquad \frac{x_{n+1} - x_n}{x_n} = r - s \cdot x_n \;, \quad x_o = a$$

beschreiben; dabei ist x_n die Individuenzahl zum Zeitpunkt n (n = 0,1,2,3,...) und r die Vermehrungsrate, s eine Bremsrate ($r > 0$ und $s > 0$).
Es soll ein Programm geschrieben werden, das die Bevölkerungszahlen $x_1, x_2, x_3, \ldots$ berechnet.

Zunächst eine Erläuterung der Gleichung (*): die linke Seite der Gleichung bedeutet die relative Wachtumsrate der Bevölkerung im Zeitraum (n, n+1). Die Gleichung sagt aus, daß diese 'prozentuale Zunahme' (oder Abnahme) mit steigender Individuenzahl fällt und schließlich Null wird: die Bevölkerung wächst dann nicht mehr (bzw. nimmt nicht mehr ab). Dies ist der Fall, wenn die Individuenzahl den Wert $\frac{r}{s}$ erreicht hat; er kennzeichnet somit die Kapazität des Lebensraums.
Um die Bevölkerungszahlen zu berechnen, müssen wir Gleichung (*) nach x_{n+1} auflösen, dies ergibt:

$$x_{n+1} = (1+r - s \cdot x_n) \cdot x_n \;, \quad x_o = a.$$

Aus der Bevölkerungszahl zum Zeitpunkt n können wir also die zum Zeitpunkt n+1 ausrechnen.
Sei zum Beispiel r = 0,2; s = 0,001 und a = 10 . Dann erhalten wir $x_o = 10$, $x_1 = (1{,}2 - 0{,}001 \cdot 10) \cdot 10 = 11{,}9$ usw.
Als Abbruchkriterium wollen wir die Bedingung vorsehen, daß die Bevölkerungszahl bis auf - sagen wir - 2% an die obere Kapazitätsgrenze (hier 200) heranrückt, also

$$\left| \frac{200 - x_n}{x_n} \right| < 0{,}02 \;.$$

Das Programm findet sich auf der nächsten Seite.

```
PROGRAM logwachstum;
  (* dient zur Untersuchung des sogenannten
     logistischen Wachstums *)
  CONST
    eps = 0.02;  (* Abbruchschranke *)
  VAR
    n : integer;  (* zaehlt die Generationen *)
    r, s, a, x  : real;
  BEGIN
    write ('Wachstumsrate?   ');
    read(r);
    write ('Bremsrate?   ');
    read(s);
    write ('Anfangsbestand?   ');
    read(a);
    x := a;  n := 0;
    REPEAT
      write(round(x):8);
      x := (1+r-s*x)*x;
      n := n+1
    UNTIL abs((r/s - x)/x) < eps;
    writeln;
    write ( n,'  Generationen')
  END.
```

die Individuenzahl wird auf ganze Zahlen gerundet (Hinweis zu `write(round(x):8);`)

Dialog:

```
Running ...

Wachstumsrate?  0.2
Bremsrate?  0.001
Anfangsbestand?  10

 10  12  14  17  20  23  28  32  38  44
 51  58  67  75  85  95 105 114 124 134
143 151 158 165 171 176 180 184 187 189
191 193 194 195

34 Generationen
```

***

A u f g a b e n

36. Es sollen bis zu einer vorgegebenen oberen Grenze
    a) die Vielfachen von sieben: 7, 14, 21, 28, ...
    b) die Quadratzahlen: 1, 4, 9, 16, ...
    c) die Zweierpotenzen: 1, 2, 4, 8, ...
    ausgegeben werden.

37. Schreiben Sie jeweils ein Programm, welches die Zahlenfolgen
    a) 1, 0, 1, 0, 1, 0, ...
    b) 2, 4, 2, 4, 2, 4, ...
    c) 1, -1, 1, -1, 1, -1, ...
    d) 0, 1, 2, 3, 0, 1, 2, 3, 0, 1, ...
    erzeugt.

38. Es sollen die Folgen
    a) der Dreieckszahlen 1, 3, 6, 10, ..., $\frac{k(k+1)}{2}$, ...
    b) 5, 7, 11, 13, 17, 19, 23, 25, ..., $6k\pm1$, ...
    (diese Folge enthält bis auf 2 und 3 alle Primzahlen!)
    erzeugt werden.

39. Ein Guthaben wird zu p% pro anno Zinseszinsen angelegt. Wiederholen Sie den Zinszuschlag, bis sich das Guthaben v e r d o p p e l t hat und zählen Sie die Anzahl der Jahre bis zur Verdopplung (man nennt dies die Verdopplungszeit). Experimentieren Sie mit verschiedenen Zinssätzen und versuchen Sie, einen Zusammenhang zwischen Zinssatz und Verdopplungszeit herauszubekommen. Hängt dieser Zusammenhang vom Anfangsguthaben ab?

40. Schreiben Sie - als Verallgemeinerung von Beispiel 1 - ein Programm 'Fakturierung' gemäß folgendem Verfahren:

FAKTURIERUNG

```
Gesamtpreis ← 0
Wiederhole
  Eingabe: Anzahl, Stückpreis
  Gesamtpreis ← Gesamtpreis + Anzahl * Stückpreis
bis  Anzahl = 0
Rechnungsbetrag ← Gesamtpreis + Umsatzsteuer
Rechnungsbetrag ← Rechnungsbetrag - Rabatt
Ausgabe: Rechnungsbetrag
```

41. Probieren Sie folgendes Mittelwert-Programm aus:

```
PROGRAM mittelwert;

  VAR
    anzahl                 : integer;
    wert, summe, mittel : real;

  BEGIN
    writeln ('Am Schluß 9999 eingeben!')
    read ( wert ) ;
    anzahl := 0;
    summe := 0;

    WHILE wert <> 9999 DO
      BEGIN
        read ( wert ) ;
        summe := summe + wert;
        anzahl := anzahl + 1
      END; (* of while *)

    mittel := summe / anzahl;
    writeln;
    write ('Mittelwert:   ', mittel:6:2)

  END.
```

Warum leistet es nicht das Verlangte?
Können Sie es reparieren?

42. Die Standardabweichung der Zahlen $x_1, x_2, \ldots, x_n$ ist durch die Formel

$$s = \sqrt{\frac{1}{n}[(x_1-\bar{x})^2 + (x_2-\bar{x})^2 + \ldots + (x_n-\bar{x})^2]}$$

definiert.
Ergänzen Sie das Mittelwert-Programm von Beispiel 11 um die Standardabweichung!
(Hinweis: Obige Formel ist für die Berechnung nicht gut geeignet (warum?); im mathematischen Anhang finden Sie eine bessere.)

43. Arbeitslosenzahlen (beispielsweise) weisen eine saisonale Schwankung auf. Um sie zu beseitigen, berechnet man sog. gleitende Mittelwerte

$$m_t = \frac{1}{n}(x_t + x_{t-1} + \ldots + x_{t-n+1}).$$

und erhält dann einen 'saisonbereinigten Trend'.
Schreiben Sie ein Programm für den saisonbereinigten Trend der Arbeitslosenzahlen (gleitende 12-Monatsdurchschnitte).
Arbeitslosenzahlen in der Bundesrepublik (in Tausend):

1974:	620	620	562	517	457	451	491	527	557	672	799
1975:	1154	1184	1114	1087	1018	1002	1035	1031	1005	1061	1114

44. Diese Struktogramme definieren drei Zahlenfolgen. Untersuchen Sie auf dem Rechner - das Ergebnis wird Sie überraschen!

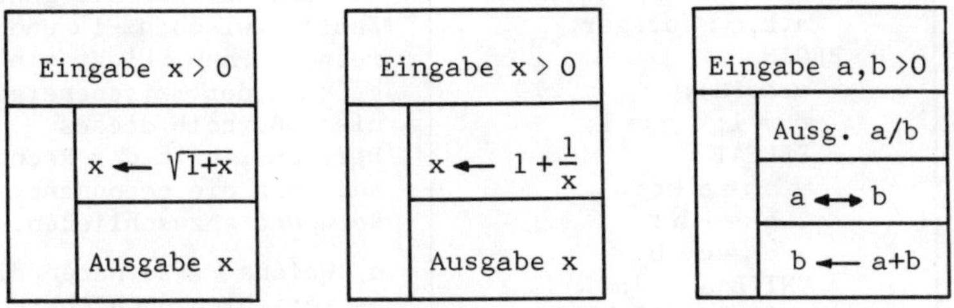

45. Übersetzen Sie folgendes Struktogramm in ein PASCAL-Programm.

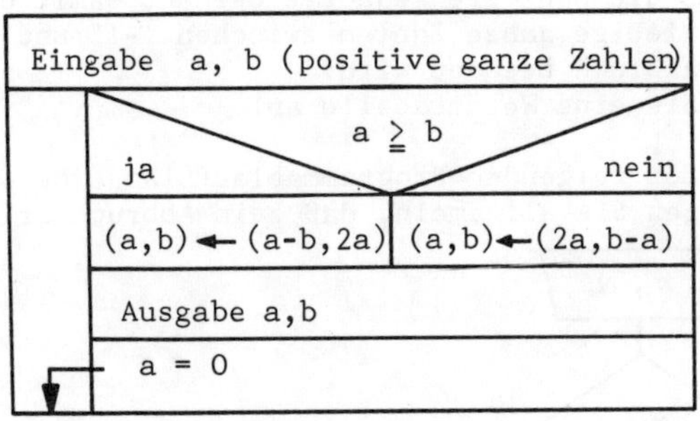

Für welche Startzahlen a bricht das Verfahren ab? Was kann man über die Anzahl der Schritte bis zum Abbruch sagen?

46. Und noch ein Struktogramm:

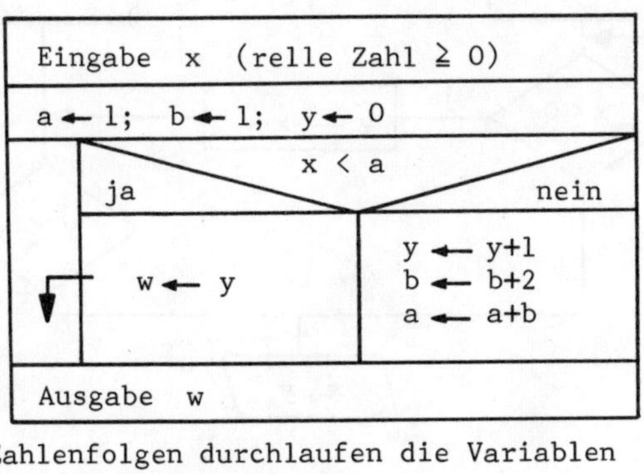

Was für Zahlenfolgen durchlaufen die Variablen a, b?
Was liefert das Verfahren?

47.

```
PROGRAM langesoltau;
  VAR
    a,b,c : integer;
  BEGIN
    read(a);
    b := 1;  c := 1;
    REPEAT
      a := a + c;
      b := - b ;
      c := c - b
    UNTIL a = 7;
    writeln(a:3, b:3, c:3)
  END.
```

Das nebenstehende Programm soll auf einem Rechner ablaufen, der nur mit ganzen Zahlen zwischen -15 und 16 rechnen kann. Liegt ein Ergebnis oder Zwischenergebnis außerhalb dieses Bereichs, hält der Rechner an, ohne die begonnene Rechnung abzuschließen.

a) Welche Werte haben die Variablen nach Abbruch des Programms, wenn für a zu Beginn einmal 1, zum andernmal 2 gesetzt wird?

b) Wie muß die Schleife geändert werden, damit das Programm für beliebige ganze Zahlen zwischen -15 und 16 ohne Fehlerabbruch beendet wird?
Legen Sie eine Wertetabelle an!

48. Legen Sie für folgenden Programmablaufplan eine Wertetabelle an und zeigen Sie allgemein, daß kein Abbruch erfolgt.

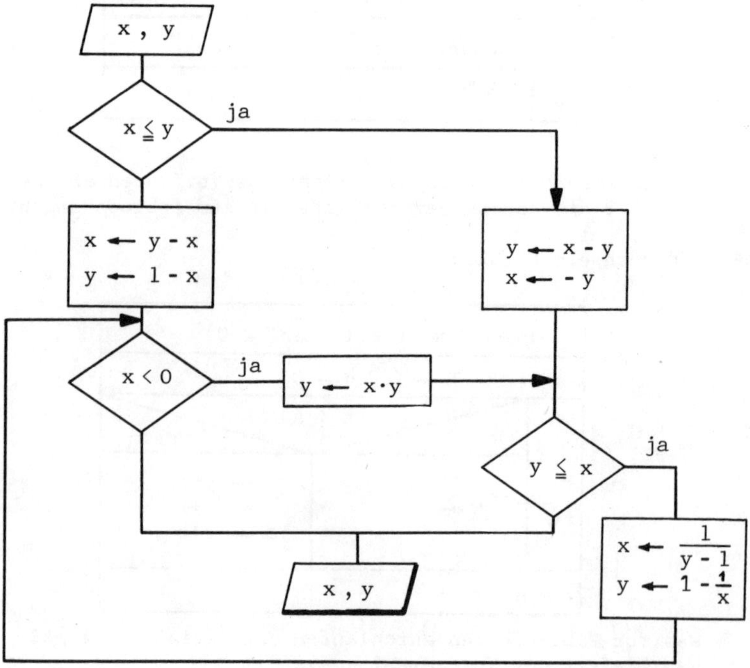

3.2 Laufanweisung

In vielen der Beispiele des vorigen Abschnitts war die Anzahl der Wiederholungen v o r a b b e k a n n t, d.h. sie hing nicht von Bedingungen ab, die sich erst während des Programm-Ablaufs ergeben. Für diesen Fall gibt es eine besondere Anweisung.

Beispiel 13 : Summation

Es sollen die Summen 1, 1+2, 1+2+4, 1+2+4+8, ... bis zu einer vorgegebenen Grenze ausgerechnet und tabelliert werden.

Nach dem Muster des vorigen Abschnitts könnte dies wie folgt geschehen :

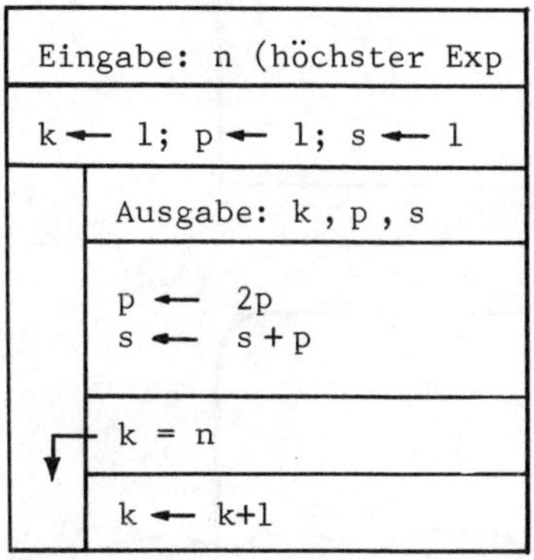

Hierfür gibt es das kürzere Struktogramm :

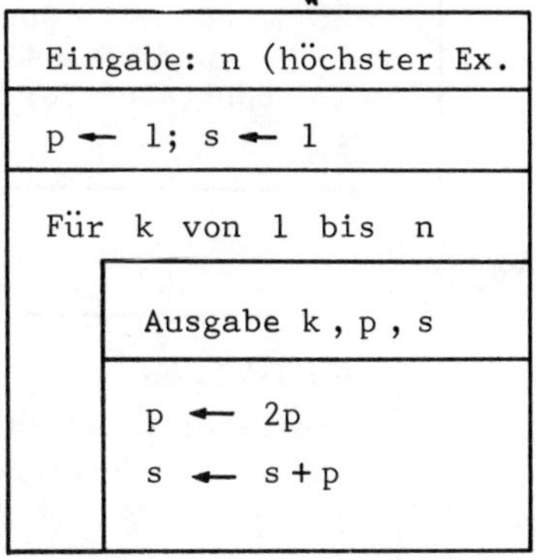

Allgemein gilt:

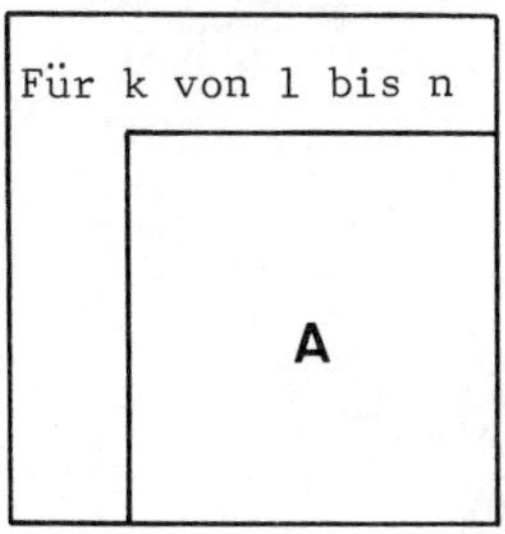

b e d e u t e t

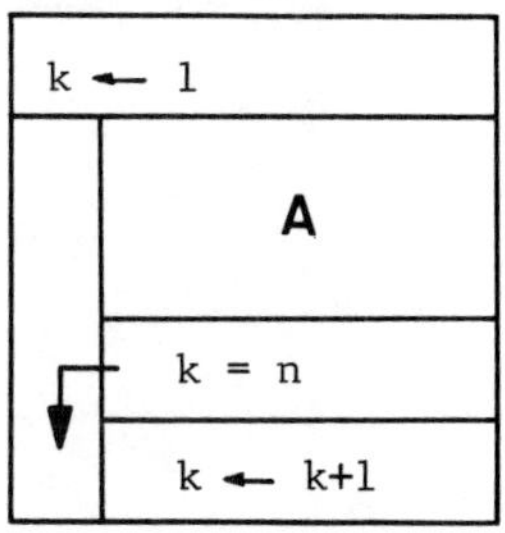

```
PROGRAM summation;
  (* berechnet Zweierpotenzen und
     summiert sie auf *)
  VAR
    k,   (* Laufvariable *)
    n,   (* hoechster Exponent *)
    pot, sum : integer;
  BEGIN
    write ('Hoechster Exponent?  ');
    read(n);
    pot := 1;  sum := 1;
    FOR k := 0 TO n DO
      BEGIN
        writeln(k:3, pot:6, sum:8);
        pot := 2 * pot;
        sum := sum + pot
      END (* of for *)
  END.
```

Programmlauf:

```
Running ...
Hoechster Exponent?  5
0   1   1
1   2   3
2   4   7
3   8  15
4  16  31
5  32  63
```

Fällt Ihnen an diesen Zahlen etwas auf?
.... Ganz richtig!

Eine Anweisung der Form

Für i von 1 bis n wiederhole A

heißt Laufanweisung (gezählte Wiederholung, Zählschleife);
die Variable i heißt Laufvariable.
Bei einer Laufanweisung wird die Anweisung A für aufeinanderfolgende Werte von i n-mal hintereinander ausgeführt.
In PASCAL :

```
FOR i := <Ausdruck 1> TO <Ausdruck 2> DO A,
```

dabei ist A eine Anweisung.

- Ist A eine Sequenz von Anweisungen, muß sie durch BEGIN A1; A2; ...; An END geklammert werden.
- Die Laufvariable muß eine vereinbarte Variable eines angeordneten einfachen Typs (siehe Kapitel 4) sein.
- Obwohl man eine Laufvariable wie eine normale Variable vereinbaren kann, sollte man ihren Gültigkeitsbereich auf die Laufanweisung beschränken (vgl. Kapitel 6). In der auf DO folgenden Anweisung(ssequenz) ist die Laufvariable schreibgeschützt.
  Ihr Wert ist undefiniert, wenn die Ausführung der Laufanweisung beendet ist.
- Die Anweisung(ssequenz) hinter DO wird für alle Werte der Laufvariablen wiederholt, die zwischen Ausdruck 1 und Ausdruck 2 einschließlich liegen. Beide Ausdrücke werden v o r Ausführung der Anweisung ausgewertet.
- Falls die Werte von Ausdruck 1 und von Ausdruck 2 übereinstimmen, wird die Anweisung genau einmal ausgeführt.
  Ist der Wert von Ausdruck 2 kleiner als der von Ausdruck 2, wird die Anweisung überhaupt nicht ausgeführt.
- Die Laufvariable kann ihre Werte auch in f a l l e n d e r Reihenfolge, d.h. vom größeren zum kleineren hin, annehmen. Dies wird in Beispiel 14 gezeigt.

***

Aufgaben

49. Schreiben Sie das Programm von Beispiel 10 so um, daß eine Laufanweisung benutzt wird.

50. Ein Programm ist zu erstellen, das die Summe aller natürlichen Zahlen zwischen zwei gegebenen Grenzen m und n ermittelt.
(Zum Beispiel: m = 7, n = 10, 7+8+9+10 = 34.)

51. Übertragen Sie folgendes Struktogramm in ein lauffähiges PASCAL-Programm:

BUSE

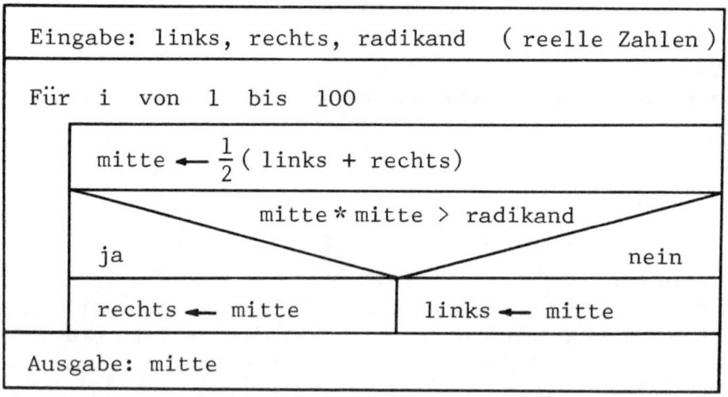

a) Berechnen Sie den Zeitaufwand, wenn jede Wertzuweisung und jede Abfrage mit dem Aufwand von einer Zeiteinheit bewertet werden.
b) Ersetzen Sie in Ihrem PASCAL-Programm die Laufanweisung durch eine REPEAT-Schleife mit der Abbruchbedingung $|\text{rechts} - \text{links}| < 0.001$.
c) Vergleichen Sie beide Programme hinsichtlich ihrer Vor- und Nachteile.
d) Wozu dient das Programm? Was passiert, wenn der Radikand eine negative Zahl ist?

*

3.3 Geschachtelte Schleifen

Wiederholungsanweisungen werden häufig erst dann effektiv, wenn man sie i n e i n a n d e r s c h a c h t e l t , d.h. wenn der Schleifenkörper seinerseits eine Schleife enthält. Das folgende Beispiel zeigt zugleich einen Fall, daß die Laufvariable ihren Wertebereich von höheren zu niedrigeren Elementen (im Sinne der Anordnung) hin durchläuft.

Beispiel 14 : Friedhofskalkül

Eine Figur (Raute) aus Kreuzen wie nebenstehend soll auf dem Bildschirm erzeugt werden.

```
    +
  + + +
+ + + + +
  + + +
    +
```

Die Laufvariable der äußeren Schleife ist die Zeilen-Nummer z; ist sie festgelegt, werden in der inneren Schleife die einzelnen Kreuze erzeugt; diese Laufvariable sei s. Die Spalten-Nummer s läuft immer von 1 bis zu einer ungeraden Zahl, nämlich zu 1, 3, 5, ... 2·z - 1. Damit die Kreuze richtig plaziert werden, müssen in der Zeile Nr.z Leerzeichen ausgegeben werden (und zwar n-z).

```
PROGRAM friedhof;
  (* erzeugt eine Raute aus Kreuzen *)
  VAR
    n ,  (* halbe Rautenbreite *)
    z , s : integer;  (* Zeilen- und Spaltenindex *)
  BEGIN
    write (' Halbe Rautenbreite?  ');  read(n);
    FOR z := 1 TO n DO   (* Erzeugung der oberen Haelfte *)
      BEGIN
        write(' ': n-z+1);
        FOR s := 1 TO 2*z - 1 DO write('+');
        writeln
      END; (* of for *)

    FOR z := n - 1 DOWNTO 1 DO   (* untere Haelfte *)
      BEGIN
        write(' ': n-z+1);
        FOR s := 1 TO 2*z - 1 DO write('+');
        writeln
      END (* of for *)
  END.
```

Das eben behandelte Beispiel zeigte ineinandergeschachtelte Zählschleifen; das folgende benötigt die Schachtelung 'gewöhnlicher' Schleifen.

Beispiel 15 : Ein Frankaturproblem

Ein Brief soll mit 18 Kopeken frankiert werden. Zur Verfügung stehen Marken im Wert von 4 , 6 und 10 Kopeken, und zwar in beliebiger Anzahl. Welche Möglichkeiten gibt es, den Brief zu frankieren?

Wir sehen sofort drei Möglichkeiten a) 6,6,6 b) 10,4,4 und c) 6,4,4,4 . Aber sind dies alle?

Das folgende Struktogramm beschreibt ein systematisches Verfahren, um alle günstigen Kombinationen zu finden:

FRANKATUR

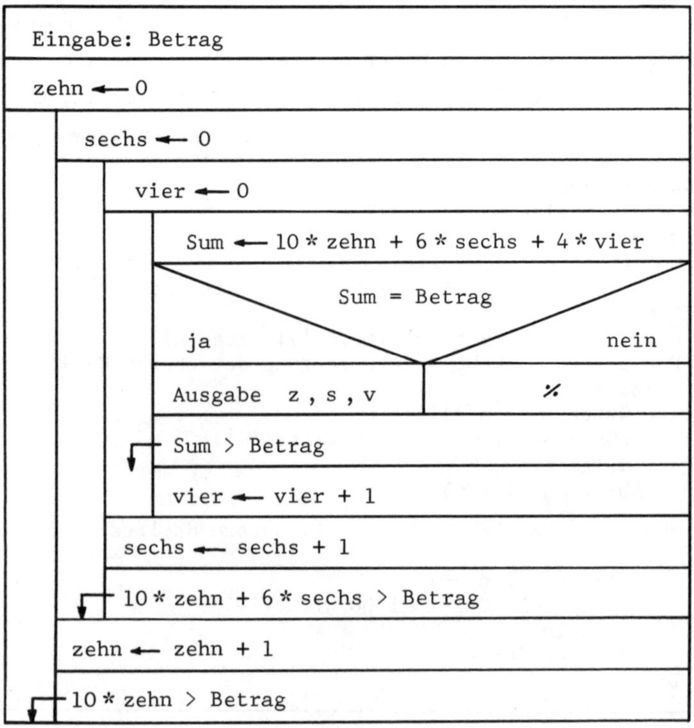

Die drei ineinandergeschachtelten Schleifen arbeiten wie folgt: zunächst stehen alle drei Variablen auf Null; dann läuft die Variable der innersten Schleife, bis ihre Summe die 18 zum ersten Mal überschreitet: jetzt wird sie auf Null zurückgesetzt und die Variable der mittleren Schleife erhöht ihren Wert um 1 , und so geht es weiter. Das Programm lautet:

```
PROGRAM frankatur;
  (* ermittelt alle Moeglichkeiten, einen n -Kopeken-Brief
     mit 4-, 6- und 10-Kopeken-Marken zu frankieren *)
  VAR
    betrag ,
    zehn, sechs, vier,
    sum                 : integer;
  BEGIN
    write ('Welcher Betrag?  ');
    read ( betrag ) ;
    zehn := 0;
    REPEAT
      sechs := 0;
      REPEAT
        vier := 0;
        REPEAT
          sum := 10 * zehn + 6 * sechs + 4 * vier;
          IF sum = betrag
             THEN writeln ( zehn,' Zehner', sechs,' Sechser',
                                            vier,' Vierer');
             vier := vier + 1
        UNTIL sum > betrag;
        sechs := sechs + 1
      UNTIL 10 * zehn + 6 * sechs > betrag;
      zehn := zehn + 1;
    UNTIL 10 * zehn > betrag
  END.
```

Folgender Dialog ergibt sich:

```
Running ...
Welcher Betrag?  18
0 Zehner  1 Sechser  3 Vierer
0 Zehner  3 Sechser  0 Vierer
1 Zehner  0 Sechser  2 Vierer
```

Sie können auch andere Porto-Beträge eingeben!

Wir hatten also doch schon alle Möglichkeiten gefunden.

Aufgaben

52. Auf dem Bildschirm soll ein Weihnachtsbaum aus Sternchen entstehen!

53. Die Behauptung auf Seite 70 oben ist falsch: man kann das Frankaturproblem auch mit Zählschleifen lösen.
Schreiben Sie das Programm um!

54. Ein russischer Kassierer zahlt in 8-Rubel- und in 13-Rubel-Stücken aus und nimmt kein Wechselgeld zurück.
Welche Beträge kann er auszahlen?

55. Gegeben ist ein DM-Betrag.
Auf welche Weisen kann man ihn mit 1,2,5,10,20,50,100,500,1000-Mark-Scheinen bzw. -stücken ausdrücken?

56. Es sollen die Zahlenpaare (1,1), (1,2), (2,1), (2,2), (3,1) ..., (100,100) ausgedruckt werden.

57. Alle Zahlenpaare (a,b) mit $a,b \in \{0,1,\dots, 20\}$ und $a < b$ sollen ausgegeben werden.

58. Ein Würfel wird n-mal geworfen. Wie oft kommt die Augensumme n, n+1, n+2, ..., 6n vor?

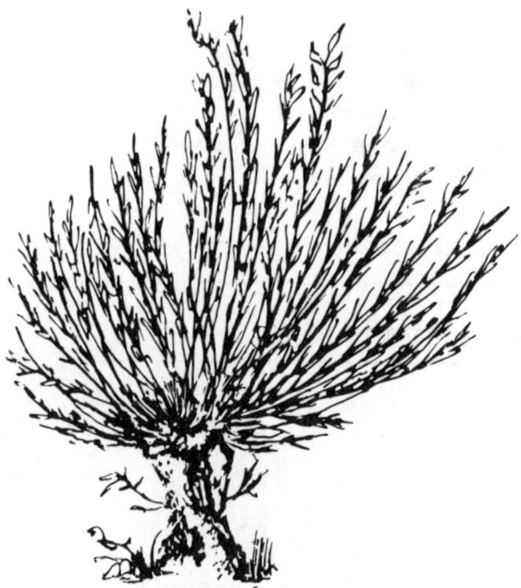

4 Einfache Datentypen

Ein Programm läßt sich mit einem Koch- oder Backrezept vergleichen; den *Zutaten* entsprechen die sogenannten *Daten*. Sie sind die Gegenstände, die vom programm-gesteuerten Rechner verarbeitet werden: so wie Mehl, Zucker, Butter von der durchs Backrezept gesteuerten Hausfrau.
Bisher haben wir im wesentlichen mit *Zahlen* gearbeitet. Von Computern werden aber noch Gegenstände anderer Art verarbeitet; vor allem *Texte*. Die unterschiedlichen Typen solcher Daten wollen wir im folgenden kennenlernen und anwenden.

4.1 Ganze Zahlen

Ganze Zahlen haben wir bisher schon mehrfach benutzt. Im folgenden Beispiel lernen wir zwei Rechenoperationen kennen, die nur für ganze Zahlen erklärt sind.

<u>Beispiel</u> 16 : Prüfziffer

Kontonummern, Bestellnummern und andere kennzeichnende Ziffernfolgen enthalten häufig eine Prüfziffer, mittels der man evtl. vorhandene Übermittlungsfehler erkennen möchte.
Es soll ein Prüfprogramm für Internationale Standard-Buchnummern (ISBN) erstellt werden.

Jede ISBN ist in vier Ziffernblöcke gegliedert, welche Sprache, Verlag, Titelnummer und Prüfziffer bezeichnen; zum Beispiel:

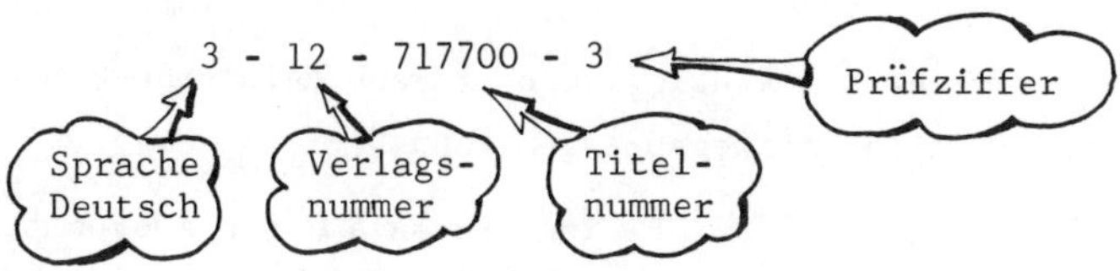

Die Prüfziffer 3 kommt dabei so zustande: man rechnet

$$1\cdot 3 + 2\cdot 1 + 3\cdot 2 + 4\cdot 7 + 5\cdot 1 + 6\cdot 7 + 7\cdot 7 + 8\cdot 0 + 9\cdot 0$$

$$= \;135\; = 12\cdot 11 + 3$$ ← Prüfziffer

Das heißt (für dieses Beispiel): die Prüfziffer ist der Rest der Division von 135 durch 11. Kommt als Rest die 10 heraus, dann schreibt man als Prüfziffer das Symbol X (römische Zehn).
Allgemein: die Prüfziffer der ISBN a - bc - defghi ist der Elferrest der Zahl $1\cdot a + 2\cdot b + 3\cdot c + 4\cdot d + 5\cdot e + 6\cdot f + 7\cdot g + 8\cdot h + 9\cdot i$.
In PASCAL gibt es zwei Rechenoperationen: DIV und MOD, welche solche Rechnungen bequem durchführbar werden lassen; es ist

135 DIV 11 = 12	und	135 MOD 11 = 3.

Allgemein: a DIV b ist der ganzahlige Anteil der Division von a durch b (gibt also an, 'wie oft b in a enthalten ist'); a MOD b ist der Rest bei der Division von a durch b.
Anderes Beispiel:

$$26 = 3\cdot 7 + 5$$

(3: 26 DIV 7; 5: 26 MOD 7)

DIV ist Abkürzung für 'Division', MOD für 'modulo' (ein mathematischer Fachterminus, der sich auf die Rechnung mit Resten bezieht.)
Das PASCAL-Programm läßt sich jetzt unmittelbar hinschreiben; es steht nebenan. →

"Gott ist nicht allmächtig, denn er kann keine Mauer bauen, über die er nicht hinwegspringen kann."

Blaise Pascal (zu Abschnitt 6.4)

```
PROGRAM pruefziffer;
  (* dient zur Ueberpruefung von
     Standard-Buchnummern *)
  VAR
    ziffer, pruefz, summe, i : integer;
  BEGIN
    write ('Geben Sie die ISBN ziffernweise ein. ');
    write ('Statt  X  bitte  10 eingeben! ');
    summe := 0;
    FOR i := 1 TO 9  DO BEGIN
      read ( ziffer ) ;
      summe  := summe + i * ziffer
    END; (* of for *)
    read ( pruefz ) ;
    IF pruefz = summe MOD 11
       THEN writeln ('Kein Fehler feststellbar.')
       ELSE writeln ('ISBN fehlerhaft.')
  END.
```

Dialog:

```
Running ...
Geben Sie die ISBN ziffernweise ein. Statt  X  bitte
10 eingeben!
3 1 2 7 1 7 7 0 0   3   Kein Fehler feststellbar.

Running ...
Geben Sie die ISBN ziffernweise ein. Statt  X  bitte
10 eingeben!
3 1 2 7 7 1 7 0 0   3   ISBN fehlerhaft.
```

Die Zahlen 0, ±1, ±2, ±3, ... bilden den Datentyp <u>ganze Zahl</u>.

Eine Variable vom Datentyp 'ganze Zahl' wird in PASCAL folgendermaßen vereinbart:

```
VAR  k : integer;
```

Für ganze Zahlen sind die Rechenoperationen

+ , - , * , DIV , MOD

definiert.

- Man beachte, daß die Operation / (Division) für ganze Zahlen nicht erklärt ist (denn 2/3 beispielsweise ist ja ein echter Bruch, also keine ganze Zahl). Bei einem Ausdruck a/b, wobei a und b als ganze Zahlen vereinbart sind, gibt der Rechner Fehlermeldung.

- Für ganze Zahlen sind folgende Funktionen erklärt:
  - sqr(k) ordnet der ganzen Zahl k ihr Quadrat zu; in mathematischer Schreibweise gilt also sqr(k) = k^2.
  - abs(k) ordnet der ganzen Zahl k ihren Absolutbetrag zu: abs(k) = $|k|$ (vgl. Aufgabe 20).
  - odd(k) ordnet der ganzen Zahl einen Wahrheitswert zu (siehe Abschnitt 4.4), und zwar gilt

$$\text{odd}(k) = \begin{cases} \text{wahr, wenn } k \text{ ungerade ist} \\ \text{falsch sonst}. \end{cases}$$

- Jede Rechenanlage kann nur endlich viele Zahlen wiedergeben, und daher hat jede Rechenanlage eine größte ganze Zahl; sie trägt den Namen MAXINT.

  Auf der Microengine ist MAXINT = 32 767 = $2^{15} - 1$.

  Zusammen mit den negativen ganzen Zahlen und der Null besitzt diese Anlage $2 \cdot (2^{15} - 1) + 1 = 2^{16} - 1$ ganze Zahlen.

  Es besteht aber noch die Möglichkeit, sogenannte 'lange' ganze Zahlen (long integer-Zahlen) zu definieren.

*

Zum Weiterdenken: Aufgabe 59 bis 61

*

Die ganzen Zahlen sind Gegenstand der sogenannten *Zahlentheorie*, welche nach einem Wort von C.F. *Gauß*, dem princeps mathematicorum, die Königin der Mathematik ist. Denn - so sagt L. *Kronecker*, ein bedeutender Zahlentheoretiker des 19. Jahrhunderts: "Die ganzen Zahlen hat der liebe Gott gemacht, alles andere ist Menschenwerk."
Auch auf Hobby-Mathematiker übt die Zahlentheorie einen eigenartigen Reiz aus: da lassen sich die merkwürdigsten Entdeckungen machen.
Der Computer ist auf diesem Feld ein unschätzbarer Gehilfe, da er es gestattet, mühelos großes Zahlenmaterial zu durchmustern. Er hilft damit, mathematische Vermutungen zu gewinnen oder zu widerlegen. Häufig gewinnt man erst nach einer solchen Computer-Analyse die subjektive Gewißheit, daß eine Vermutung stimmt und wagt sich an den Beweis.
In vielen Aufgaben der Unterhaltungsmathematik spielen *Quersumme* und *Querprodukt* einer ganzen Zahl (besser: Ziffernsumme und Ziffernprodukt) die Hauptrolle.

<u>Beispiel</u> 17 : Quersumme und -produkt

Es gilt $79 = 7+9+7\cdot 9$, d.h. 79 ist die Summe aus Quersumme und Querprodukt. Gibt es weitere Zahlen mit dieser Eigenschaft?

Wir stellen ein Suchprogramm auf und durchmustern damit zunächst einmal alle zweistelligen Zahlen. Die Groblösung sieht so aus:

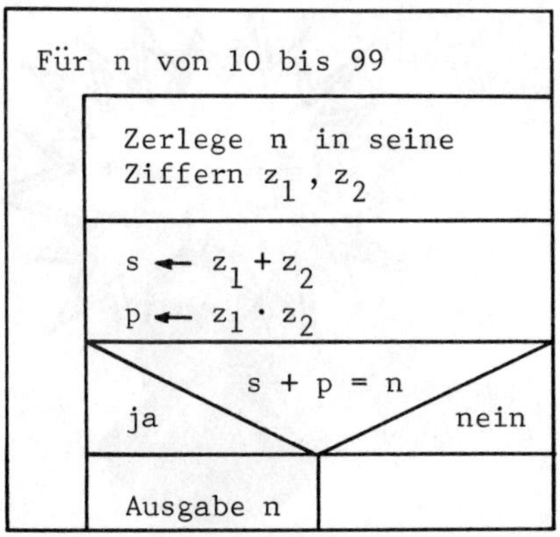

Der Teil "Zerlege n in die beiden Ziffern" ist nun noch detaillierter zu gestalten. Hier sind uns die Rechenoperationen DIV und MOD von großem Nutzen, denn die Einerziffer von n ist ja n MOD 10; z.B. 1936 MOD 10 = 6. Um die Zehnerziffer herauszupikken, bilden wir zunächst 1936 DIV 10 = 193 und wenden dann wieder MOD an:

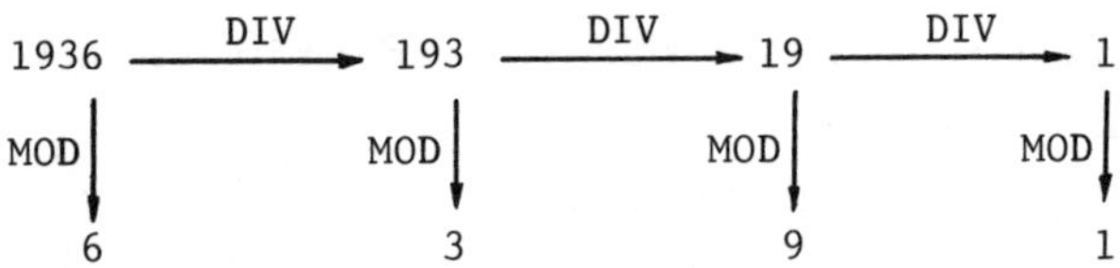

Um die Quersumme zu bestimmen, haben wir damit folgendes Verfahren:

QUERSUMME von n

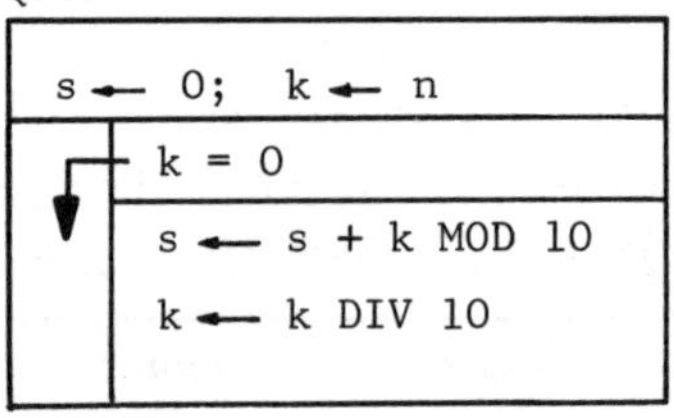

Das ist alles!
Damit können wir das PASCAL-Programm unmittelbar hinschreiben. Lassen Sie es laufen - das Ergebnis wird Sie überraschen. Wenn Sie es vor sich sehen, wird Ihnen der Beweis nicht schwerfallen.

```
PROGRAM querproduktsumme;
  (* ermittelt zweistellige Zahlen, bei denen
     Quersumme + Querprodukt = Zahl *)
  VAR
    zahl, ziffer, sum, prod, k : integer;
  BEGIN
    FOR zahl := 10 TO 99 DO BEGIN
      sum := 0; prod := 1; k := zahl;
      REPEAT
        ziffer := k MOD 10;
        sum := sum + ziffer;
        prod := prod * ziffer;
        k := k DIV 10
      UNTIL k = 0;
      IF sum + prod = zahl
        THEN write ( zahl : 8 )
    END (* of for *)
  END.
```

Was der Computer errechnet, schreibe ich nicht an, um Ihnen die Spannung nicht zu nehmen!

***

Aufgaben

59. Stimmt die mittels des Programms von Beispiel 16 errechnete Prüfziffer mit der eingegebenen Prüfziffer der ISBN nicht überein, so ist die bewußte ISBN mit Sicherheit fehlerhaft. Das Umgekehrte braucht nicht der Fall zu sein. Beispielsweise wird die Verwechslung von zwei oder mehr Ziffern nicht stets aufgedeckt (das Programm kann 3-8143-0643-0 statt 3-8023-0643-0 nicht als falsch erkennen).
    a) Schreiben Sie ein Programm, mit dem Sie diesen Tatbestand näher untersuchen können; z.B. soll es alle ISBN mit fester Verlagsnummer und Prüfziffer 0 ermitteln.
    b) Untersuchen Sie, ob die Prüfziffer gegen Verwechslung einer Ziffer oder gegen das Vertauschen zweier Ziffern Schutz gewährt.

60. Untersuchen Sie - analog zu Beispiel 16 und Aufgabe 59 - die Pharmazentralnummer bei Medikamenten, das Einheitliche Kontonummernsystem bei Banken, die Postscheckkontonummern!

61. Im Programm von Beispiel 16 wird verlangt, daß die ISBN Ziffer für Ziffer eingegeben wird, d.h. nach Eingabe jeder Ziffer ist die RETURN-Taste zu drücken. Ändern Sie das Programm so ab, daß die ISBN als ganzes eingegeben werden kann.

62. Ein gegebener Pfennigbetrag ist in Mark und Pfennig auszudrücken (z.B. 1234 Pf = 12 DM 34 Pf).

63. Ein Sekundenbetrag ist in Stunden, Minuten, Sekunden auszudrücken (z.B. 4548 s = 3:15:48 h).

64. Beweisen Sie

a) a MOD b = a - (a DIV b) * b

b) odd(k) ist gleichbedeutend mit abs(k) MOD 2 = 1 .

65. Schreiben Sie zuerst ein Struktogramm, dann ein PASCAL-Programm für folgendes Verfahren

(1) Sei a eine natürliche Zahl

(2) Wenn a = 4 dann Ende

(3) Wenn a auf 0 oder 4 endet
dann streiche die letzte Ziffer
und fahre mit Schritt (2) fort
sonst verdopple a
und fahre mit Schritt (2) fort

66. Man schreibe ein Programm, welches die Rechenoperationen DIV und MOD nachbildet.

67. Zu nebenstehendem Struktogramm soll ein PASCAL-Programm geschrieben werden. Die entstehende Zahlenfolge hat interessante Eigenschaften!

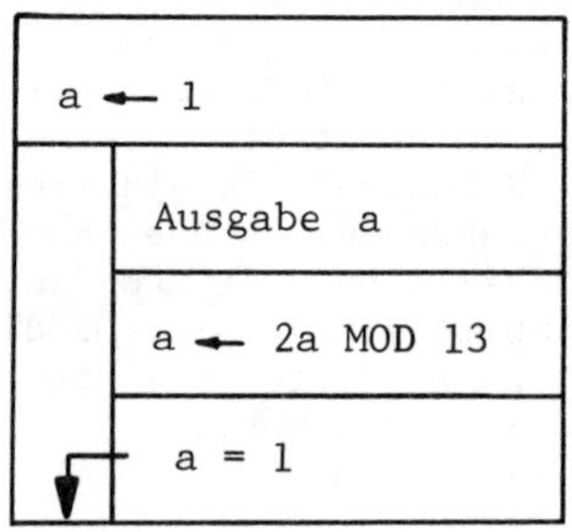

68. Es ist ein Programm zu schreiben, welches die Bildung der Quersumme wiederholt, bis eine einziffrige Zahl entstanden ist. Die Anzahl der Schritte ist zu zählen.

69. Zu einer gegebenen natürlichen Zahl bestimme man die Menge und die Anzahl ihrer T e i l e r .

70. Zu nebenstehendem Struktogramm ist ein PASCAL-Programm gesucht.
Was bewirkt das Verfahren?

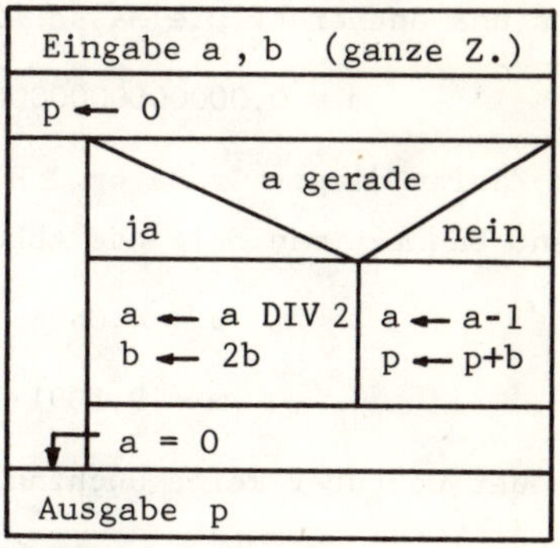

71. Die Division einer ganzen Zahl durch eine andere soll bis auf eine gegebene Stellenzahl durchgeführt werden (z.B. 17:19 = 0,894736842105263167).

72. Man schreibe ein Programm, welches die Reihenfolge der Ziffern einer Zahl umkehrt (z.B. 314159 → 951413).

73. Die Darstellung einer ganzen Zahl in Dezimaldarstellung soll in die binäre Darstellung übersetzt werden (z.B.: 15 → 1111).

4.2 Dezimalzahlen

Alpha Centauri, der nächste Fixstern, ist

$$a = 40678000000000 \text{ km}$$

von uns entfernt. Die Masse eines Elektrons beträgt

$$m = 0{,}00000000000000000000000000000091091 \text{ kg} .$$

Um Zahlen dieser Größe bzw. Kleinheit bequem aufschreiben zu können, benutzt man folgende Abkürzung:

$$a = 4{,}0678 \cdot 10^{13} \text{ km},$$

$$m = 9{,}1091 \cdot 10^{-31} \text{ kg}.$$

Da der Computer keine Hochzahlen schreiben kann, zeigt er dafür

a = 4.0678E13 und

m = 9.1091E-31 an;

der Buchstabe E steht für Exponent.

> Variable, deren Werte Dezimalzahlen sind, werden in PASCAL durch
>
> VAR r : real
>
> vereinbart (engl.: real = reelle Zahl). Für Dezimalzahlen sind die Rechenoperationen +, -, *, / definiert.

- Die Darstellung abcdEef nennt man auch 'Gleitpunktdarstellung' (siehe mathematische Erläuterungen im Anhang), englische Bezeichnung: 'floating point'.
- Dezimalzahlen werden in PASCAL mit Dezimalpunkt geschrieben.
- Ganze Zahlen werden vom Rechner automatisch auch als Dezimalzahlen interpretiert, aber nicht umgekehrt.
  Das heißt: der Wert eines gemischten arithmetischen Ausdrucks (eines Ausdrucks mit real- und integer-Zahlen) muß eine real-Zahl sein.

```
VAR
  x , y : real;
  a     : integer;
BEGIN
  y := a * x;
```

zulässig

Beispiel 18 : Wertetabelle einer Funktion

Es soll einer Wertetabelle zu einer gegebenen Funktion ausgedruckt werden.

Die Funktion sei beispielsweise

$$y = x^3 - 5x + 7.$$

Neben dem Funktionsterm müssen wir auch den kleinsten x-Wert $\boxed{x_{min}}$, den größten x-Wert $\boxed{x_{max}}$ und die Schrittweite festlegen. Das Verfahren läßt sich so beschreiben:

WERTETABELLE EINER FUNKTION

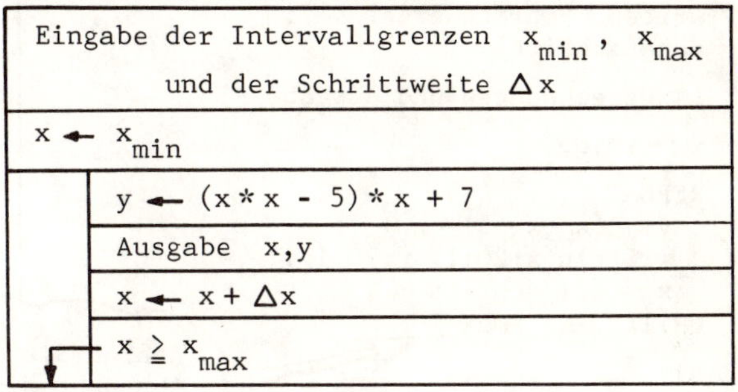

Könnte der Rechner zeichnen, würde er uns folgende Berg- und Talbahn ausgeben:

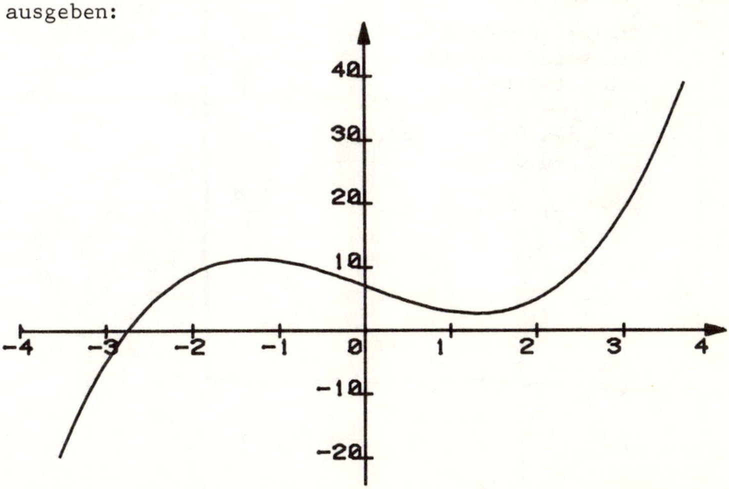

Und hier ist das PASCAL-Programm:

```
PROGRAM wertetabelle;
  (* schreibt wertetabelle einer Funktion *)
  VAR
    x, y, xmin, ymin, schritt : real;
  BEGIN
    (* Eingaben *)
    write(' Kleinster x-Wert?  ');
    read(xmin);
    write(' Groesster x-Wert?  ');
    read(xmax);
    write(' Schrittweite?  ');
    read(schritt);
    (* Berechnungen und Ausgabe *)
    x := xmin;
    REPEAT
      y := (x * x - 5) * x + 7;
      writeln(x:20:1, y:20:1);
      x := x + schritt
    UNTIL  x > xmax
  END.
```

Achten Sie auf die Abbruchbedingung!

Dialog:

```
Running ...

Kleinster x-Wert?  -4
Groesster x-Wert?  4
Schrittweite?  1

      -4.0        -37.0
      -3.0         -5.0
      -2.0          9.0
      -1.0         11.0
       0.0          7.0
       1.0          3.0
       2.0          5.0
       3.0         19.0
       4.0         51.0
```

Lassen Sie einmal nebenstehendes kleine Programm laufen! Warum hält der Rechner nicht an - er müßte doch die x-Werte 1.0, 1.1, ..., 1.9 (samt den zugehörigen Quadraten) bilden und dann stoppen? Hingegen schreibt er

```
PROGRAM reinfall;
  VAR
    x, y : real;
  BEGIN
    x := 1;
    REPEAT
      y := sqr(x);
      writeln(x,y);
      x := x + 0.1
    UNTIL x = 2
  END.
```

```
2.00000  4.00000
```

und läuft dann unbeirrt weiter.
Offenbar ist für ihn die Zahl 2.00000 nicht gleich der 2 in der Bedingung `UNTIL x = 2` (die leider keinen Abbruch bewirkt).
Wie ist dies zu erklären?
Nun - jede Rechenanlage kann Zahlen nur mit einer <u>begrenzten Genauigkeit</u> darstellen, denn ihre Zahldarstellung besitzt nur endlich viele Ziffern. Sowohl die Dezimal- wie auch die Dualdarstellung der meisten Zahlen jedoch ist *nicht-abbrechend*. Daraus folgt: der Computer kann für sie stets nur *Näherungswerte* angeben, d.h. seine Darstellung der Zahl weist gegenüber dem genauen Wert einen *Fehler* auf.
Beispiele:

Zahl	Dezimaldarstellung	Dualdarstellung
$\frac{1}{2}$	0.5	0.1
$\frac{1}{4}$	0.25	0.01
$\frac{3}{8}$	0.375	0.011
$\frac{1}{5}$	0.2	0.00110011... $= 0.\overline{0011}$
$\frac{1}{10}$	0.1	0.0001100110011... $= 0.0\overline{0011}$
$\frac{3}{7}$	0.42857142857... $= 0.\overline{428571}$	0.011011011011... $= 0.\overline{011}$

Wie die Tabelle zeigt, bricht die Dualdarstellung von 0.1 nicht ab, d.h. die Darstellung von 0.1 im Rechner ist notwendigerweise mit einem Fehler behaftet. Es ist klar, daß dann auch die zehnmalige Addition von 0.1 im Rechner nicht genau 1 liefert. -

Weitere Überlegungen zur Genauigkeit lassen sich an das folgende Beispiel knüpfen:

Beispiel 19: Die Nepersche Zahl

Bei der Konstruktion seiner Logarithmentafel benutzte der schottische Baron John N e p e r (1550 - 1617) die Zahlen $(1+\frac{1}{k})^k$ als Basis. Sie sollen berechnet werden.

Zur Berechnung der Neperzahlen lassen wir k die Zweierpotenzen

$$1 \xrightarrow{\cdot 2} 2 \xrightarrow{\cdot 2} 4 \xrightarrow{\cdot 2} 8 \xrightarrow{\cdot 2} 16 \longrightarrow \dots$$

durchlaufen und haben dann $x = 1 + \frac{1}{k}$ bei jedem Schritt zu quadrieren:

$$x \xrightarrow{\text{sqr}} x^2 \xrightarrow{\text{sqr}} x^4 \xrightarrow{\text{sqr}} x^8 \xrightarrow{\text{sqr}} x^{16} \longrightarrow \dots;$$

also $(1 + \frac{1}{16})^{16} = 2.637928494...$

Das Programm ist unmittelbar hingeschrieben:

```
PROGRAM neperzahl;
  VAR
    i, n : integer;
    k, x : real;
  BEGIN
    write ('Bis zu welcher Zweierpotenz?  ');
    read(n);
    k := 1;
    FOR i := 1 TO n DO  k := 2 * k;
    x := 1 + 1/k;
    FOR i := 1 TO n DO  x := sqr(x);
    writeln ( n:10, k:15:6, x:15:6)
  END.
```

Der Dialog findet sich auf der nächsten Seite.

Geben wir nacheinander die Zahlen n = 2,3,4,... ein, druckt uns der Rechner folgende Tabelle:

n	$k = 2^n$	$x = (1 + \frac{1}{k})^k$
1	2	2.25000
2	4	2.44141
3	8	2.56578
4	16	2.63793
5	32	2.67699
6	64	2.69734
.....	....	....
12	4096	2.71760
.....	....	....
23	8.38861E6	2.71760
24	1.67772E7	1.00000

was ist hier passiert ?!

An der Tabelle fällt folgendes auf: bis Zeile 12 wachsen die x ständig an, bis Zeile 23 bleiben sie gleich, und dann fallen sie abrupt auf den Wert 1. Wie ist das zu erklären?
Nun - die Zahl $\frac{1}{k}$ für $k = 2^{24}$ ist im Dualsystem 0.000000000000000000000001 ; und sie kann der Rechner offenbar von der Null nicht unterscheiden: also rechnet er $(1 + 0)^k = 1$.

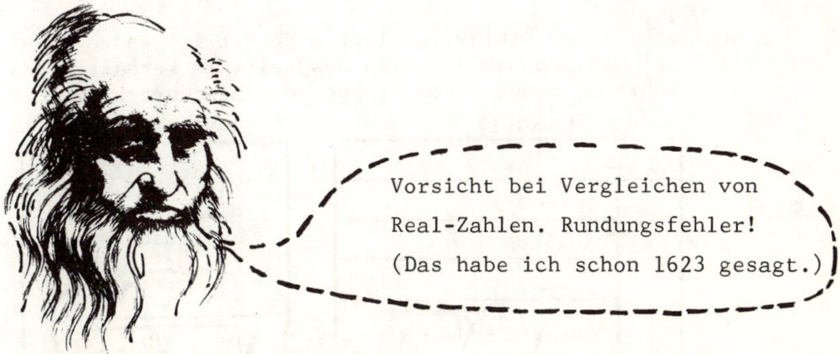

Aufgaben

74. Bei Klassenarbeiten dürfen in Niedersachsen höchstens 30 % der Zensuren 'mangelhaft' oder 'ungenügend' lauten.
Der Rechner soll eine Liste erstellen derart, daß zu jeder Klassenstärke zwischen 1 und 40 die Höchstzahl erteilbarer Fünfen und Sechsen ausgegeben wird.
Da eine ganze Zahl herauskommen muß, wird 'auf den ganzen Schüler' aufgerundet (z.B. bei 26 Schülern ist $26 \cdot 0{,}3 = 7{,}8$ auf 8 aufzurunden).
Zum Runden benutzt man die Funktion round(..), für die z.B.

round(7.8) = 8, round(7.4) = 7, round(-7.1) = -7

gilt.

75. Bei Abstimmungen ist häufig eine Zweidrittel- oder Dreiviertelmehrheit vonnöten. Man gebe zu jeder Anzahl von stimmberechtigten Mitgliedern die Anzahl an, welche der Zweidrittel- bzw. der Dreiviertel-Mehrheit entspricht.
Auch hier ist ggf. aufzurunden.

76. Die Funktion trunc(..) hackt von jeder Dezimalzahl den Nachkomma-Anteil ab, z.B.:

trunc(3.14) = 3 , trunc(-3.141) = -3 .

Man zeige allgemein:

Wenn $x \geqq 0$, dann round(x) = trunc(x + 0.5)
sonst round(x) = trunc(x - 0.5) .

77. Beweisen Sie

x DIV y = trunc(x/y) .

78. Experimentieren Sie am Beispiel-Programm 'Reinfall' (Seite 85) mit Schrittweiten, die eine abbrechende Dualdarstellung besitzen (z.B. 0.0625).

79. Die Kreiszahl $\pi = 3.14159...$ läßt sich mit folgenden Verfahren bestimmen. Können Sie sich das seltsame Verhalten des einen Verfahrens, wenn es vom Rechner durchgeführt wird, erklären?

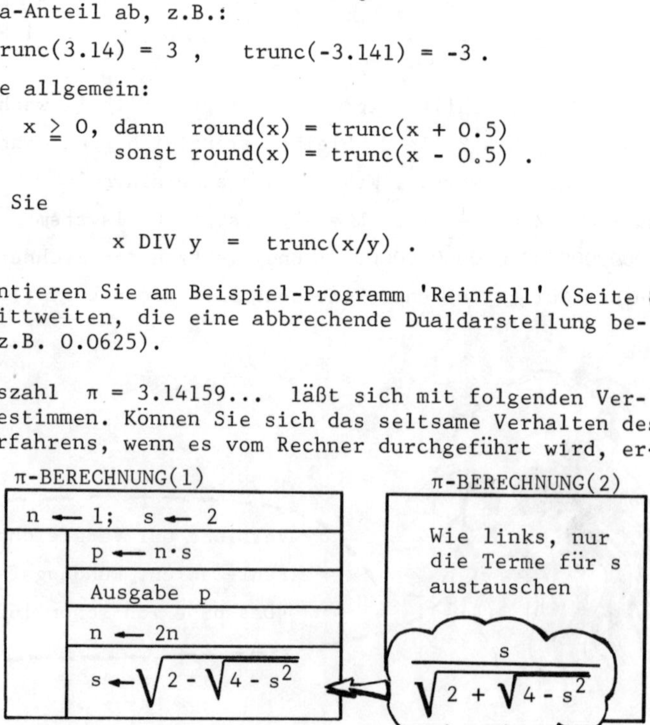

4.3 Zeichen und Zeichenreihen

Bereits die Beispiele 4, 8 und 14 zeigten, daß der Computer nicht nur Zahlen, sondern auch T e x t e (d.h. einzelne Zeichen sowie Wörter, Sätze, allgemein: Zeichenfolgen) verarbeiten kann. Dies wollen wir jetzt genauer untersuchen.

Beispiel 20 : Namenszahlen

Schon P y t h a g o r a s , der Weise von Samos, sagt: "Das Wesen aller Dinge ist die Zahl". Seit unvordenklichen Zeiten haben in den Geheimlehren der Völker die Zahlen eine magische Bedeutung. Und auch heute noch sucht man aus Name und besonderen Daten eines Menschen nach einem gewissen Verfahren besondere für ihn charakteristische Zahlen zu ermitteln.
Zu einem gegebenen Personen-Namen soll vom Computer die sogenannte N a m e n s z a h l errechnet werden.

Nach dem alten hebräischen System wird folgender Schlüssel zur Umwandlung von Buchstaben in Ziffern zugrundegelegt:

A → 1, B → 2, C → 3, D → 4, E → 5, F → 8, G → 3, H → 5, I → 1,
J → 1, K → 2, L → 3, M → 4, N → 5, O → 7, P → 8, Q → 1, R → 2,
S → 3, T → 4, U → 6, V → 6, W → 6, X → 6, Y → 1, Z → 7.

Die Namenszahl zu - sagen wir - 'Napoleon' gewinnt man nun wie folgt:

N a p o l e o n
$5+1+8+7+3+5+7+5 = 41 \rightarrow 4+1 = 5$

Die Zahl 5 hat in der Kabbalistik eine geheimnisvolle Bedeutung (die mit Charakter und Schicksal des Genannten in Verbindung stehen soll).
Die Zuordnung Buchstabe → Ziffer nehmen wir mittels einer Mehrfach-Verzweigung (CASE ... OF ...) vor. Zum Abschluß des eingegebenen Namens soll die RETURN-Taste gedrückt werden: dies bewirkt einen Zeilenvorschub. Die Abbruchbedingung lautet demnach
UNTIL eoln ('end of line', d.h. die Zeile ist beendet).
Das Programm auf der nächsten Seite arbeitet noch nicht ganz richtig: die Quersumme der ermittelten Zahl ist noch zu bilden. Dies sei zur Übung dem Leser überlassen.

```
PROGRAM namenszahl;
  (* errechnet zu einem gegebenen Namen seine
     Namenszahl, Index für Charakter und Schicksal *)
  VAR
    buchst        : char;
    ziffer, summe : integer;
  BEGIN
    writeln ('Geben Sie den Namen ein.');
    writeln ('Nach dem letzten Buchstaben RETURN!');
    summe := 0;
    REPEAT
      read(buchst);
      CASE buchst OF
        'a', 'i', 'j', 'q', 'y'  :  ziffer := 1;
        'b', 'k', 'r'            :  ziffer := 2;
        'c', 'g', 'l', 's'       :  ziffer := 3;
        'd', 'm', 't'            :  ziffer := 4;
        'e', 'h', 'n'            :  ziffer := 5;
        'u', 'v', 'w', 'x'       :  ziffer := 6;
        'o', 'z'                 :  ziffer := 7;
        'f', 'p'                 :  ziffer := 8;
        ' '                      :  ziffer := 0
      END; (* of case *)
      summe := summe + ziffer
    UNTIL eoln;
    writeln;
    writeln ('Namenszahl:  ', summe)
  END.
```

Dialog:

```
Running ...
Geben Sie den Namen ein.
Nach dem letzten Buchstaben RETURN!
Marilyn Monroe
Namenszahl:  47
```

Die Buchstaben a, b, c, ...; Ziffern 0, 1, 2, ... und sonstigen Zeichen +, -, *, /, =, <, >, :, ... sowie das Leerzeichen bilden den Datentyp Zeichen (engl.: charakter). Endliche Aneinanderreihungen von Zeichen heißen Zeichenreihen (Zeichenketten, engl.: string).

Zeichen(reihen)*konstanten* werden durch Einschließen zwischen Anführungsstriche kenntlich gemacht: 'a', '+', ' ' (Leerzeichen), 'St.Niklaus' usw.

Zeichenvariablen werden in PASCAL durch

```
VAR  c : char;
```

Zeichenreihenvariablen werden in UCSD-PASCAL durch

```
VAR  s : string;
```

vereinbart.

Zeichen und Zeichenreihen bilden eine geordnete Menge, d.h. es ist für sie eine *Reihenfolge* erklärt; Vergleiche < , <= usw. sind möglich.

- Es ist a (beispielsweise) der Name einer Variablen, aber 'a' Name der Konstanten, deren Wert der Buchstabe a ist (!). Es bezeichnet + die Addition, aber '+' das Pluszeichen.

- Besondere Beachtung verdient das Leerzeichen. Wir haben es bereits in Beispiel 14 zur Formatierung der Ausgabe benutzt: write(' ':7) druckt 7 Zwischenräume. Die read-Anweisung verhält sich beim Lesen von Zeichen(reihen) anders als beim Lesen von Zahlen: hier werden Leerzeichen übersprungen, dort nicht. (Experimentieren Sie am Computer damit selbst, um die Unterschiede herauszubekommen.)

- Jedem Zeichen ist eine ganze Zahl zugeordnet, nämlich seine *Position* im Zeichensatz. Es bedeutet:

  ord(c) = Ordnungszahl des Zeichens c und

  chr(n) = Zeichen, dessen Ordnungszahl n ist.

  Die Standardfunktionen <u>ord</u> und <u>chr</u> sind Umkehrfunktionen zueinander, d.h. chr(ord(c)) = c und ord(chr(n)) = n . Es gilt ord(c) < ord(d) genau dann, wenn c < d .

Beispiel 21 : Wortgenerator

Eine Waschmittelfirma sucht für künftige Produkte zukräftige, kurze Namen. Durch Umordnen gegebener Buchstabenfolgen sollen systematisch neue Worte erzeugt werden.

Wir nehmen vier Buchstaben, z.B. a, e, r, n, und suchen nun ein Verfahren, um alle möglichen Anordnungen (es sind $1 \cdot 2 \cdot 3 \cdot 4 = 24$) zu erzeugen. E i n e Möglichkeit: Mittels ineinandergeschachtelter Laufanweisungen (vgl. Beispiel 15) erzeugen wir alle $4^4 = 256$ Vierlinge aaaa, aaae, aaar, aaan, ..., nnnn; unter ihnen streichen wir alle diejenigen Vierlinge, bei denen mindestens zwei Buchstaben übereinstimmen.

WORTGENERATOR

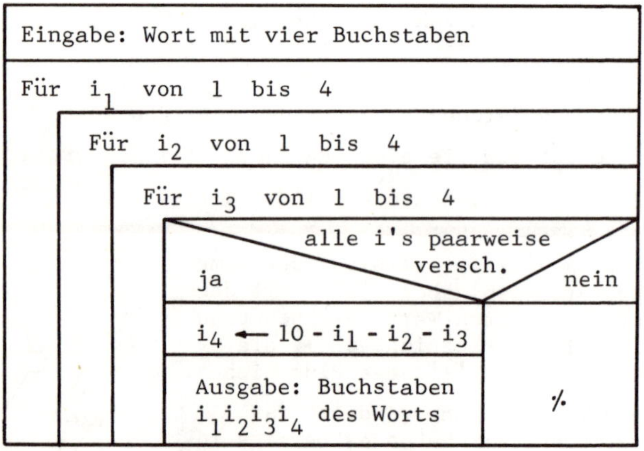

Da die Laufvariablen i_1 bis i_4 die Zahlen 1 bis 4 annehmen und überdies alle verschieden sein sollen, ist ihre Summe gerade $1+2+3+4 = 10$: somit läßt sich i_4 aus den übrigen errechnen, und damit die innerste Schleife sparen: $i_4 = 10 - (i_1 + i_2 + i_3)$. Die Bedingung, daß die Werte der Laufvariablen paarweise verschieden sind, schreiben wir in der Form

$$(i_1-i_2)\cdot(i_2-i_3)\cdot(i_3-i_1) \neq 0 .$$

denn ein Produkt ist genau dann Null, wenn mindestens ein Faktor Null ist.

```
PROGRAM wortgenerator;
  (* erzeugt durch Umordnen von vier Buchstaben
     systematisch Worte *)
  VAR
    wort            : string;
    i1, i2, i3, i4  : integer;
  BEGIN
    write ('Wort mit vier Buchstaben?  ');
    read ( wort ) ;
    FOR i1 := 1 TO 4 DO BEGIN
      FOR i2 := 1 TO 4 DO BEGIN
        FOR i3 := 1 TO 4 DO BEGIN
           IF (i1 - i2)*(i2 - i3)*( i3 - i1) <> 0
             THEN BEGIN
               i4 := 10 - i1 - i2 - i3;
               write(wort[i1],wort[i2],wort[i3],wort[i4],' ')
             END (* of then *)
    END END END (* of for *)
  END.
```

Und so funktioniert das Programm:

```
Running ...
Wort mit vier Buchstaben?  ERNA
ERNA  ERAN  ENRA  ENAR  EARN  EANR
RENA  REAN  RNEA  RNAE  RAEN  RANE
NERA  NEAR  NREA  NRAE  NAER  NARE
AERN  AENR  AREN  ARNE  ANER  ANRE
```

***

Aufgaben

80. In obigem Beispiel hätte man die Anzahl der Schleifendurchläufe verringern können, wenn man bereits innerhalb der zweiten Schleife die Bedingung $i_1 \neq i_2$ eingebracht hätte.

    Modifizieren Sie in diesem Sinne das Programm!

81. Was ist an nebenstehendem Programmfragment unzulässig?

```
a := '3';
b := '5';
s := a + b;
```

82. Die sogenannte Herzzahl einer Person wird gemäß Beispiel 20 aus den V o k a l e n ihres Namens gebildet.
Schreiben Sie ein Programm zur Ermittlung der Herzzahl.

83. Es ist ein Programm zu schreiben, das einen einfachen Vierspezies-Taschenrechner (zwei Operanden, also keine Klammern erforderlich) simuliert.
Beispiel: Eingabe 4 + 7 = , Ausgabe 11 .

84. Ein Wort heißt L a n g w o r t , wenn es mindestens sechs Buchstaben besitzt, andernfalls K u r z w o r t . Bei einem gegebenen Wort soll der Computer feststellen, ob es ein Lang- oder ein Kurzwort ist und die Anzahl der Buchstaben ausgeben.

85. Wozu dient folgendes Programm?

```
PROGRAM leerzeichen;
  CONST
    leer = ' ';
  VAR
    text1, text2 : string;
    n1, n2       : integer;
  BEGIN
    write (' Text eingeben und mit RETURN abschließen ');
    read ( text1 ) ;
    n1 := 1; n2 := 2;
    WHILE NOT eoln DO
      BEGIN
        IF text1[n1] <> leer THEN BEGIN
          text2[n2] := text1[n1];
          n2 := n2 + 1
        END; (* of then *)
        n1 := n1 + 1
      END; (* of while *)
    write ( text2 )
  END.
```

4.4 Wahrheitswerte

In den bisher geschriebenen Programmen haben wir häufig Bedingungen in Entscheidungs-Anweisungen verwendet, die bei der Programm-Ausführung erfüllt oder nicht erfüllt sein konnten. In der Sprache der Logik handelt es sich hierbei um Aussageformen, die bei Zuweisung von Werten an die in ihnen vorkommenden Variablen in wahre oder falsche Aussagen übergingen. So geht beispielsweise die Aussageform

$$2x - 1 = 9 \quad \text{für} \quad x \leftarrow 5$$

in eine wahre, für jede andere Wertzuweisung in eine falsche Aussage über. Man sagt dafür auch: "die Aussageform nimmt den Wahrheitswert wahr (bzw. falsch) an".

In PASCAL heißen die beiden Wahrheitswerte false (falsch) und true (wahr), der Datentyp ist boolean (nach dem englischen Logiker und Mathematiker George Boole, 1815 - 1864). Wahrheitswertvariablen sind u.a. nützlich, wenn Überprüfung einer Bedingung und zugehörige Entscheidung an verschiedenen Stellen im Programm erfolgen sollen.

Beispiel 22 : Primzahltest

Es soll überprüft werden, ob eine gegebene natürliche Zahl Primzahl ist oder nicht.

Eine natürliche Zahl heißt Primzahl, wenn sie nur die 1 und sich selbst als Teiler besitzt. Wir haben also zu prüfen, ob 2, 3,... Teiler der Zahl sind, d.h. ob die Reste Zahl MOD 2, Zahl MOD 3, ... Null sind oder nicht. Dabei brauchen wir nur Probeteiler kleiner oder gleich $\sqrt{\text{Zahl}}$ zu berücksichtigen, weil alle Teiler in Paaren auftreten. Im folgenden wird die Wahrheitswertvariable prim benutzt, welche Abkürzung der Feststellung "die eingegebene Zahl ist Primzahl" ist. Entscheidender Gebrauch wird von der Tatsache gemacht, daß man einer solchen Wahrheitswertvariablen Werte zuweisen kann, z.B. prim := false , oder auch prim := zahl > 1 . Das heißt: die Variable prim den gleichen Wahrheitswert wie die Aussageform 'zahl > 1' zugewiesen.

```
PROGRAM primzahltest;

  (* prueft, ob eine gegebene natuerliche
     Zahl Primzahl ist oder nicht *)

  VAR
    zahl, teiler, grenze  : integer;
    prim                  : boolean;

  BEGIN

    (* Eingabe und Eingabepruefung *)

    REPEAT
      write('Welche Zahl soll geprueft werden?  ');
      read( zahl )
    UNTIL zahl > 1;

    (* Teilbarkeitsuntersuchung *)

    IF zahl < 4 THEN prim := zahl > 1 ELSE
    IF NOT odd(zahl) THEN prim := false ELSE
    BEGIN
      grenze := round(sqrt(zahl));
      teiler := 3;
      WHILE (teiler <= grenze) AND (zahl MOD teiler <> 0)
        DO teiler := teiler + 2;
      prim := teiler > grenze
    END; (* of else *)

    (* Antwort *)

    IF prim THEN writeln(zahl,'  ist Primzahl')
            ELSE writeln(zahl,'  ist zusammengesetzt')

  END.
```

Lassen wir es laufen!

```
Running ...

Welche Zahl soll geprueft werden?  12
12 ist zusammengesetzt

Welche Zahl soll geprueft werden?  13
13 ist Primzahl
```

Wahrheitswert-Variable (boolesche Variable) können die Werte <u>false</u> und <u>true</u> annehmen.
In PASCAL wird eine Wahrheitswert-Variable durch

```
VAR  w : boolean;
```

vereinbart.

- Einer Wahrheitswertvariablen kann eine Bedingung als Wert zugewiesen, z.B.:

  ```
  ungerade := odd(x) .
  ```

- Wahrheitswertvariablen können in einer Entscheidungsanweisung als Bedingung auftreten, z.B.:

  ```
  IF ungerade THEN ...
  ```

  Statt

  ```
  IF a = b THEN gefunden := true
           ELSE gefunden := false
  ```

  schreibt man kürzer:

  ```
  gefunden :=  a = b
  ```

*

Zur Übung : Aufgabe 86 und 87

*

Aussageformen bzw. Wahrheitswerte kann man mittels 'logischer Operatoren' wie <u>und</u>, <u>oder</u>, <u>nicht</u> usw. verknüpfen; dies erweist sich bei der Formulierung von Bedingungen in Entscheidungsanweisungen als sehr nützlich.

<u>Beispiel</u> 23 : Logelei (Der anspruchsvolle Gast)

Der Mann, den sie Doctor nannten, war in der Kneipe noch nie gesehen worden; seine stechenden Augen hinter der randlosen Brille und die riesigen, behaarten Hände hätte der Wirt sich bestimmt gemerkt. Er legte leise den Colt auf den Schanktisch, lächelte sardonisch und begann in dozierendem Ton: "Wirt, ich werde dich ungeschoren lassen, wenn du genau auf meine Trinkgewohnheiten achtest. Du mußt mir jedesmal Aquavit servieren, wenn du mir kein

Bier bringst. Schenkst du beides ein, dann wage nicht, mir zugleich Cognac anzubieten. Trägst du aber Cognac auf oder bringst du mir kein Bier, rate ich dir gut, mich mit Aquavit zu verschonen. Ich werde dich dreimal rufen, und du mußt mir jedesmal ein anderes Gedeck aus Aquavit oder Bier oder Cognac bringen."
Der Wirt betrachtete nachdenklich die trommelnden Finger des ungebetenen Gastes, schrieb dann ein kurzes Programm für seinen apple II und bediente gemäß der Antwort des Rechners seinen Gast. Er und sein apple leben noch immer und erfreuen sich bester Gesundheit. Der Gast war aber von der raschen Lösung seiner Aufgabe so beeindruckt, daß er ebenfalls das Programmieren mit PASCAL erlernen wollte. Der Wirt muß ihm zu Aquavit, Bier und Cognac auch stets die neueste Nummer der Zeitschrift CHIP servieren...

Wie ging der Wirt nun vor? - Nun, er sagte sich: ich muß alle möglichen Gedecke durchspielen, in denen Aquavit oder Bier oder Cognac enthalten ist, und habe dann bei jedem zu prüfen, ob es den vom Gast genannten Bedingungen genügt. Diese lauten:

(1) Wenn nicht Bier, dann Aquavit.

(2) Wenn Aquavit und Bier, dann nicht Cognac.

(3) Wenn (Cognac oder nicht Bier), dann nicht Aquavit.

Um alle Fälle zu erfassen, stellte er eine Tabelle auf:

Aquavit	Bier	Cognac	Bed.1	Bed.2	Bed.3	
nein	nein	nein	nicht erf.	erfüllt	erfüllt	
nein	nein	ja	nicht erf.	erfüllt	erfüllt	
nein	ja	nein	erfüllt	erfüllt	erfüllt	←
nein	ja	ja	erfüllt	erfüllt	erfüllt	←
ja	nein	nein	erfüllt	erfüllt	nicht erf.	
ja	nein	ja	erfüllt	erfüllt	nicht erf.	
ja	ja	nein	erfüllt	erfüllt	erfüllt	←
ja	ja	ja	erfüllt	nicht erf.	nicht erf.	

Die Pfeile weisen auf jene Fälle, bei denen alle drei Bedingungen zugleich erfüllt sind; die Lösung lautet also

- nur Bier oder
- Bier und Cognac oder
- Aquavit und Bier.

Wie bringt man nun den Computer dazu, diese Lösung zu ermitteln? Wie die Tabelle zeigt, ist es sinnvoll, drei Wahrheitswertvariablen <u>aqua</u>(vit), <u>bier</u>, <u>cognac</u> zu vereinbaren, und sie mit allen möglichen 8 Wahrheitswert-Kombinationen zu belegen. Dazu verhelfen uns drei ineinandergeschachtelte Laufanweisungen; die äußere lautet:

```
FOR aqua := false TO true DO ...
```
.

{false, true} ist nämlich eine geordnete Menge mit false < true, sie kann daher Wertemenge einer Laufvariablen sein !

Wie drücken wir in PASCAL nun die drei logischen Bedingungen aus? Hier gibt es die 'logischen Operatoren' NOT, AND, OR. Für die Subjunktion 'wenn ... dann ...' kann man das Zeichen <= nehmen, denn es hat die nebenstehende Wertetabelle, die genau dem Gebrauch des 'wenn ... dann ...' in der Umgangssprache entspricht.

a	b	a <= b
f	f	w
f	w	w
w	f	f
w	w	w

(Weitere Erläuterungen zur Aussagenlogik und Booleschen Algebra finden sich z.B. in [12].)

Damit lauten die Bedingungen in PASCAL:

```
(1) aqua OR bier

(2) aqua AND bier  <=  NOT cognac

(3) cognac OR NOT bier  <=  NOT aqua .
```

Bei Bedingung (1) haben wir die Umformung

<u>wenn</u> a <u>dann</u> b äquivalent <u>nicht</u> a <u>oder</u> b

benutzt. Es ist klar:

<u>wenn</u> <u>nicht</u> bier, <u>dann</u> aquavit

bedeutet eben:

bier <u>oder</u> aquavit !

Das Programm findet sich auf der nächsten Seite.

```
PROGRAM logelei;
  (* loest eine boolesche Gleichung *)
  VAR
    aqua, bier, cognac : boolean;
  BEGIN
    FOR aqua := false TO true DO BEGIN
      FOR bier := false TO true DO BEGIN
        FOR cognac := false TO true DO BEGIN
          IF (aqua OR bier) AND
             (aqua AND bier <= NOT cognac) AND
             (cognac OR NOT bier <= NOT aqua)
          THEN BEGIN
             IF aqua THEN write('Aquavit   ');
             IF bier THEN write('Bier   ');
             IF cognac THEN write('Cognac   ');
             writeln('servieren!')
          END (* of then *)
    END END END (* of for *)
  END.
```

Und das sah der Wirt auf dem Bildschirm:

```
Running ...

Bier servieren!

Bier  Cognac  servieren!

Aquavit  Bier  servieren!
```

Können Sie nun den Wunsch des Gastes verstehen, auch PASCAL zu lernen ?

Mittels der Verknüpfungen nicht, und, oder (in PASCAL: NOT, AND, OR) können boolesche Ausdrücke gebildet werden. NOT bindet stärker als AND, und dieses stärker als OR; d.h. falls nicht durch Klammern eine andere Reihenfolge festgelegt ist, wird zuerst NOT, dann AND und schließlich OR ausgeführt.

- Man sagt: NOT hat höhere Priorität als AND, und dieses hat höhere Priorität als OR.
  Das heißt (beispielsweise): in (NOT a) OR b können die Klammern weggelassen werden, nicht jedoch in NOT(a OR b).
  In dem booleschen Ausdruck (a AND b) OR c können die Klammern entfallen, nicht jedoch in a AND (b OR c).
  Damit ergibt sich eine Analogie zu den arithmetischen Verknüpfungen: OR entspricht +, AND entspricht * und NOT entspricht dem Minuszeichen.
  Da die Vergleichsoperationen niedrigste Priorität haben (am schwächsten binden), können in dem Ausdruck (1 < x) OR (x < 2) die Klammern nicht weggelassen werden.

- Boolesche Ausdrücke können als Bedingungen in Entscheidungsanweisungen auftreten (man spricht dann von 'zusammengesetzter Bedingung'). Beispiel:

  (Alter > 50) AND (Dienstalter > 6) .

- Ist a eine boolesche Variable, kann man in PASCAL nicht unmittelbar die Anweisung write(a) erteilen, sondern muß die etwas umständliche Formulierung des vorstehenden Programms wählen.

***

Aufgaben

86. Erweitern Sie das Programm 'Primzahltest' so, daß im Fall einer zusammengesetzten Zahl eine Faktorisierung (Zerlegung der Zahl in Faktoren) angegeben wird, z.B.: "12 ist zusammengesetzt, und zwar 12 = 2·6".

87. Schreiben Sie ein Programm, das zu einer gegebenen natürlichen Zahl die nächstgrößere Primzahl ausgibt.

88. Volksläufer gehören der sogenannten Veteranenklasse an, wenn sie zwischen 65 und 80 Jahre alt sind. (Noch ältere heißen 'Methusalems'). Ein Programm ist zu schreiben, das nach Eingabe des Geburtsjahres, sagt, ob der Sportler zur Veteranenklasse gehört oder nicht.

89. Im Postgebührenheft der Deutschen Bundespost werden Standardbriefe wie folgt definiert: Gewicht bis 20 g , Länge zwischen 14 und 23,5 cm , Breite zwischen 9 und 12 cm , Höhe bis 0,5 cm ; Länge mindestens das 1,41fache der Breite.
Schreiben Sie ein Programm, welches überprüft, ob ein Brief mit gegebenen Abmessungen und Gewicht ein Standardbrief ist.

90. Als Mitglieder eines Staatenbundes kommen die Staaten A, B, C, D, E in Frage; sie stellen folgende Bedingungen:
(1) Wenn A nicht Mitglied wird, beteiligt sich B.
(2) B und D wollen zusammen teilnehmen oder keiner von beiden.
(3) Nimmt A teil, so auch C und D.
(4) Mit C beteiligt sich auch E.
(5) B wird genau dann Mitglied, wenn E nicht Mitglied wird.
Welche Staaten beteiligen sich nun?

91. Beweisen Sie, daß die beiden nebenstehenden Struktogramme gleichbedeutend sind!

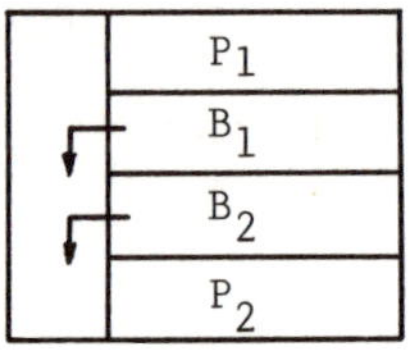

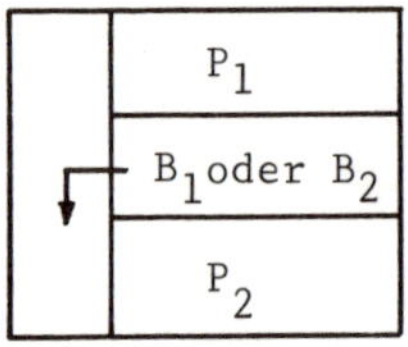

92. Es seien a, b, c boolesche Variable. Durch die Programmstücke

a) IF a THEN c := a ELSE c := b

b) IF a THEN c := b ELSE c := a

c) IF a THEN b := false ELSE b := true

werden boolesche Verknüpfungen definiert. Welche?

93. Man kann die Aufgabe zu Beispiel 23 (und alle analogen) auch rein a r i t h m e t i s c h behandeln, wenn man folgende Zuordnungen

false → 0 , true → 1

vornimmt und die arithmetischen E r s a t z o p e r a t o r e n

[1 - p] für [NOT p] und [p + q - p·q] für [p OR q]

benutzt. Weisen Sie dies nach.
Welcher Ersatzoperator gehört zu p AND q ?

*

4.5 Aufzählungtypen

Die bis dato besprochenen Datentypen: ganze Zahlen, Dezimalzahlen, Zeichen(reihen) und Wahrheitswerte sind sogenannte vordefinierte Typen (Standardtypen), d.h. der Rechner versteht ohne weitere Erläuterung die Vereinbarung einer Variablen mit dem Typnamen integer, real, char, string oder boolean. Manchmal möchte der Benutzer jedoch einen Wertebereich für seine Variablen selbst definieren.

Beispiel 24 : Altersklassenberechnung

Jedes Jahr ändern sich die Leichtathletik-Jahrgänge, die z.B. zur Jugendklasse gehören; im Jahr 1980 sind es die Jahrgänge 1962 bis 1965. Der Rechner soll zu den Altersklassen der Schüler, Jugend, Junioren, Aktiven und Senioren die Geburtsjahre ausgegeben; mitgeteilt werden muß ihm das Bezugsjahr.

Wir können einen Datentyp 'Altersklasse' durch Aufzählung definieren und schreiben dafür:

```
TYPE altersklasse = (schueler, jugend, aktive)  .
```

Besonders interessant: die aufgezählten Elemente können der Reihe nach in einer Zählschleife durchlaufen werden. Davon machen wir sogleich Gebrauch:

Raum für Notizen

```
PROGRAM altersklasse;
  (* druckt Altersklasseneinteilung zu
     gegebenem Bezugsjahr *)
  TYPE
    alter = (schueler, jugend, junior, aktiv, senior);
  VAR
    bez    : integer;    (* Bezugsjahr *)
    klasse : alter;
  BEGIN
    write('Welches Bezugsjahr?  ');
    read( bez ) ;
    FOR klasse := schueler TO senior DO BEGIN
      CASE klasse OF
        schueler : writeln('Schueler: ',bez-13,' bis ',bez-6);
        jugend   : writeln('Jugend  : ',bez-17,' bis ',bez-14);
        junior   : writeln('Junioren: ',bez-19,' bis ',bez-18);
        aktiv    : writeln('Aktive  : ',bez-31,' bis ',bez-20);
        senior   : writeln('Senioren: ',bez-80,' bez ',bez-32);
      END (* of case *)
    END (* of for *)
  END.
```

Dialog:

```
Running ...

Welches Bezugsjahr?  1981

Schueler: 1968 bis 1975
Jugend  : 1964 bis 1967
Junioren: 1962 bis 1963
Aktive  : 1950 bis 1961
Senioren: 1901 bis 1949
```

Eine Variable ist vom Aufzählungstyp (enumeration type), wenn ihre Wertemenge durch Aufzählen, d.h. durch elementweises Hinschreiben, gebildet wird.
In PASCAL definiert man Aufzählungstypen durch

```
TYPE name = (element1, element2, ..., elementn).
```

Die Menge eines Aufzählungstyps ist in der hingeschriebenen Reihenfolge *geordnet*, d.h. es gilt

```
element1 < element2 < element3 < ...
```

- Weitere Beispiele für Aufzählungstypen:

```
TYPE getraenk = (aqua, bier, cognac);
VAR bestellt : getraenk;
```

  Hier ist bestellt eine Variable, die einen der Werte aqua, bier, cognac annehmen kann.

```
TYPE farbe = (rot, blau, schwarz, gruen)  .
```

- Wie das Programm zu Beispiel 24 zeigte, kann die Menge eines Aufzählungstyps als Wertemenge einer *Laufvariablen* dienen.

- Auf der Menge eines Aufzählungstyps ist - wie auf jeder Menge eines einfachen Datentyps außer real - die Nachfolgerfunktion succ, die Vorgängerfunktion pred und die Ordnungszahl ord definiert.
  Im obigen Beispiel ist

```
succ(aqua) = bier = pred(cognac)  und

ord(aqua) = 0,  ord(bier) = 1  .
```

- Variablen vom Aufzählungstyp kann man jeden der in der Typdefinition angegebenen Werte zuweisen, z.B.:

```
bestellt := bier .
```

4.6 Unterbereichstypen

Sehr nützlich ist die Möglichkeit, als Wertemenge einer Variablen eine gewisse Untermenge (Teilmenge) der vordefinierten Mengen angeben zu können.

Beispiel 25 : Das morgige Datum

Zu einem gegebenen Datum, z.B. dem 31.12.1980 soll das Datum des folgenden Tages vom Computer angegeben werden.

Das Problem besteht hauptsächlich in der unterschiedlichen Länge der Monate (mal 30, mal 31 Tage); insbesondere des Februars, der in Schaltjahren bekanntlich 29 Tage zählt. Jahreszahlen, die Vielfache von 4 sind, bezeichnen Schaltjahre; die vollen Jahrhunderte dagegen sind keine Schaltjahre. Ausnahme von dieser Ausnahme: die Vielfachen von 400 ab 1600; das Jahr 2000 ist also wieder ein Schaltjahr.
Um uns von dieser doppelten Ausnahmeregelung zu befreien, betrachten wir nur die Jahre zwischen 1901 und 1999: hier haben wir nur zu prüfen, ob die Jahreszahl durch 4 teilbar ist oder nicht: Jahreszahl MOD 4 = 0 ?
Durch die Vereinbarung

```
VAR  jahr : 1901 .. 1999
```

wird nun ein sogenannter Unterbereichstyp definiert, d.h. die Variable jahr kann nur die ganzzahligen Werte zwischen 1901 und 1999 annehmen.
Dies ist eine wirksame Eingabekontrolle.

```
PROGRAM datum;
  (* bestimmt zu gegebenem Datum
     das Datum des folgenden Tages *)
  VAR
    tag   : 1..31;
    monat : 1..12;
    jahr  : 1901..1999;
    letzt : 28..31;
  BEGIN
    write (' Datum in Form dreier Zahlen eingeben!  ');
    read ( tag, monat, jahr ) ;
    (* Bestimmung der Anzahl der Tage des Monats *)
    CASE monat OF
      1,3,5,7,8,10,12 : letzt := 31;
      4,6,9,11        : letzt := 30;
      2 : IF (jahr MOD 4 = 0)
            THEN letzt := 29 ELSE letzt := 28
    END;(* of case *)
    (* Weiterschalten *)
    IF tag = letzt   (* Monatsende erreicht *)
      THEN
        BEGIN
          tag := 1;
          IF monat := 12
            THEN BEGIN monat := 1; jahr := jahr + 1 END
            ELSE monat := monat + 1
        END (* of then *)
      ELSE
        tag := tag + 1;
    (* Ausgabe *)
    writeln (' Naechster Tag: ', tag,'.',monat,'.',jahr)
  END.
```

Und so funktioniert das Programm:

```
Running ...

Datum in Form dreier Zahlen eingeben! 28 2 1981
Naechster Tag: 1.3.1981

Datum in Form dreier Zahlen eingeben! 35 6 1940
VALUE RANGE ERROR
```

Bereichsüberschreitung der Variablen <u>tag</u>

Eine Variable ist vom Unterbereichstyp des (einfachen) Datentyps T, wenn sie als Wertemenge eine Untermenge der Wertemenge von T besitzt.
In PASCAL kann man zu jedem der Typen integer, char, string, boolean und zu den Aufzählungstypen (nicht jedoch zu real) Unterbereichstypen bilden.
Man gibt dazu das kleinste und das größte Element der Untermenge an.

- Die Benutzung von Unterbereichstypen ist zu empfehlen: sie macht Programme besser lesbar und sie vermindert die Fehleranfälligkeit. Denn gewisse fehlerhafte Wertzuweisungen an Variablen, nämlich solche, die den Wertebereich der Variablen überschreiten, werden dann während des Programmlaufs automatisch gemeldet.
  Gute Programme enthalten selten den Datentyp integer, sondern einen Unterbereichstyp davon. Denn selten hat eine Variable alle ganzen Zahlen zu durchlaufen. Dies sollte man schon am Vereinbarungsteil des Programms erkennen.

*

4.7 Zusammenfassung

In Abschnitt 1.2 hatten wir festgestellt, daß eine Variable durch Name und Wert bestimmt ist. Diese Charakterisierung kann noch präzisiert werden: wie die Diskussion der Datentypen dieses Kapitels gezeigt hat, kommt es bei der Charakterisierung einer Variablen vor allem auf ihre Wertemenge an, und bei dieser wiederum auf die Beziehungen zwischen den Elementen (ob sie z.B. angeordnet sind) und auf die definierten Operationen und Funktionen.

Jede Variable ist durch die Menge ihrer Werte gekennzeichnet; diese Menge heißt der Typ (Datentyp) der Variablen.
Mit der Angabe des Typs einer Variablen werden festgelegt:

- die Werte, welche die Variable annehmen kann,
- die Relationen, Operationen, Funktionen und Prozeduren auf der Wertemenge.

Hier ist ein Überblick über die Standardfunktionen und -operationen der bisher behandelten Datentypen:

Symbol	Argument-typ	Typ des Werts	Bedeutung
+ , - , *	integer, real	integer, real	Grund-rechenarten
/	real	real	Division
DIV, MOD	integer	integer	ganzzahlige Division und Rest
abs, sqr	integer, real	integer, real	Betrag, Quadrat
sqrt	integer, real	real	Wurzel
sin, cos arctan	real	real	trigonome-trische Fkt.
exp, ln	real	real	Exponential- und Log.fkt.
trunc, round	real	integer	Abschneiden Runden
odd	integer	boolean	gerade oder ungerade
=	alle	boolean	Gleichheit, Äquivalenz
< , > <=, >=	angeordnete einfache Typen	boolean	Vergleich, Subjunktion
NOT, AND, OR	boolean	boolean	Negation, Konjunktion, Alternative

5 Felder

Aus gegebenen Objekten kann man neue aufbauen - so wie man aus einfachen Anweisungen komplexe zusammenfügen kann. Der einfachste 'Bauplan' hierfür ist das Aneinanderreihen und Numerieren der Datenobjekte, so daß jedes Objekt durch seine Nummer eindeutig gekennzeichnet und 'ansprechbar' ist. Mit strukturierten Gebilden solcher Art - man nennt sie F e l d e r oder T a b e l l e n -, die sich für die Verarbeitung umfangreicherer Datenbestände als sehr wirkungsvoll erweisen werden, wollen wir uns nun befassen.

5.1 Eindimensionale Felder

Beispiel 26 : Zahlenknast

Dodon, der Märchenkönig, nahm bei einem Feldzug 100 Feinde gefangen, die er in 100 Einzelzellen steckte. An seinem Geburtstag sollten einige freigelassen werden; und zwar nach einem ganz eigenartigen Verfahren (vom Hofmathematiker ausgedacht): Zunächst werden alle Zellentüren aufgeschlossen. Dann wird in einem zweiten Durchgang jede zweite Tür wieder geschlossen; im dritten Durchgang wird jede dritte Tür, die offenstand, geschlossen und die, welche geschlossen war, geöffnet. Und so geht es im vierten, fünften, ... bis zum hundertsten Durchgang weiter.
Die Frage ist: welche Türen standen, als der Geburtstag des Königs anbrach, schließlich offen?

Um uns das Verfahren klarzumachen, legen wir eine Tabelle an, deren Spalten den Zellentüren und deren Zeilen den einzelnen Durchgängen entsprechen; 'O' bedeute 'offen' und 'z' bedeute 'geschlossen' (zu). Der Einfachheit halber beschränken wir uns auf zehn Zellen:

➞

Z e l l e n t ü r e n

	1	2	3	4	5	6	7	8	9	10	11	12
1	0	0	0	0	0	0	0	0	0	0	0	0
2	0	z	0	z	0	z	0	z	0	z	0	z
3	0	z	z	z	0	0	0	z	z	z	0	0
4	0	z	z	0	0	0	0	0	z	z	0	z
5	0	z	z	0	z	0	0	0	z	0	0	z

Als Nummern der schließlich offenen Zellen ergeben sich hierbei 1, 4, 9. Die Prüfung für 100 Zellen übertragen wir dem Computer. Dabei repräsentieren wir die Gefängniszellen durch eine Folge

knast[1], knast[2], ... , knast[100]

von Speicherzellen (besser: Variablen). Eine solche Folge von Variablen, die unter dem gleichen Namen (hier: knast) auftreten, heißt F e l d (oder Tabelle, engl.: array). Für die Bearbeitung solcher Felder muß der Rechner geeignet vorbereitet werden. Da die Feldelemente knast[i] im Arbeitsspeicher benachbarte Plätze erhalten sollen, muß der benötigte Speicherplatz vor Ausführung des Programms bereitgestellt werden. Dazu ist die A n z a h l der Feldelemente (hier: 100) sowie ihr T y p anzugeben. Da es uns bei der Geschichte von Beispiel 26 nur darauf ankommt, ob die i-te Gefängniszelle knast[i] offen oder geschlossen ist, bietet sich der Typ 'Wahrheitswert' (boolean) an. Die Vereinbarung des Feldes knast sieht dann so aus:

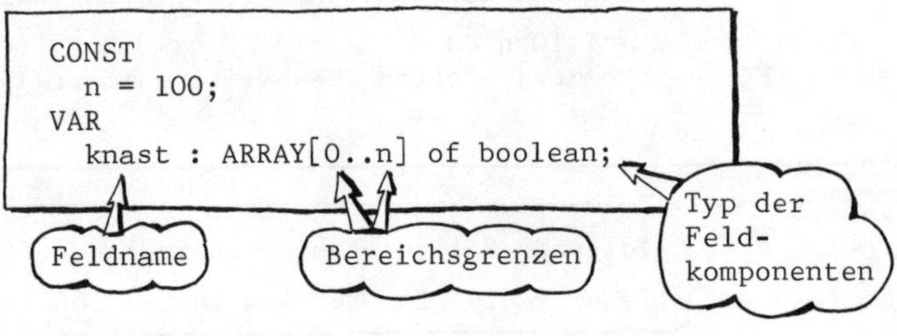

knast[1]	knast[2]	...	knast[100]
offen	zu	...	zu

ist eine mögliche Belegung des Feldes knast.

Das Programm ist leicht geschrieben; es erläutert sich - hoffentlich - selbst. (Andernfalls wird der Leser gebeten, die Lesbarkeit zu verbessern; es gibt mehrere Möglichkeiten.)

```
PROGRAM zahlenknast;
  (* siebt Quadratzahlen aus *)
  CONST
    n = 100;
    offen = true;
  VAR
    knast : ARRAY[0..n] of boolean;
    nummer, durchgang : integer;
  BEGIN
    (* Oeffnen aller Zellen *)
    FOR nummer := 1 TO n DO knast[nummer] := offen;

    (* Durchgaenge *)
    FOR durchgang := 2 TO n DO BEGIN
      nummer := 0;
      WHILE nummer < n DO BEGIN
        knast[nummer] := NOT knast[nummer];
        (* aus 'offen' wird 'zu' und umgekehrt *)
        nummer := nummer + durchgang
      END (* of while *)
    END; (* of for *)
    (* Befreiung *)
    writeln (' Folgende Zellen stehen schließlich offen:');
    FOR nummer := 1 TO n DO
      IF knast[nummer] = offen THEN write(nummer:4)
  END.
```

Ausgabe:

```
Folgende Zellen stehen schließlich offen:
1   4   9  16  25  36  49  64  81 100
```

Dies sind offenbar Q u a d r a t z a h l e n ! Frage an den Mathematik-Liebhaber: Warum ist dies so?

Eine Folge a[1], a[2], ..., a[n] von Variablen a[i] gleichen Typs heißt <u>eindimensionales Feld mit n Plätzen</u>. Die Variable i heißt <u>Index</u> ('Platznummer') des Feldes a; sie muß von e i n f a c h e m Typ sein.
Die Variablen a[i] heißen <u>Komponenten</u> (oder Elemente) des Feldes a. Der gemeinsame Name der Feldkomponenten (Feldvariable) ist 'a'.
In der Vereinbarung eines Feldes muß sowohl der Typ der Komponenten wie auch der des Index deklariert sein:

```
VAR  a : ARRAY[1..n] of <typ> .
```

Die Anzahl n der Feldkomponenten (Feldlänge) muß als K o n s t a n t e vereinbart werden.

- In der Mathematik nennt man ein eindimensionales Zahlenfeld auch 'Vektor'; man spricht auch von einer 'Tabelle mit einem Eingang'.

- Auch a1, a2, a3, a4 (beispielsweise) ist eine Folge von Variablen, jedoch kein Feld. Der Unterschied besteht darin, daß der Index eines Feldes eine L a u f v a r i a b l e sein und daß man mit ihm rechnen kann: so ist z.B. a[3*i + 1] möglich.

- Der Index kann irgend einen (Unterbereich eines) angeordneten einfachen Typ(s) durchlaufen; Standardtyp oder selbstdefiniert.

- Feld als Datentyp und Laufanweisung als Anweisungstyp passen besonders gut zusammen; der große Vorteil von Feldern besteht darin, daß man über den Index auf jedes Feldelement lesend und/oder schreibend zugreifen kann.

***

Z u r Ü b u n g : Aufgabe 94 bis 97

***

Beispiel 27 : Stimmenzählen

Die Aktiven der Leichtathletikgemeinschaft LGL wählen ihren Sprecher. Es sollen die auf die Kandidaten entfallenen Stimmen ausgezählt, und es soll eine Ergebnisliste erstellt werden.

Die Aufgabe läßt sich wie folgt präzisieren:

> Eingabe:
> Wahlzettel mit den Kandidaten-Namen
>
> Ausgabe:
> - Anzahl der abgegebenen Stimmen, der gültigen Stimmen und der Enthaltungen
> - Liste der Kandidaten mit jeweils erreichter Stimmenzahl .

Die (in unserem Beispiel vier) Kandidaten-Namen fassen wir zu einem Aufzählungs - Typ liste zusammen; dazu kommen die Kandidaten 'Enthaltung' und 'Ungueltig'. Die Aufschriften der Wahlzettel werden der Reihe nach eingelesen; steht auf einem Wahlzettel z.B. 'Plag', so wird in dem Feld zaehlliste[plag] um 1 weitergezählt.
Wir nehmen der Einfachheit halber an, daß der Wahlleiter selbst entscheidet, ob einer der folgenden Fälle vorliegt:

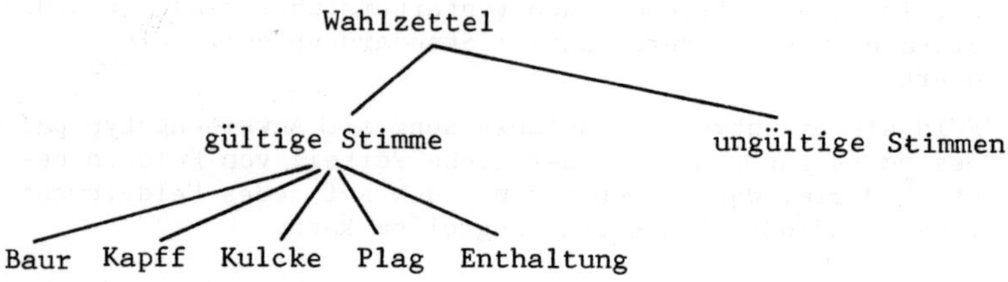

Das auf der folgenden Seite befindliche Programm ist etwas umständlich; wir werden später (in Kapitel 8) bessere Methoden der Datenbeschreibung kennenlernen. Bei der Auswertung der Wahlzettel (REPEAT-Schleife) kann leider keine Mehrfachauswahl benutzt werden, weil hinter CASE ein Ausdruck stehen muß, eine Zeichenreihe ist aber kein Ausdruck im Sinne von PASCAL.

```
PROGRAM stimmenzaehlen;
  TYPE
    wahlliste = (baur, kapf, kulke, plag, enth, ung)
  VAR
    liste           : ARRAY[wahlliste] of integer;
    kandidat        : wahlliste;
    zettel          : string;
    summe, gueltig  : integer;
  BEGIN
  (* zaehlliste auf Null setzen *)
    FOR kandidat := baur TO ung DO liste[kandidat] := 0;
  (* Auszaehlen *)
    writeln ('Wahlzettel einlesen, zum Schluß CTRL-C');
    REPEAT
      write ('Naechster Wahlzettel  ');
      readln ( zettel ) ;
      IF zettel = 'baur' THEN liste[baur] := liste[baur]+1 ELSE
      IF zettel = 'kapf' THEN liste[kapf] := liste[kapf]+1 ELSE
      IF zettel = 'kulke' THEN liste[kulke] := liste[kulke]+1 ELSE
      IF zettel = 'plag' THEN liste[plag] := liste[plag]+1 ELSE
      IF zettel = 'enth' THEN liste[enth] := liste[enth]+1
                         ELSE liste[ung]  := liste[ung] +1
    UNTIL eof;
  (* Auswertung *)
    summe := 0;
    FOR kandidat := baur TO ung DO summe := summe + liste[kandidat];
    gueltig := summe - liste[ung];
  (* Ergebnis-Ausgabe *)
    writeln; writeln;
    writeln ('Abgegebene Stimmen:    ', summe);
    writeln ('Davon gueltig:         ', gueltig);
    writeln ('Enthaltungen:          ', liste[enth]);
    writeln; writeln;
    FOR kandidat := baur TO plag DO
      CASE kandidat OF
        baur  :  writeln ('Baur:   ', liste[baur]);
        kapf  :  writeln ('Kapf:   ', liste[kapf]);
        kulke :  writeln ('Kulke:  ', liste[kulke]);
        plag  :  writeln ('Plag:   ', liste[plag])
      END (* of case *)
  END.
```

Ein Programmlauf findet sich auf der nächsten Seite.

```
Running ...

Wahlzettel einlesen, zum Schluß CTRL-C
Naechster Wahlzettel   Plag
Naechster Wahlzettel   Baur
Naechster Wahlzettel   Enth
Naechster Wahlzettel   Baur
Naechster Wahlzettel   Kulke
Naechster Wahlzettel   Ung

Abgegebene Stimmen:    6
Davon gueltig:         5
Enthaltungen:          1

Baur:    2
Kapf:    0
Kulke:   1
Plag:    1
```

***

Aufgaben

94. Analog zu Beispiel 26, das man als eine Art *Zahlensieb* auffassen kann, soll ein Programm für das sogenannte Sieb des *Eratosthenes* zur Primzahlbestimmung geschrieben werden:

    1 2 3 ~~4~~ 5 ~~6~~ 7 ~~8~~ ~~9~~ ~~10~~ 11 ~~12~~ 13 ~~14~~ ~~15~~ ~~16~~ 17 ...

95. Es sei eine Tabelle mit Ländern und ihren Hauptstädten gegeben, z.B. Belgien, Brüssel
    Frankreich, Paris
    USA, Washington usw.

    Ein Programm ist gesucht, das die Frage 'Wie heißt die Hauptstadt von Australien?' mittels dieser Tabelle beantwortet.

96. In ein Feld ist an einer vorgegebenen Stelle ein Element *einzufügen* (dazu müssen die rechts davon liegenden Elemente um eine Stelle verschoben werden).

97. Aus einem Feld soll ein Element, das an einer vorgegebenen Position steht, *entfernt* werden; anschließend ist das Restfeld zusammenzuschieben, um die Lücke zu füllen.

98. Im Programm 'Stimmenzählen' sollen auch die Stimmen*anteile* der Kandidaten (in Prozent) angegeben werden.

99. Gegeben sind n Zahlen, die in einem Feld gespeichert sind, sowie eine Zahl b . Es soll ausgegeben werden, wieviele der Zahlen im Feld
a) kleiner b) gleich c) größer
als b sind.
Erstellen Sie ein Struktogramm und anschließend ein PASCAL-Programm.

100. Für das Pharmazie-Unternehmen Borg und Co., welches seine Produkte durch Vertreter vertreiben läßt, soll an jedem Monatsende per Computer eine Provisionsübersicht erstellt werden, die für jeden Vertreter die Einzelprovision pro Auftrag und seine Gesamtprovision pro Monat enthält. Der Provisionssatz ist von der Höhe des Einzelauftrags abhängig: bei Aufträgen über 1000 DM wird eine Provision von 12%, sonst von 9% der Auftragssumme gewährt.

101. Ein Supermarkt besteht aus mehreren Abteilungen mit je einer Kasse, welche über Standleitungen mit der EDV-Anlage verbunden sind, um ihre Einnahmen durchzugeben.
Es soll der Tagesumsatz jeder Kasse und der tägliche Gesamtumsatz ermittelt werden.

102. Die Firma E. Lehmann und Cie. führt die Konten ihrer Kunden in einem Feld k . Die Zahl k[i] bedeutet
o Guthaben des Kunden Nr. i, wenn k[i] > 0
o Schulden des Kunden Nr. i andernfalls .
Folgende Auskunft möchte die Firma haben:
(1) Welche Kunden stehen zur Zeit in der Kreide und wie hoch ist jeweils der geschuldete Betrag?
(2) Wieviel Kunden haben Schulden, und wie hoch ist der gesamte und der mittlere Schuldbetrag?
Stellen Sie ein Struktogramm und anschließend ein Programm auf.

103. Auf der nächsten Seite finden Sie ein kleines Programm. Damit sollen Sie folgendes unternehmen:

a) ein Struktogramm anfertigen,

b) am Beispiel des Textes MADAM I'M ADAM einen Schreibtischtest durchführen (Wertetabelle),

c) überlegen, was das Programm leistet,

d) das Programm so abändern, daß das Ausrufungszeichen nicht gedruckt wird,

c) das Programm so abändern, daß Zahlen damit verarbeitet werden können.
Vergleichen Sie es mit dem von Aufgabe 72 !

```
PROGRAM umkehrung;
 VAR
   text : ARRAY[1..50] of char;
   i    : integer;
 BEGIN
   i := 0;
   writeln(' Text eingeben, letztes Zeichen '!'.');
   REPEAT
     read(text[i]);
     i := i+1
   UNTIL text[i] = '!';
   writeln;
   REPEAT
     write(text[i]);
     i := i-1
   UNTIL i = 0
 END.
```

104. Eine Zeichenreihe heißt Palindrom, wenn sie von vorne wie von hinten gelesen gleich aussieht (z.B. RELIEFPFEILER). Das Programm der vorstehenden Aufgabe ist so weiterzuentwickeln, daß ein Palindromtest entsteht. Es ist an dem Text

ROMA TIBI SUBITO MOTIBUS IBIT AMOR

zu erproben.

5.2 Mehrdimensionale Felder

Beispiel 28 : Ein Verschlüsselungsverfahren

Um eine Nachricht zu verschlüsseln, kann man sie in ein kariertes Rechteck z e i l e n w e i s e eintragen und s p a l t e n w e i s e wieder auslesen.

So wird beispielsweise aus der Nachricht

REGIMENT MARSCHFÄHIG MACHEN

nach dieser Methode:

R	E	G	I	M	E	N
T	M	A	R	S	C	H
F	A	E	H	I	G	M
A	C	H	E	N		

RTFAEMACGAEHIRHEMSINECGNHM.

Es soll ein geeignetes Programm dafür (die sog. hebräische Methode) entwickelt werden.

Wir benötigen eine T a b e l l e m i t z w e i E i n g ä n g e n oder - wie man auch sagt - ein zweidimensionales Feld. PASCAL stellt es uns in folgender Form zur Verfügung:

VAR a : ARRAY[1..m, 1..n] of char;

das einzelne Element wird mit a[i,k] bezeichnet.

Das Programm sieht dann folgendermaßen aus:

```
PROGRAM verschluesseln;
  (* verschluesselt Text
     nach der hebraeischen Methode *)
  CONST
    m = 6;
    n = 27;
  VAR
    a    : ARRAY[1..m, 1..n] of char;
    i, k : integer;
  BEGIN
    writeln(' Text eingeben!');
    FOR i := 1 TO m DO    (* zeilenweise einlesen *)
      FOR k := 1 TO n DO
        read(a[i,k]);
    writeln;
    FOR k := 1 TO n DO    (* spaltenweise ausgeben *)
      FOR i := 1 TO m DO
        write(a[i,k])
  END.
```

Und so funktioniert das Verschluesselungsprogramm:

```
Running ...
Text eingeben!
DER FEIND IBERSCHRITT HEUTE UNSERE GRENZE
SCHLUG DAS CORPS BEI RUSS UND SETZT NUN SEINEN
MARSCH GEGEN ASCHBACH FORT DA UNSER GESCHLAGENES
CORPS SICH GEGEN AMBERG ZURICKZOG

DEUEHGERSGLZRESEAUFGUNGRERNAEIIEDSNCNNSCEK
DZEHSZ ...
```

Eine Folge

a[1,1] ... a[1,n]
....
a[m,1] ... a[m,n]

von Variablen a[i,k] gleichen Typs heißt <u>zweidimensionales Feld</u> mit m Zeilen und n Spalten. Die Variable i heißt <u>Zeilenindex</u>, k heißt <u>Spaltenindex</u>.

Vereinbarung in PASCAL:

VAR a : ARRAY[1..m, 1..n] of <typ>

- In der Mathematik nennt man zweidimensionale Felder M a t r i z e n (Einzahl: Matrix).
- Ein zweidimensionales Feld kann man auch als ein (eindimensionales) Feld von (eindimensionalen) Feldern auffassen:

  ARRAY[1..m] of ARRAY[1..n] of <typ> oder

  ARRAY[1..n] of ARRAY[1..m] of <typ> .
- Höherdimensionale Felder werden analog vereinbart.
- Für Zeilen- und Spaltenindex gelten die gleichen Bedingungen wie bei eindimensionalen Feldern.

***

Aufgaben

105. Eine andere Verschlüsselung ergibt sich, wenn man die Buchstaben **diagonal** ausliest.
Schreiben Sie für diese Methode ein Programm.
Erfinden Sie noch andere Methoden des Auslesens!

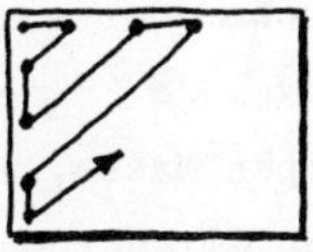

106. Mittels zweidimensionaler Felder können Sie auch einfache **Bilder** programmieren. Angenommen, Sie haben ein solches Bild in einem (quadratischen) Feld a gespeichert. Speichern Sie es in ein zweites Feld b mit den gleichen Dimensionen um, indem sie folgende Transformationen anwenden:

a) b[i,k] := a[k,i] b) b[i,k] := a[n-i,k]

c) b[i,k] := a[k,n-i] .

Wie kann man diese Transformationen geometrisch beschreiben?

107. Gegeben sei in einem zweidimensionalen Feld eine Entfernungstabelle:

	H	H	F	S	...
Hamburg					
Hannover					
Frankfurt					
Stuttgart					
......					

Es soll ein Programm geschrieben werden, das bei Angabe der Stationen einer Reise durch einige der genannten Orte die Gesamtstrecke angibt.

108. (Für mathematisch Interessierte)

Die Multiplikation zweier Matrizen (a_{ik}) , (b_{ik}) ist definiert durch

$$c_{ik} = a_{i1} \cdot b_{1k} + \ldots + a_{in} \cdot b_{nk} .$$

Schreiben Sie dafür ein Programm!

6 Unterprogramme

Biologische oder soziale Organismen sind in Funktionseinheiten h i e r a r c h i s c h g e g l i e d e r t; und auch ein Programm sollte keine amorphe Masse, sondern deutlich s t r u k t u r i e r t sein. Eine solche Gliederung hat folgende Vorteile:

1. Verschiedene Programmabschnitte sind relativ u n a b h ä n g i g voneinander; damit können sie einzeln geschrieben und getestet werden.
2. Ein Programmabschnitt braucht nur e i n m a l geschrieben, kann aber m e h r f a c h ausgeführt werden.
3. Große Programme lassen sich aus schon v o r h a n d e n e n Programmen als Bausteinen zusammensetzen.

Wie in einem Organismus findet zwischen den einzelnen Programmteilen ein I n f o r m a t i o n s f l u ß statt; gewisse Programmteile sind anderen übergeordnet und können Aufgaben delegieren. Die Vorzüge einer solchen Gliederung sind derart, daß ein Organismus ohne sie nicht überlebensfähig wäre; so ist es auch bei Programmen: ein gut gegliedertes Programm ist einem schlecht strukturierten weit überlegen.

6.1 Prozeduren

<u>Beispiel</u> 29 : Sternrechteck

Auf dem Bildschirm soll nebenstehende Figur (Sternrechteck) erzeugt werden.

```
* * * * *
* * * * *
* * * * *
```

Wir können die Aufgabe leicht durch zwei ineinandergeschachtelte Schleifen lösen: eine für die Zeilen und eine für die Spalten. Durchsichtiger wird der Programmaufbau, wenn wir die innere Schleife als selbständiges Teilprogramm 'auslagern', mit einem

Namen ('Drucke Sternzeile') versehen und dann nach Bedarf ausführen lassen, indem wir es unter jenem Namen 'aufrufen'.
In Form von Struktogrammen sieht das so aus:

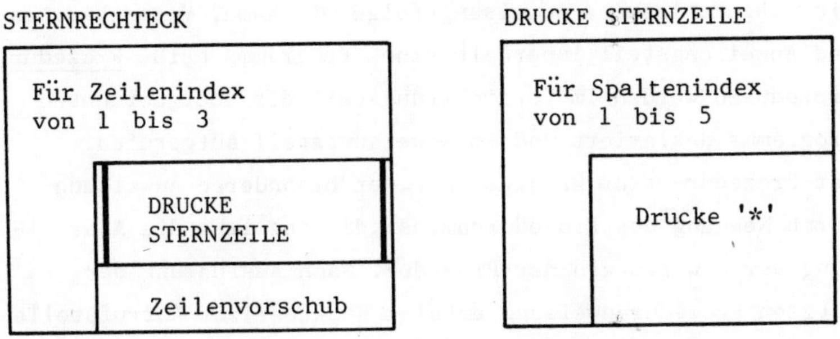

In PASCAL wird das Unterprogramm 'Drucke Sternzeile' hinter dem Wortsymbol PROCEDURE (engl.: 'Verfahren') im Vereinbarungsteil des Hauptprogramms deklariert und im Anweisungsteil aufgerufen.

```
PROGRAM sternrechteck;
  VAR
    zeilenindex : 1..3;
  PROCEDURE druckesternzeile;
    VAR
      spaltenindex : 1..5;
    BEGIN
      FOR spaltenindex := 1 TO 5 DO
        write('* ')
    END; (* of druckesternzeile *)
  BEGIN (* Hauptprogramm *)
    FOR zeilenindex := 1 TO 3 DO
      BEGIN
        druckesternzeile;
        writeln
      END (* of for *)
  END.
```

Vereinbarung der Prozedur

Aufruf der Prozedur

Aus der Anweisung

```
FOR spaltenindex := 1 TO DO
  write('* ')
```

ist in obigem Programm ein Gebilde geworden, das seinerseits die

Form eines volständigen Programms, d.h. Name, Vereinbarungsteil und Anweisungsteil hat: ein 'Programm im Programm'.

> Eine abgeschlossene Anweisungsfolge mit Name, Vereinbarungs- und Anweisungsteil innerhalb eines Programms heißt Prozedur. Prozeduren werden im Vereinbarungsteil des übergeordneten Programms deklariert und im Anweisungsteil aufgerufen. Der Prozeduraufruf erfolgt in einer besonderen Anweisung durch Nennung des Prozedurnamens: dies bewirkt die Abarbeitung der Anweisungen der Prozedur. Nach Ausführung der letzten Prozeduranweisung erfolgt Rückkehr zur Aufrufstelle im übergeordneten Programm.

Im Beispiel 'Sternrechteck' gerieten alle Sternzeilen gleichlang: die Prozedur 'Drucke Sternzeile' kümmerte sich sozusagen nicht um die Außenwelt. Die folgende Prozedur soll sich nunmehr nach der Umgebung, d.h. nach dem übergeordneten Programm richten. Genauer: was die Prozedur ausführt, soll durch Mitgabe von Daten von Aufruf zu Aufruf variiert werden können.

Beispiel 30 : Histogramm

Es soll ein Histogramm (Stabdiagramm) gezeichnet werden, wobei die Anzahlen der Sterne (Länge der Sternzeilen) einzeln vom Benutzer vorgegeben werden können.

```
* * * *
* * * * * *
* * * * * * * * * *
* * *
*
```

Das Unterprogramm 'Drucke Sternzeile der Länge laenge' enthält einen Parameter laenge, durch den die Anzahl der Sterne jeder Zeile vom aufrufenden Programm aus gesteuert werden kann.
In PASCAL geschieht die Angabe eines solchen Parameters im Kopf der Prozedur wie folgt:

```
PROCEDURE druckesternzeile ( laenge : integer ) ;
```

Das Programm findet sich auf der naechsten Seite:

```
PROGRAM histogramm;
  CONST
    zeilenzahl = 5;
  VAR
    zahl  : ARRAY[1..zeilenzahl] of real;
    i, n  : integer;

  PROCEDURE druckesternzeile(laenge : integer);
    VAR
      k : integer;
    BEGIN
      FOR k := 1 TO laenge DO write('*');
      writeln
    END; (* of druckesternzeile *)

  BEGIN (* Hauptprogramm *)
    FOR i := 1 TO zeilenzahl DO BEGIN
      write ( 'Naechste Zahl?  ');
      read(zahl[i])
    END; (* of for *)

    writeln;

    FOR i := 1 TO zeilenzahl DO BEGIN
      n := round(zahl[i]);
      IF n < 0  THEN druckesternzeile(0) ELSE
      IF n > 70 THEN druckesternzeile(70)
                ELSE druckesternzeile(n)
    END (* of for *)
  END.
```

Eingabe-parameter

Mitgabe von Werten an die Prozedur

Und so läuft das Programm (die 5 Zahlenwerte werden zunächst in ein Feld <u>zahl</u> eingegeben):

```
Running ...
Naechste Zahl?  12.3
Naechste Zahl?  -3
Naechste Zahl?  4.9
Naechste Zahl?  20
Naechste Zahl?  8
* * * * * * * * * * * *

* * * * *
* * * * * * * * * * * * * * * * * * * *
* * * * * * * *
```

Im eben behandelten Beispiel wurden vom Hauptprogramm Daten (Information) an die Prozedur übermittelt: bei jedem Aufruf wurde ihr mitgeteilt, wieviele Sterne zu drucken sind. Aus der Prozedur floß jedoch keine Information an das Hauptprogramm zurück. Dies soll jetzt geschehen.
Blättern wir einmal zu Beispiel 8 (Seite 44) zurück: dort wurde während des Sortiervorgangs mehrmals die Operation des *Vertauschens* zweier Elemente vorgenommen. Dies läßt sich als Prozedur formulieren:

```
PROCEDURE vertausche ( VAR x , y : integer ) ;
  VAR
    h : integer;
  BEGIN
    h := x; x := y; y := h
  END; (* of vertausche *)
```

Ein-/Ausgabeparameter

Achten Sie auf das Wortsymbol VAR im Prozedurkopf: es soll andeuten, daß beim Aufruf der Prozedur hier *Variablen* stehen müssen. Ein Aufruf `vertausche(3,5)` wäre sinnlos und würde zu einer Fehlermeldung führen; sinnvoll dagegen: `vertausche(a,b)` .
Wir können uns die Prozedur als eine Art Kasten vorstellen, in dem ein Männchen sitzt, das die durch die Fenster x und y hereingereichten Tafeln a und b entgegennimmt. Seine Arbeitsanweisung lautet: "Vertausche den Inhalt der zum Fenster x hereingereichten Tafel mit dem Inhalt der zum Fenster y hereingereichten." Nach Beendigung dieser Tätigkeit reicht er die Tafeln zurück: jede durch das Fenster, durch das sie hereinkam. Wie die Tafeln heißen, ist dem Männchen egal: seine Arbeitsanweisung bezieht sich nur darauf, durch welches Fenster sie hereingereicht wurden. Die Variablen x und y heißen <u>Ein-/Ausgabeparameter</u>: durch sie fließt Information in die Prozedur und wird Information an das Hauptprogramm zurückgegeben.

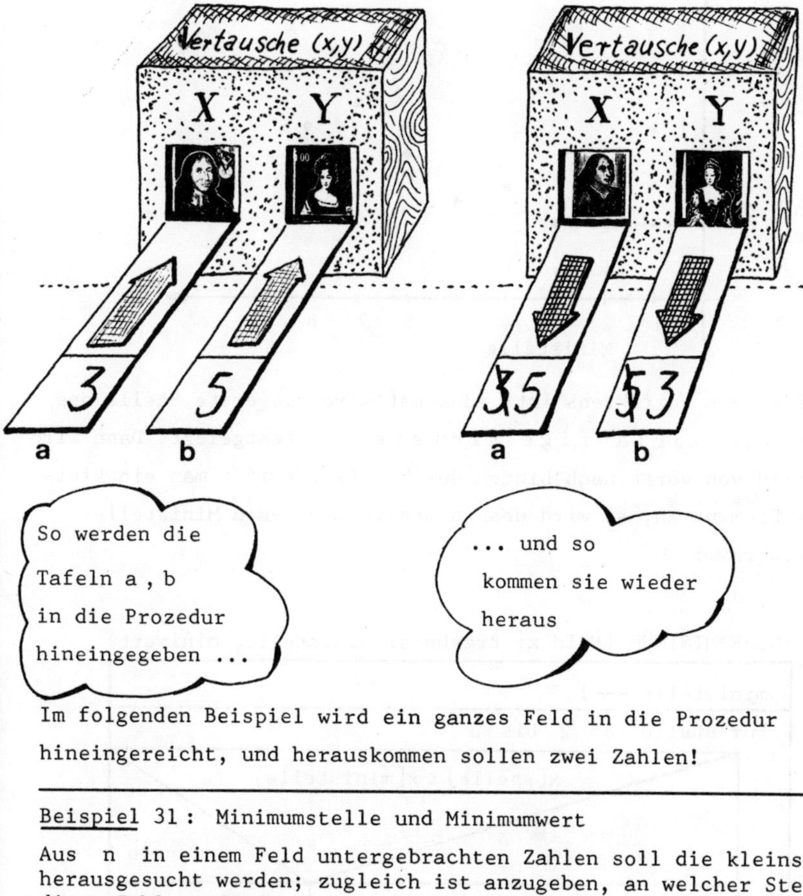

Im folgenden Beispiel wird ein ganzes Feld in die Prozedur hineingereicht, und herauskommen sollen zwei Zahlen!

<u>Beispiel</u> 31 : Minimumstelle und Minimumwert

Aus n in einem Feld untergebrachten Zahlen soll die kleinste herausgesucht werden; zugleich ist anzugeben, an welcher Stelle diese Zahl zu finden ist.

Dies ist eine Verallgemeinerung der Aufgabe von Beispiel 8; doch sind hier zwei Aspekte der Aufgabe zu unterscheiden:

- aufzufinden ist lediglich ein minimaler W e r t - ohne eine Angabe darüber, an welcher Stelle des Feldes er steht;
- aufzufinden ist die (bzw. eine) Mini s t e l l e , d.h. jener Index, der zum (bzw. zu einem) minimalen Element gehört.

Mit der zweiten Aufgabe ist natürlich auch die erste gelöst, da man über die Ministelle den zugehörigen Miniwert leicht finden kann. Folgende Skizze mag die Zusammenhänge verdeutlichen:

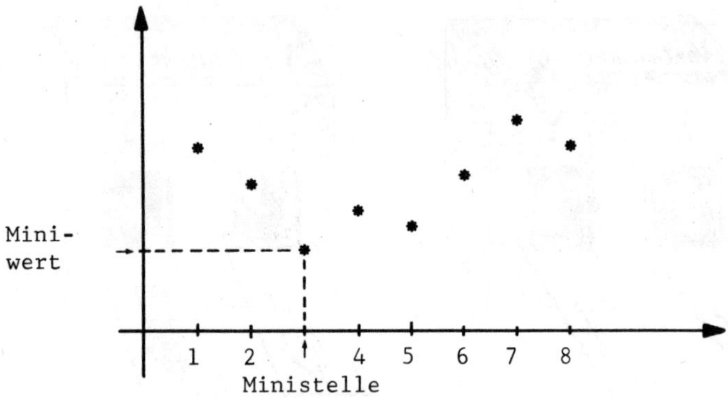

Die Idee des Verfahrens ist: zunächst wird die erste Stelle des Feldes als vorläufige Ministelle festgelegt. Dann wird das Feld von vorne nach hinten durchlaufen: trifft man ein kleineres Element an, so wird dessen Stelle zur neuen Ministelle. Struktogramm:

SUCHE MINIMUM (Feld x; Ergebnis: ministelle, miniwert)

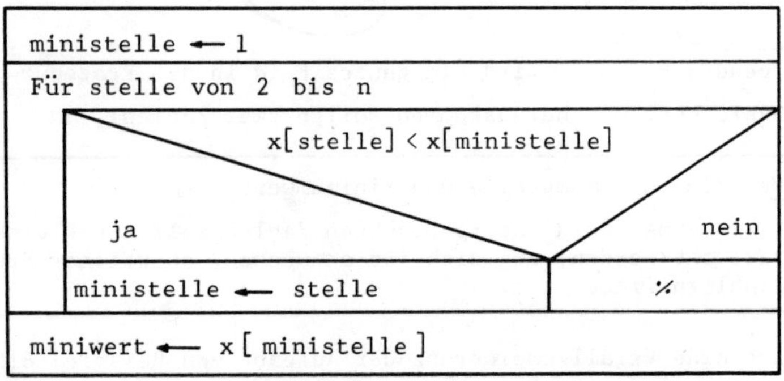

```
PROGRAM minimum;
  (* sucht aus Zahlenfeld ein minimales
     Element und bestimmt seinen Index *)
  CONST
    n = 10;     (* Anzahl der Feldelemente *)
  TYPE
    bereich = 1..n;
    feld    = ARRAY[bereich] of real;
  VAR
    a     : feld;
    i , s : bereich;
    w     : real;
  PROCEDURE sucheminimum ( x : feld; VAR ministelle : bereich;
                                    VAR miniwert : real);
    VAR
      stelle : bereich;
    BEGIN
      ministelle := 1;
      FOR stelle := 1 TO n DO
        IF x[stelle] < x[ministelle] THEN ministelle := stelle;
      miniwert := x[ministelle]
    END; (* of sucheminimum *)
  BEGIN (* Hauptprogramm *)
    writeln (' Zahlenfeld mit ',n,' Werten eingeben!');
    FOR i := 1 TO n DO read(a[i]);
    sucheminimum(a , s , w )
    writeln;
    writeln (' Minimum: ',w);
    writeln (' Stelle:  ',s)
  END.
```

Eingabe-größe

Ausgabe-größen

Aufruf der Prozedur. Eingabe: Feld a; über die Variablen s und w werden die Ergebnisse ins Hauptprogramm transportiert

Dialog:

```
Running ...
Zahlenfeld mit 10 Werten eingeben!
2.5  3  1.83  27.9  1  23  1  8  9  10

Minimum:  1

Stelle:  5
```

Es gibt mehrere Minima; das Programm zeigt nur die erste Stelle an.

Die Größen, auf welche eine Prozedur angewandt wird, heißen Parameter. Ihre Spezifikation erfolgt in der Parameterliste des Prozedurkopfes; die hierin auftretenden Namen heißen formale Parameter. Sie vertreten die beim Aufruf der Prozedur in Erscheinung tretenden aktuellen Parameter; letztere tragen die Werte, die vom rufenden Programm an die Prozedur übergeben werden sowie die, welche ggf. von der Prozedur ins rufende Programm zurückgereicht werden.
Der Prozeduraufruf erfolgt durch Nennung des Prozedurnamens, gefolgt von der (zwischen Klammern eingeschlossenen) Liste der aktuellen Parameter. Die Zuordnung zwischen aktuellen und formalen Parametern ist durch die Reihenfolge ihres Auftretens in den Parameterlisten bestimmt. Die formalen und die aktuellen Parameter müssen hinsichtlich Anzahl und Typ übereinstimmen.
Konstantenparameter (Eingabeparameter, Werteparameter, engl.: value parameter) dienen zur Eingabe von Werten in die Prozedur. Die zugehörigen aktuellen Parameter behalten während der Ausführung der Prozedur ihren Wert: die Prozedur kann auf sie nur lesend zugreifen.
Variablenparameter (Ein-/Ausgabeparameter, Ergebnisparameter, engl.: variable parameter) dienen zur Übergabe von Ergebnissen an das rufende Programm. Die zugehörigen aktuellen Parameter können während der Prozedurausführung ihren Wert ändern: die Prozedur kann auf sie sowohl lesend als auch schreibend zugreifen. Variablenparameter werden im Prozedurkopf durch das Wortsymbol VAR gekennzeichnet.

- PROCEDURE sucheminimum
    (x : feld; VAR ministelle: bereich; VAR miniwert: real);

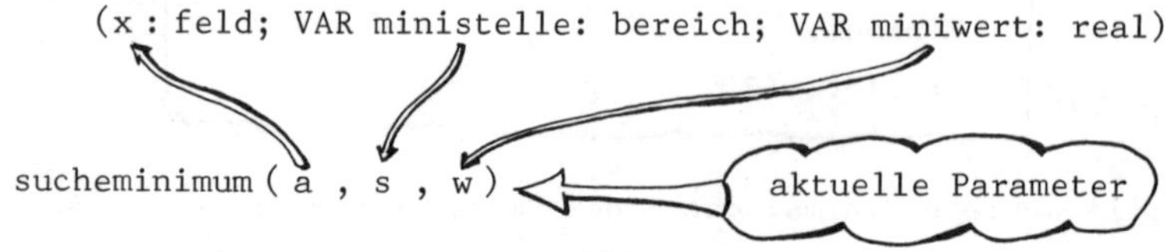

***

Aufgaben

109. Das Programm HISTOGRAMM (Beispiel 30) ist so abzuändern, daß die Länge der Sternzeilen von einer Funktion gesteuert wird (im Sinne von Beispiel 18, Seite 83 f.)

110. Die Zahlen 1 bis 100 sollen gedruckt und alle Zahlen der Form $6n \pm 1$ unterstrichen werden; hierfür ist eine Prozedur 'Unterstreiche' zu benutzen. (Vgl. Aufgabe 38b)

111. Es sollen alle lokalen Maxima bzw. Minima eines gegebenen Zahlenfeldes gefunden und ausgegeben werden.

112. Die Multiplikation zweier natürlicher Zahlen miteinander kann mittels folgendem Verfahren nachgebildet werden:

MULTIPLIKATION

```
Eingabe  x , y
u ← y ; z ← 0
Wiederhole
   z ← z + x
   u ← u - 1
bis  u = 0
Ausgabe  z
```

a) Legen Sie eine Wertetabelle an und schreiben Sie ein Struktogramm dafür!

b) Schreiben Sie eine Prozedur.

113. Erläutern Sie an folgendem Programmbeispiel den Unterschied zwischen Konstanten- und Variablen-Parametern!

```
PROGRAM unterschied;
  VAR
    x : integer;

  PROCEDURE konstant ( a : integer ) ;
    BEGIN
      a := a + 5; writeln(a)
    END; (* of konstant *)

  PROCEDURE variabel ( VAR b : integer) ;
    BEGIN
      a := a + 5; writeln(a)
    END; (* of variable *)

  BEGIN (* Hauptprogramm *)
    x := 1;
    writeln(x); konstant(x); writeln;
    writeln(x); variabel(x); writeln(x) .
  END.
```

6.2 Funktionen

Wie wir wissen, gibt es in PASCAL sogenannte *vordefinierte* oder *Standardfunktionen* (z.B. sqrt = Quadratwurzel). Zusätzlich zu den vordefinierten Funktionen kann der Benutzer mittels Prozeduren *eigene Funktionen* definieren.
Da in PASCAL die Potenzfunktionen als Standardfunktionen nicht zur Verfügung stehen, wollen wir für sie eine Prozedur schreiben.

Beispiel 32 : Potenzfunktionen
Für beliebige reelle Zahlen x und positive Exponenten n soll die Funktion $x \rightarrow x^n$ durch eine Prozedur definiert werden.

Das nächstliegende Verfahren ist, x mittels einer Wiederholungsanweisung n-mal mit sich selbst zu multiplizieren. Für etwas größere Exponenten ist dies aber sehr zeitaufwendig; ein wesentlich schnelleres Verfahren wird durch folgendes Struktogramm beschrieben:

POTENZ(x , n; Ergebnis: p)

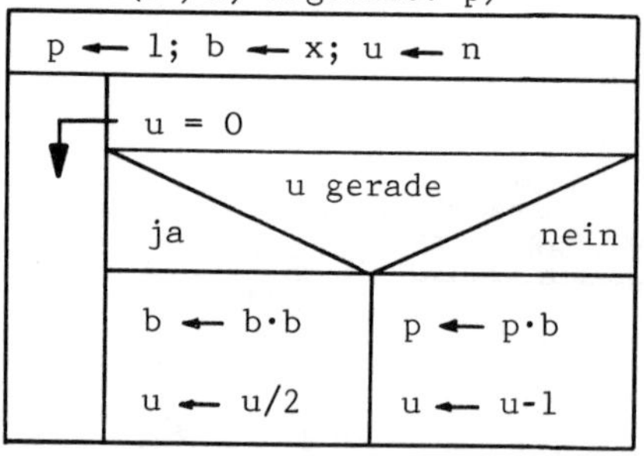

Statt 22 brauchen wir hier nur 7 Multiplikationen!

Wertetabelle für x^{22}

b	u	p
x	22	1
x^2	11	1
x^2	10	x^2
x^4	5	x^2
x^4	4	x^6
x^8	2	x^6
x^{16}	1	x^6
x^{16}	0	x^{22}

Die Prozedur findet sich auf der nächsten Seite. Sie wird durch das Wortsymbol FUNCTION eingeleitet: dies ist eine spezielle Bezeichnung für Prozeduren, die genau einen Wert als Ergebnis liefern. Natürlich hätten wir auch

```
PROCEDURE potenz(x : real; n : bereich; VAR p : real)
```

als Prozedurkopf schreiben können.

```
FUNCTION potenz ( x : real; n : bereich ) : real;
  (* berechnet die n-te Potenz einer reellen Zahl x *)
  VAR
    pot, basis : real;
    exp        : bereich;   <==  Der Typ bereich ist
                                 im Hauptprogramm als
  BEGIN                          0..maxint definiert
    pot := 1;
    basis := x;
    exp := n;
    REPEAT
      IF odd(exp)
        THEN BEGIN exp := exp - 1; pot := basis * pot END
        ELSE BEGIN exp := exp DIV 2; basis := sqr(basis) END
    UNTIL exp = 0;
    potenz := pot
  END;(* of potenz *)
```

Im Hauptprogramm kann die Funktion durch <u>potenz</u>(,) aufgerufen werden.

> Prozeduren mit genau einem Ergebnisparameter heißen <u>Funktionsprozeduren</u> (kurz: Funktionen).
> Als Ergebnis des Prozeduraufrufs wird an das rufende Programm genau ein Wert übergeben.
> Funktionen werden in PASCAL durch das Wortsymbol FUNCTION vereinbart. In der Parameterliste dürfen nur Werteparameter stehen; hinter der Parameterliste steht die Typbezeichnung des Ergebnisparameters.

- Da der Funktionsname als Name für den Ergebnisparameter benutzt wird, muß im Anweisungsteil der Funktionsprozedur mindestens eine Zuweisung an den Funktionsnamen erfolgen (im Beispiel 32 war dies die Zuweisung potenz := pot).
- Funktionen brauchen nicht nur Zahlen als Werte zu haben; beliebt sind Wahrheitswerte (siehe dazu Aufgabe 114).

Aufgaben

114.
```
FUNCTION perfekt(zahl : bereich): boolean;
  VAR
    teiler, summe : bereich;
  BEGIN
    summe := 1;
    FOR teiler := 1 TO zahl DIV 2 DO
      IF zahl MOD teiler = 0
        THEN summe := summe + teiler;
    perfekt := summe = zahl
  END; (* of perfekt *)
```
Schreiben Sie ein Rahmenprogramm (bereich = 1..maxint) und testen Sie die Funktionsprozedur mit zahl = 6, 28, 496. Finden Sie weitere Zahlen, für welche die Funktion den Wert 'wahr' liefert.

115. Schreiben Sie eine Funktionsprozedur zur Quadratwurzelberechnung nach dem klassischen Verfahren von Heron:

$$x_{neu} \longleftarrow \frac{1}{2}\left(x_{alt} + \frac{\text{Radikand}}{x_{alt}}\right)$$

116. Gegeben sind n Punkte $P_1, P_2, \ldots P_n$. Schreiben Sie ein Programm zur Ermittlung der Länge des Streckenzuges durch diese Punkte. Benutzen Sie geeignete Funktionsprozeduren.

117. Durch je drei der Größen Länge, Breite, Höhe, Diagonalenlänge, Oberfläche, Volumen ist ein Quader bestimmt. Schreiben Sie ein Programm, das nach Eingabe von je drei dieser Größen die anderen ausgibt.

118. Gegeben sind drei Punkte in der Ebene, die nicht alle auf einer Geraden liegen. Gesucht sind die Koordinaten von Schwerpunkt, Höhenschnittpunkt, Umkreismittelpunkt, Inkreismittelpunkt und ihrer Radien sowie der Flächeninhalt des zugehörigen Dreiecks.
Schreiben Sie Funktionsprozeduren sowie ein Rahmenprogramm, bei dem man die gesuchten Größen vorgeben kann.

119. Eine Schuld S wird in n Jahren durch Zahlung der Tilgungsrate r verzinst und getilgt, wenn

$$r = S \cdot q^n \cdot \frac{q - 1}{q^n - 1} \qquad (q \neq 1) \; ,$$

wobei $q = 1 + p/100$ der Zinsfaktor und p der Jahreszinssatz ist. Schreiben Sie ein Programm, bei dem man nach Eingabe von je dreien der Größen S, n, p, r die vierte erhält.

*

6.3 Blockstruktur

Durch die Benutzung von Prozeduren (speziell: Funktionen) wird ein Programm in Blöcke gegliedert; dies können wir durch Diagramme (Prozedurbaum und Struktogramm) veranschaulichen:

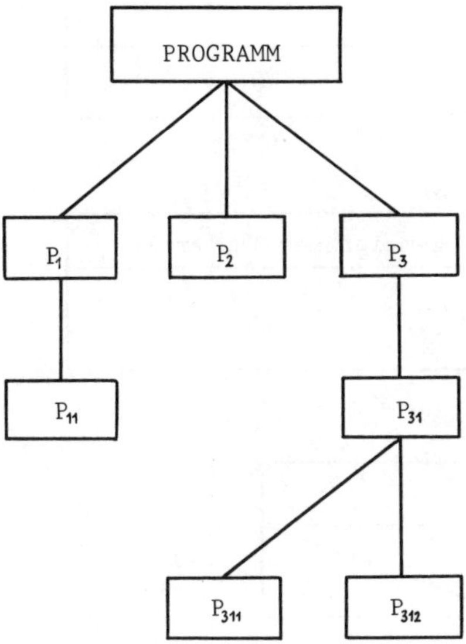

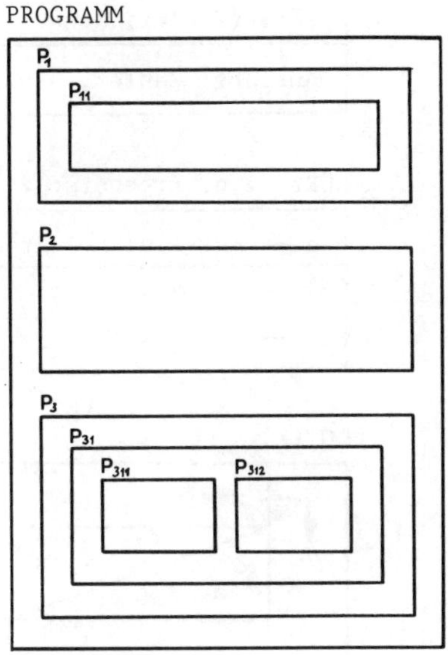

Eine Prozedur P_i heißt der Prozedur P_{ik} übergeordnet, wenn P_{ik} im Vereinbarungsteil von P_i definiert wurde (man spricht von ineinandergeschachtelten Prozeduren). Das folgende Beispiel zeigt einen solchen Fall.

Beispiel 33 : Addition von Brüchen

Dem Rechner werden zwei Brüche in der Form von Zahlenpaaren (Zähler, Nenner) eingegeben; er soll die Summe beider ausgeben, und zwar in gekürzter Form.

Die Addition $\frac{1}{6} + \frac{3}{8} = \frac{13}{24}$ läßt sich wie folgt durchführen:

$$(1,6)\,,(3,8) \rightarrow (1\cdot 8 + 6\cdot 3\,,\,6\cdot 8) \rightarrow (26,48) \rightarrow (13,24)$$

Das Struktogramm steht auf der nächsten Seite.

BRUCHADDITION

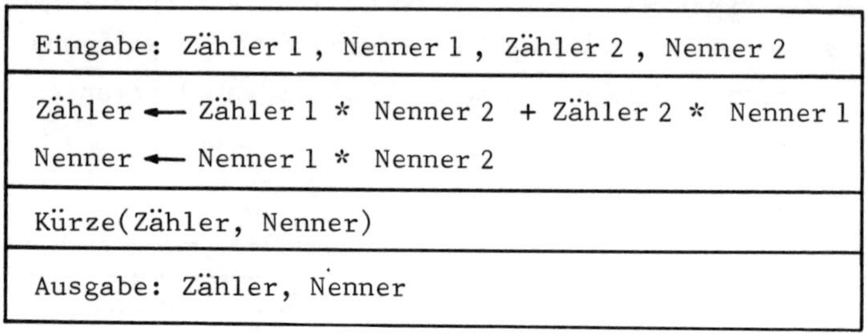

KÜRZE(z,n; Ergebnis: z , n)

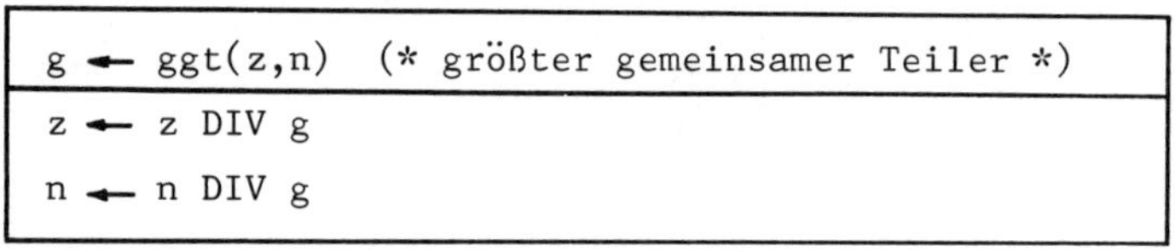

GGT(x,y)

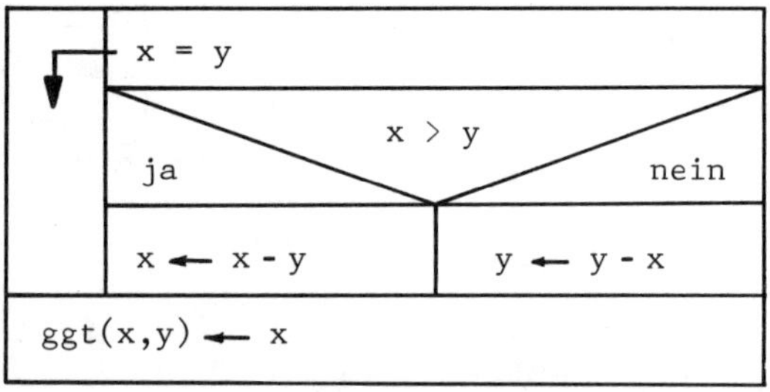

Bei diesem Verfahren und im Programm auf der folgenden Seite kommen Variablen mit unterschiedlichem G ü l t i g k e i t s b e r e i c h vor. Zunächst die g l o b a l e n Variablen zaehlerl, zaehler2,... nenner, welche im Vereinbarungsteil des Hauptprogramms deklariert werden: ihr Gültigkeitsbereich ist das gesamte Programm, d.h. auf sie kann an jeder Stelle des Programms zugegriffen werden. Dann die bezügl. der Prozedur kürze l o k a l e n Variablen z und n: sie werden bei jedem Aufruf dieser Prozedur eingerichtet und nach Verlassen der Prozedur wieder gelöscht, d.h. der Speicherplatz wird erst beim Aufruf der Prozedur beansprucht (und bereitgestellt) und nach ihrer Beendigung wieder freigegeben.

```
PROGRAM bruchaddition;

  (* berechnet die Summe zweier Brueche
     in gekuerzter Form *)

  VAR
    zaehler1, zaehler2, zaehler,
    nenner1, nenner2, nenner     : integer;

  PROCEDURE kuerze(VAR z , n : integer);

     FUNCTION ggt(x,y : integer) : integer;
       BEGIN
         WHILE x <> y DO
           IF x > y THEN x := x - y
                    ELSE y := y - x;
         ggt := x
       END; (* of ggt *)

     BEGIN (* kuerze *)

       g := ggt(z,n);

       z := z DIV g;  n := n DIV g

     END; (* of kuerze *)

  BEGIN (* Hauptprogramm *)

    write (' Erster Bruch:  ');
    read(zaehler1, nenner1);
    write (' Zweiter Bruch:  ');
    read(zaehler2, nenner2);

    zaehler := zaehler1 * nenner2  +  zaehler2 * nenner1;
    nenner  := nenner1 * nenner2;

    kuerze(zaehler, nenner);

    writeln;
    write (' Summe:  ', zaehler,' / ', nenner)

  END.
```

Dialog:

```
Running ...

Erster Bruch:  1  6
Zweiter Bruch: 3  8

Summe:  13 / 24
```

Eine Variable heißt bezügl. eines Blocks intern (lokal), wenn sie in ihm vereinbart wurde, andernfalls extern. Eine bezügl. eines Blocks P externe Variable kann in einem übergeordneten Block vereinbart sein: dann heißt sie bezügl. P global.

Der Gültigkeitsbereich einer Variablen ist

- der Block, in dem sie vereinbart wurde und
- alle untergeordneten Blöcke, in denen der gleiche Name nicht neu vereinbart wurde.

Das heißt: eine globale Variable ist in einem Block nur dann zugänglich, wenn keine gleichnamige lokale Variable existiert.

Bezügl. eines Blocks lokale Variable sind außerhalb dieses Blocks nicht definiert.

- Will man in einem Programm globale Größen verwenden, so darf man also deren Namen nicht zugleich für interne Größen benutzen.
- Formale Parameter einer Prozedur sind interne Größen, aktuelle Parameter sind für die Prozedur extern.
- Eine Prozedur, die in einer anderen aufgerufen werden soll, muß im Programmtext weiter oben vereinbart worden sein.

*

Die Verwendung globaler Größen ist mit Risiken behaftet, wie folgendes Beispiel zeigt.

Beispiel 34 : Nebenwirkungen

Eine Prozedur, welche den Wert einer externen Variablen ändert, zeitigt (meist unerwünschte) Nebenwirkungen: es wird 'inoffiziell', ohne Benutzung der dafür vorgesehenen Kommunikationswege, nämlich der Variablenparameter, Information nach außen getragen.

Dies soll das nebenstehende Programm verdeutlichen.

```
PROGRAM nebenwirkung;
  (* Trivialprogramm, welches unerwünschte
     Wirkungen beim Gebrauch globaler
     Variablen demonstrieren soll *)
  VAR
    k, r : integer;
  FUNCTION neben(x : integer) : integer;
    BEGIN
      k := k * x;
      neben := sqr(x)
    END; (* of neben *)
  BEGIN (* Hauptprogramm *)
    k := 2;
    r := neben(5) + neben(k);
    writeln(r,k);
    k := 2;
    r := neben(k) + neben(5);
    writeln(r,k)
  END.
```

Wir erhalten die unterschiedlichen Ergebnisse

125	100
29	20

,

was aus dem Text des Hauptprogramms nicht zu erklären ist.

****

Die Verwendung globaler Größen in Prozeduren kann Ursache schwer zu entdeckender Fehler sein.

****

Die Verwendung von Prozeduren soll u.a. der Übersichtlichkeit eines Programms dienen. Daher ist in PASCAL das Herausspringen aus und das Hineinspringen in Prozeduren nicht vorgesehen. Die einzige Möglichkeit des 'Springens' innerhalb eines Programms ist das Aufrufen von Prozeduren, was aber nach strengen Regeln vor sich geht. Damit wird eine weitgehende Übereinstimmung zwischen 'statischer Programmstruktur' (Programmtext) und 'dynamischem Verhalten' (Programm-Ablauf) erreicht.
Für Ausnahmesituationen sind folgende Möglichkeiten vorgesehen:

- Vorzeitiges Beenden einer Prozedur,
- Sprunganweisungen im Innern eines Blocks.

Beides beeinträchtigt die Blockstruktur von PASCAL-Programmen nicht. -
Durch die Festlegung von Unterbereichs-Typen im Vereinbarungsteil eines Programms bzw. Blocks kann eine wirksame Eingabekontrolle vorgenommen werden. Sie hat allerdings den Nachteil, daß der Rechner bei Überschreiten des Bereichs aus dem Programm 'aussteigt'. Will man in einem solchen Fall ein reguläres Anhalten des Programms erreichen, kann man wie im folgenden Beispiel vorgehen.

Beispiel 35 : Eingabekontrolle

Es sollen Personen-Namen eingelesen werden. Bei der Eingabe anderer Zeichen als Buchstaben und Leerzeichen soll der Text 'falsche Eingabe' ausgegeben und die Einleseprozedur beendet werden.

In UCSD-PASCAL steht für das Verlassen einer Prozedur die Anweisung exit(<Prozedurname>) zur Verfügung, wie folgendes Programm zeigt:

→

```
PROGRAM namensliste;
  (* demonstriert den Gebrauch der
     Anweisung  exit *)
  CONST
    n = 20;
    leerzeichen = ' ';
  TYPE
    bereich = 1..n;
    wort    = ARRAY[bereich] of char;
  VAR
    name : wort;

  PROCEDURE lies(VAR w : wort);
     VAR
       i : bereich;
     BEGIN
       write ('Naechster Name?    ');
       FOR i := 1 TO n DO BEGIN
         read(w[i]);
         IF ((w[i] < 'A') OR (w[i] > 'Z'))
            AND (w[i] <> leerzeichen)
            THEN BEGIN
              writeln; writeln;
              writeln ('Eingabefehler!');
              writeln ('Namen bestehen aus Buchstaben.');
              exit(lies)
            END (* of then *)
       END (* of for *)
     END; (* of lies *)
  PROCEDURE drucke(w : wort);
     VAR
       i : bereich;
     BEGIN
       write(leerzeichen:6);
       FOR i := 1 TO n DO write(w[i])
     END; (* of drucke *)

  BEGIN (* Hauptprogramm *)
     REPEAT
       lies(name);
       drucke(name)
     UNTIL eof
  END.
```

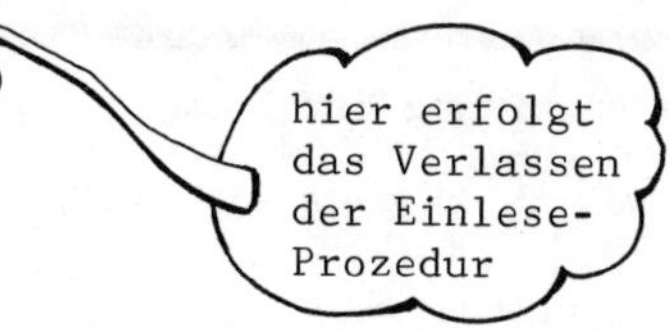

Diese Lösung hat allerdings noch einen Fehler: nach Verlassen der Lies-Prozedur mittels <u>exit</u> wird an die Aufrufstelle im

Hauptprogramm gesprungen; anschließend erfolgt der Aufruf der Prozedur drucke , d.h. der fehlerhafte Name wird anschließend noch gedruckt. Um dies zu vermeiden, springen wir innerhalb der Lies-Prozedur, und zwar folgendermaßen:

```
PROCEDURE lies(VAR w : wort);
  LABEL 1;
  VAR
    i : bereich;
  BEGIN
  1:write ('Naechster Name?    ');
    FOR i := 1 TO n DO BEGIN
      read(w[i]);
      .........
      writeln ('Namen bestehen aus Buchstaben!');
      GOTO 1
      END (* of then *)
    END (* of for *)
  END; (* of lies *)
```

Vereinbarung der Sprungmarke

genau wie im vorigen Programm

Eine Anweisung der Form

Gehe zu <Marke>

heißt Sprunganweisung, die Marke heißt Sprungziel. Mittels einer Sprunganweisung kann die im Programmtext vorgegebene Reihenfolge der Anweisungen durchbrochen werden; die als nächste auszuführende Anweisung steht hinter der Marke.

In PASCAL lautet die Sprunganweisung GOTO <Marke>; die Marke (engl.: label) ist eine vorzeichenlose ganze Zahl, die an beliebiger Stelle im Programmtext stehen kann. Marken bedürfen einer eigenen Vereinbarung

LABEL <Marke>

vor der Vereinbarung der Konstanten.

Programme mit vielen Sprunganweisungen sind schwer zu lesen und zu korrigieren. Auch in PASCAL ist es möglich, solche Programme zu verfassen. Hierfür ein abschreckendes Beispiel:

```
PROGRAM waehrung;
  LABEL 1,2,3,4,5,6,7;
  VAR
    mark, devisen : real;
    i             : 1..3;
  BEGIN
    mark := 0;
    GOTO 2;
  1: IF devisen = -1 THEN GOTO 7;
    writeln (' Welche Waehrung? );
    writeln (' $=1, sFr=2, öS=3');
    writeln (' Am Schluss -1 eingeben!');
    read(i); GOTO 3;
  2: read(devisen); GOTO 1;
  3: IF i=1 THEN GOTO 4;
     IF i=2 THEN GOTO 5;
     IF i=3 THEN GOTO 6;
     GOTO 2;
  4: mark := mark + 1.89*devisen;
     GOTO 2;
  5: mark := mark + 1.09*devisen;
     GOTO 2;
  6: mark := mark + 0.17*devisen;
     GOTO 2;
  7: writeln (' Betrag DM  ', mark:10:2)
  END.
```

Ein Programm, welches nur die Anweisungstypen

- Sequenz
- Entscheidung
- Wiederholung

verwendet, heißt w o h l s t r u k t u r i e r t . Es läßt sich zeigen, daß man mit diesen drei Anweisungstypen auskommt, d.h. für jedes Problem, für das überhaupt ein Programm zur Lösung existiert, gibt es ein wohlstrukturiertes Programm, das dieses Problem löst.

Man kann also auf Sprunganweisungen grundsätzlich verzichten!

***

A u f g a b e n

120. Schreiben Sie das Programm 'Währung' (auf Seite 143) o h n e Sprunganweisungen!

121. Die Entscheidungs- und Wiederholungsanweisungen kann man, wie es die Programmablaufpläne im 2. und 3. Kapitel angeben, mittels Sprunganweisungen realisieren. Beispielsweise ist

```
1 : IF r > n THEN GOTO 2;
    s := s + r;
    GOTO 1;
2 : write(s);
```

die Nachbildung einer Solange-tue-Schleife.

Bilden Sie auf entsprechende Weise die Entscheidungs- und die Wiederholungsanweisungen nach.

122. Auf der folgenden Seite finden Sie ein Programm 'Zählen', das von Sprunganweisungen Gebrauch macht.
Sie mögen damit folgendes tun:

a) Wertetabelle anlegen und herausbekommen, was das Programm leistet.

b) Struktogramm anfertigen,

c) PASCAL-Programm o h n e Sprunganweisungen.

(Wenn Sie das Programm laufenlassen wollen, müssen Sie beim Gebrauch von UCSD-PASCAL in der ersten Zeile durch einen 'Pseudokommentar' dem Übersetzer mitteilen, daß Sie GOTO-Anweisungen benutzen wollen; andernfalls macht er Fehlermeldung. Diese Mitteilung an den Compiler lautet:

```
(*$G+*)
PROGRAM zaehlen;
  LABEL 1,2,3;
  VAR
    grenze, ziffer,
    i, k :  integer;
  BEGIN
    write ('Geben Sie eine natuerliche Zahl ein! ');
    read(grenze);
    IF n < 1 THEN GOTO 3;
    i := 1;
  1 : IF i MOD 5 <> 0 THEN
      BEGIN
        k := i;
     2 : ziffer := k MOD 10;
        k := k DIV 10;
        IF ziffer <> 5 THEN
          IF k <> 0 THEN GOTO 2
                    ELSE writeln(i)
      END;(* of if *)
      i := i + 1;
      IF i <= n THEN GOTO 1
  END.
```

Diese Dame soll Sie auf das Thema des nächsten Abschnitts einstimmen. Es handelt sich hier um die bekannten Pommler-Flocken, welche eine beachtenswerte r e k u r s i v e Verpackung besitzen (achten Sie darauf, was die Dame in der Hand hält, und was die Dame, die die Dame in der Hand hält, in der Hand hält, und was ...)

6.4 Rekursion

> Ein Chamäleon hat bekanntlich keine eigene Farbe, sondern nimmt die Farbe des Gegenstandes an, auf dem es sich befindet. Ein Chamäleon sieht also nur dann wie ein Chamäleon aus, wenn es sich auf einem zweiten Chamäleon befindet, und wenn dieses ...

Prozeduren ermöglichen es, eine Folge von Anweisungen mit einem Namen zu versehen, unter dem sie aufgerufen werden können. Eine Prozedur kann sich damit prinzipiell *selbst aufrufen*: dieser Sachverhalt heißt *Rekursion* (von lat.: recurrere = zurücklaufen).

Beispiel 36 : Pascal-Zahlen

Im Jahr 1654 fand Blaise Pascal, der Namenspatron unserer Programmiersprache, sein berühmtes 'triangle arithmétique', das seither ihm zu Ehren 'Pascal-Dreieck' heißt. Der Computer soll eine gewünschte Pascal-Zahl ausrechnen.

```
            1
          1   1
        1   2   1
      1   3   3   1
    1   4   6   4   1
  1   5  10  10   5   1
1   6  15  20  15   6   1
............................
```

Zunächst müssen wir eine geeignete Bezeichnung finden: die Pascalzahl in der n-ten Zeile und der k-ten Spalte (von links, Zählung mit Null beginnend) bezeichnen wir mit $\binom{n}{k}$ (und lesen dies Symbol 'n über k'). Es ist also z.B. $\binom{6}{3} = 20$, denn die 20 steht in der 6. Zeile und 3. Spalte. Wie können wir nun beispielsweise $\binom{6}{3}$ berechnen? Nun - wir wandern im Dreieck von links außen in die Mitte, wie es hier angedeutet ist:

$$(1) \longrightarrow (6) \longrightarrow (15) \longrightarrow (20)$$

'Wandern' heißt: man kann die 20 aus der 15, die 15 aus der 6 und die 6 aus der 1 wie folgt berechnen:

$$\binom{6}{3} = \frac{4}{3}\cdot\binom{6}{2} = \frac{4}{3}\cdot\frac{5}{2}\cdot\binom{6}{1} = \frac{4}{3}\cdot\frac{5}{2}\cdot\frac{6}{1}\cdot\binom{6}{0} = \frac{4}{3}\cdot\frac{5}{2}\cdot\frac{6}{1}\cdot 1 = 20 \quad .$$

Der Pfiff bei dieser Geschichte besteht darin, daß wir, um $\binom{6}{3}$ zu berechnen, $\binom{6}{2}$ kennen müssen, um $\binom{6}{2}$ zu berechnen, $\binom{6}{1}$ und so weiter, bis wir bei $\binom{6}{0}$ angelangt sind, das wir kennen (Rand des Pascal-Dreiecks und somit 1).

Allgemein lautet dieses 'Zurücklauf-Verfahren':

$$(*) \qquad \binom{n}{k} = \frac{n-k+1}{k}\cdot\binom{n}{k-1} \quad , \binom{n}{0} = 1.$$

Das Wesen dieser Formel besteht darin, daß die Berechnung der Pascal-Zahl $\binom{n}{k}$ wieder auf die Berechnung einer Pascal-Zahl zurückgeführt wird, aber - und dies ist entscheidend - mit $\binom{n}{k-1}$ liegt eine einfachere Fassung der Aufgabe vor, und damit gibt es kein Zurücklaufen ins Unendliche (wie bei der obigen Chamäleon-Geschichte).

Eine rekursive Form der Anweisung, wie sie Formel (*) ausdrückt, versteht der Rechner:

```
FUNCTION pascalzahl(n,k : integer) : integer;
  BEGIN
    IF n = 0 THEN pascalzahl := 1
    ELSE pascalzahl := ((n-k+1)/k)*pascalzahl(n,k-1)
  END; (* of pascalzahl *)
```

Während des Programmablaufs wird eine Folge von S c h a c h t e - l u n g e n aufgebaut: bei jedem Aufruf der Funktion <u>pascalzahl</u> wird die gerade laufende Bearbeitung aufgeschoben und das gleiche Programm erneut gestartet. Bildlich kann dies durch vier Personen (für das obige Beispiel) dargestellt werden, von denen jede ihren Auftrag an die nachgeordnete weitergibt (siehe nächste Seite). Beachten Sie, daß hier eine Berechnung w i e d e r h o l t wird, ohne daß im Programmtext eine Wiederholungsanweisung auftritt: es handelt sich bei der Rekursion um W i e d e r h o l u n g d u r c h S c h a c h t e l u n g .-

Natürlich lassen sich Pascal-Zahlen auch i t e r a t i v berechnen, d.h. unter Benutzung von Wiederholungsanweisungen. Dabei müssen wir den Weg 'von unten nach oben', den der Rechner beim rekursiven

Darstellung rekursiver Aufrufe

Programm uns abgenommen hatte, selbst organisieren:

```
FUNCTION pascalzahl(n,k : integer) : integer;
  (* berechnet Pascalzahlen iterativ *)
  VAR
    i, p  : integer;
  BEGIN
    p := 1;
    IF k > 0 THEN FOR i := 1 TO k DO
      p := p * (n-i+1)/i;
    pascalzahl := p
  END; (* of pascalzahl *)
```

Die iterative Programmformulierung erscheint umständlicher; andererseits benötigt es sicher weniger Speicherplatz, weil die vielen aufgeschobenen Operationen entfallen. Bitte untersuchen Sie durch Versuche am Rechner, welches Verfahren schneller ist!

Eine Prozedur (insbesondere: Funktion) heißt <u>rekursiv</u>, wenn ihr Anweisungsteil einen Aufruf von sich selbst enthält (direkte Rekursion), oder wenn sie eine Prozedur bzw. Funktion aufruft, in deren Anweisungsteil sie ihrerseits aufgerufen wird (verschränkte Rekursion).

- Jede rekursive Prozedur kann auch iterativ, d.h. mittels Wiederholungsanweisungen, realisiert werden - und umgekehrt.
- Rekursive Programme sind für den Benutzer einfach, iterative für den Computer.
  Denn ein rekursiver Prozeduraufruf erfordert, daß der vorhergehende Aufruf unterbrochen wird; die lokalen Größen müssen bis zur Fortsetzung der unterbrochenen Prozedur festgehalten werden: dies erfordert Speicherplatz und Zeit.
- Ein Problem läßt sich rekursiv lösen, wenn es so in kleinere Teile zerlegbar ist, daß auf diese das gleiche Lösungsverfahren anwendbar ist.
  Viele Probleme sind in diesem Sinne leicht rekursiv lösbar, eine iterative Lösungsformulierung zu finden ist dagegen schwieriger.
- Um einen unendlichen Regreß zu vermeiden, bedarf es einer Definition, wo das zu Definierende bzw. zu Berechnende sich nicht selbst definiert. Das Rekursionsschema muß so beschaffen sein, daß der Einsetzungsmechanismus zu diesem nichtrekursiven Anfang hinstrebt.
  Das heißt: wie jede 'normale' Wiederholung muß auch die Rekursion eine A b b r e c h b e d i n g u n g besitzen.

*

Eine zweistufige Rekursion und einen doppelten Rekursionsanfang zeigt das folgende

---

<u>Beispiel</u> 37 : Morse-Alphabet

Ein Sender hat zwei Zeichen, nämlich Punkt · und Strich - zur Verfügung. Dabei benötigt der Punkt e i n e Zeiteinheit, der Strich dagegen z w e i Zeiteinheiten zur Übertragung.
Wieviel verschiedene Zeichenfolgen (Nachrichten) aus Punkt und Strich lassen sich in n Zeiteinheiten übertragen?

Beginnen wir induktiv mit den einfachsten Fällen und halten wir sie in einer Tabelle fest:

Anzahl der Zeitein-heiten	Nachricht	Anzahl der Nach-richten
1	·	1
2	·· -	2
3	··· ·- -·	3
4	···· ··- ·-· -·· --	5
5	····· ···-	8

Wir erkennen daran folgende Regel zum Erzeugen einer Nachricht, die genau eine Zeiteinheit mehr benötigt als die gegebene Nachricht x :

(1) $x- \longrightarrow x-\cdot$

(2) $x\cdot \longrightarrow x\cdot\cdot$
 $x\cdot \longrightarrow x-$,

d.h. an einen Strich kann rechts noch ein Punkt angefügt werden (Regel 1), an einen Punkt kann rechts noch ein weiterer Punkt angefügt werden (Regel 2 oben), bzw. es werden zwei Punkte durch einen Strich ersetzt (Regel 2 unten).

Für die Anzahl der so erzeugbaren Nachrichten erhalten wir die Folge

$$1, 2, 3, 5, 8, 13, 21, 34, 55, 89, \ldots ,$$

welche offensichtlich dem Gesetz

(**) $f(n) = f(n-1) + f(n-2), \quad f(1) = f(0)$ gehorcht.

Dies ist die berühmte Fibonacci-Folge (benannt nach dem italienischen Mathematiker Leonardo von Pisa, 1180 bis 1250, alias Fibonacci, der sie in seinem LIBER ABACI von 1202 behandelte).

Um nun die Zeichenreihen (Nachrichten) der gegebenen Länge n (proportional zum Zeitbedarf) durch den Computer ausdrucken zu lassen, gehen wir wieder am besten rekursiv vor: wird an eine Nachricht als letztes Zeichen ein Punkt angehängt, so hatte diese Nachricht vorher die Länge n-1; und wir nehmen an, daß sie schon erzeugt sei. Wird aber ein Strich angefügt, so besaß die Nachricht vordem die Länge n-2. Dies läßt sich unmittelbar programmieren:

```
PROGRAM morse;
  (* erzeugt alle Morse-Nachrichten der Laenge n *)
  CONST
    m = 20;
    punkt = '.'; strich = '-';
  TYPE
    string = ARRAY[1..m] of char;
  VAR
    laenge, k : integer;
    nachricht : string;
  PROCEDURE schreibe (s : integer; wort : string);
    VAR
      i : integer;
    BEGIN
      FOR i := 1 TO s DO write(wort[i])
    END; (* of schreibe *)
  PROCEDURE erzeuge (n : integer);
    BEGIN
      IF n > 1
        THEN BEGIN
          k := k + 1;
          nachricht[k] := punkt; erzeuge(n-1);
          nachricht[k] := strich; erzeuge(n-2);
          k := k - 1;
          END (* of then *)
        ELSE BEGIN
          write(' ': 6 );
          schreibe(k, nachricht);
          IF n = 1 THEN write(punkt)
          END (* of else *)
    END; (* of erzeuge *)
  BEGIN (* Hauptprogramm *)
    write('Wie viele Zeiteinheiten?  ');
    read(laenge); k := 0; erzeuge(laenge)
  END.
```

Und was liefert das Programm? Schauen wir es uns an:

```
Running ...
Wie viele Zeiteinheiten?  6
......  ....-  ...-.  ..-..  ..--  .-...
.-.-  .--.  -....  -..-  -.-.  --..  ---
```

Die Glieder der Fibonacci-Folge, also die Anzahlen solcher Nachrichten gegebener Länge, lassen sich unmittelbar rekursiv berechnen:

```
FUNCTION fib(n : integer) : integer;
  (* berechnet Fibonacci-Zahlen
     rekursiv *)
 BEGIN
   IF n = 0 THEN fib := 0 ELSE
   IF n = 1 THEN fib := 1 ELSE
   fib := fib(n-1) + fib(n-2)
 END; (* of fib *)
```

Allerdings ist die Ausführung dieses Programms sehr zeit- und speicherplatzaufwendig: um beispielsweise f(5) = 8 zu berechnen, muß die Funktion <u>fib</u> insgesamt 15mal aufgerufen werden:

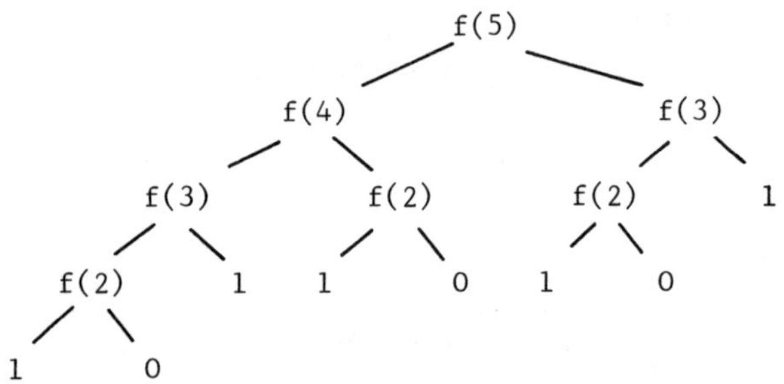

Der Rechner weiß nicht, daß er manche Berechnungen doppelt und dreifach ausführt. Dies kann bei iterativem Vorgehen vermieden werden. Das iterative Programm ist nicht so durchsichtig, dafür aber effizienter als das rekursive.

Beispiel 38 : Permutationen

Der Wortgenerator (Seite 92 f.) erzeugte Umordnungen (Permutationen) nach einem recht aufwendigen Verfahren. Jetzt sollen Permutationen durch Vertauschungsoperationen (weniger aufwendig) erzeugt werden.

Das Erzeugen von Permutationen ist seiner Natur nach r e k u r s i v: die Permutationen von n Komponenten eines Wortes w lassen sich auf die n-malige Anwendung der (einfacheren Aufgabe der) Permutationen der ersten n-1 Komponenten dieses Wortes zurückführen; dabei wird in der i-ten Teilaufgabe eine Vertauschung der Elemente w(i) und w(n) durchgeführt.

Beispiel für n = 3:

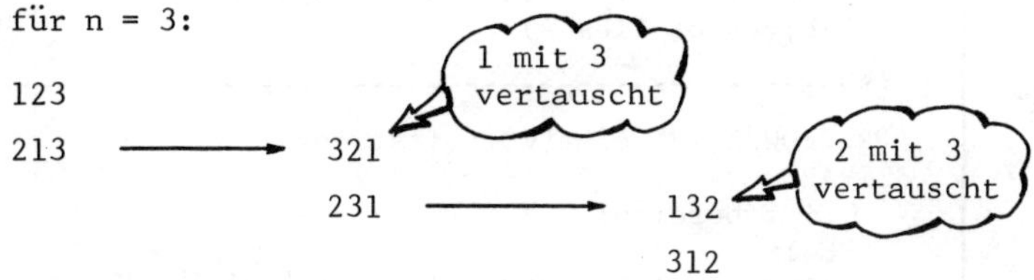

Nach Beendigung jeder Teilaufgabe muß ein Rücktausch zwischen w(i) und w(n) stattfinden, damit nicht Permutationen verlorengehen bzw. andere doppelt vorkommen.

S t r u k t o g r a m m der rekursiven Prozedur PERMUTIERE:

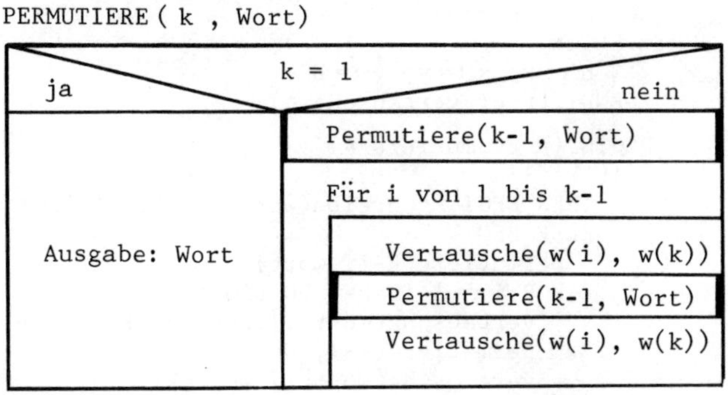

```
PROGRAM permutation;
  CONST
    n = 4;
  TYPE
    bereich = 1..n;
    string  = ARRAY[bereich] of char;
  VAR
    w : string;
  (*-----------------------------------------------------*)
  PROCEDURE lies(VAR wort : string);
    VAR
      i : bereich;
    BEGIN
      FOR i := 1 TO n DO read(wort[i])
    END; (* of lies *)
  (*-----------------------------------------------------*)
  PROCEDURE schreibe(wort : string);
    VAR
      i : bereich;
    BEGIN
      FOR i := 1 TO n DO write(wort[i])
    END; (* of schreibe *)
  (*-----------------------------------------------------*)
  PROCEDURE permutiere (k : bereich; VAR wort : string);
    VAR
      i : bereich;
    PROCEDURE vertausche(VAR x,y : char);
      VAR
        h : char;
      BEGIN
        h := x; x := y; y := h
      END; (* of vertausche *)
    BEGIN (* permutiere *)
      IF k = 1
        THEN BEGIN schreibe(wort); write(' ':6) END
        ELSE BEGIN
          permutiere(k-1, wort);
          FOR i := 1 TO k-1 DO BEGIN
            vertausche(wort[i],wort[k]);
            permutiere(k-1, wort);
            vertausche(wort[i],wort[k])
          END (* of for *)
        END (* of else *)
      END; (* of permutiere *)
  (*-----------------------------------------------------*)
```

```
BEGIN (* Hauptprogramm *)
  write('Wort mit ',n,' Buchstaben eingeben!  ');
  lies(w);
  writeln; writeln;
  permutiere(n,w)
END.
```

Dialog:

```
Running ...
Wort mit 4 Buchstaben eingeben!  1234
1234  2134  3214  2314  1324  3124
4231  2431  3241  2341  4321  3421
1432  4132  3412  4312  1342  3142
1243  2143  4213  2413  1423  4123
```

Vor dem folgenden Dialog wurde die Konstante n = 19 gesetzt. Unter den $19! = 1,216 \cdot 10^{17}$ Lösungen befanden sich folgende:

```
Running ...
Wort mit 19 Buchstaben eingeben!
Dies Gedicht ist ein Anagramm
Dein Manager Sigi dachte Mist
Ach die Amme ist steingrandig
```

Wer's glaubt, wird selig

Aufgaben

123. Warum muß im Programm 'Morse' (Beispiel 37) das Feld nachricht eingeführt werden? Könnte man nicht einfach

```
write(punkt); erzeuge(n-1);
write(strich); erzeuge(n-2);
```

formulieren? Probieren Sie es aus!

124. Ermitteln Sie die Anzahl der Aufrufe der Prozedur erzeuge im Programm 'Morse', indem sie einen geeigneten Zähler ins Programme einbauen. Bestätigen Sie, daß diese Anzahl wie die Fibonacci-Zahlen wächst.

125. Wieviel Diagonalen besitzt ein allgemeines ebenes n-Eck? Schreiben Sie ein Programm mit einer rekursiven Prozedur! (Nebenstehende Skizze zeigt die Reduktion des Falles n=4 auf den Fall n=3.)

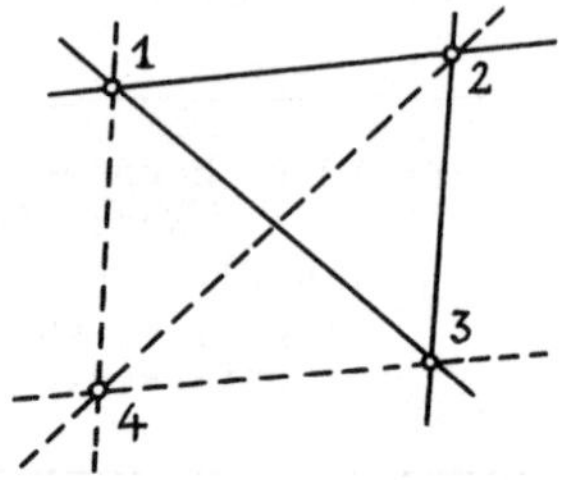

126. Dieses Dreieck

```
   1
  121
 12321
1234321
```

ist rekursiv zu erzeugen.

127. Die Funktion $n \rightarrow n!$ (gelesen 'n Fakultät') ist wie folgt rekursiv definiert:

$$n! = \begin{cases} n\cdot(n-1) & \text{für } n > 1 \\ 1 & \text{sonst} \end{cases}$$

Schreiben Sie eine rekursive Funktionsprozedur. Vergleichen Sie auch mit dem Problem der Permutationen (Beispiel 38).

128. Die Pascal-Zahl '6 über 3' (Beispiel 36) kann auch auf dem Weg 1 → 4 → 10 → 20 berechnet werden. Finden Sie die Rekursionsformel und stellen Sie eine rekursive Prozedur auf.

129. Schreiben Sie ein Programm zur rekursiven und zur iterativen Berechnung der Quadratzahlen o h n e Benutzung der Multiplikation.

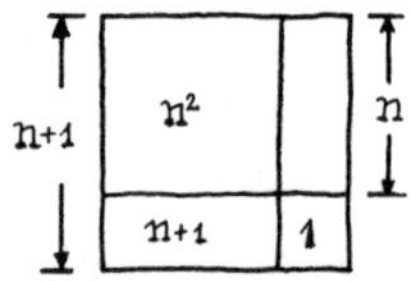

130. Berechnen Sie die Fibonacci-Zahlen iterativ. (Vergleichen Sie mit Aufgabe 44c (Seite 63)).

131. Durch $h(n) \doteq h(n - h(n-1)) + h(n - h(n-2))$, $h(2) = h(1) = 1$ wird eine interessante Funktion rekursiv definiert. Berechnen Sie ihre ersten 20 Werte von Hand, dann mit der Maschine. Mit dieser Funktion können Sie die Rechenfähigkeiten Ihres Computers testen.

132. Das Problem der Zeichenumkehr (Aufgabe 72) ist rekursiv zu lösen.

133. Alle Zeichenreihen (beispielsweise) der Länge 5 aus den Buchstaben a,b,c kann man iterativ durch geschachtelte Zählschleifen erzeugen (vgl. den Wortgenerator, Seite 92 f.). Es geht aber auch r e k u r s i v . Schreiben Sie eine rekursive Prozedur dafür!

7 Algorithmen

In diesem Kapitel sollen einige wichtige B e g r i f f e (wie z.B. 'Algorithmus', 'Syntax') besprochen und es soll etwas zur M e t h o d i k des Problemlösens mittels Computer gesagt werden. Erscheinen Ihnen diese Darlegungen als zu 'theoretisch', können Sie sie zunächst überschlagen und dann bei Bedarf zurückblättern.

7.1 Algorithmen und Programme

In den vorangegangenen Kapiteln haben wir eine Reihe Probleme mit Hilfe des Computers gelöst. Dieser erwies sich dabei als Maschine, die aus gewissen Größen, den E i n g a b e d a t e n , neue Größen, die A u s g a b e d a t e n erzeugt:

Eine Folge von Anweisungen für einen derartigen Vorgang, formuliert in einer dem Computer verständlichen Sprache, nannten wir P r o g r a m m . Unsere Programmiersprache ist PASCAL; es gibt zahlreiche andere solcher Sprachen (mit Namen wie FORTRAN, ALGOL, COBOL, BASIC usw.). Eine Anweisungsfolge kann in verschiedenen formalen Sprachen dargestellt werden - was haben nun solche unterschiedlichen Programme gemeinsam?

Zur Beantwortung dieser Frage wollen wir einen konkreten Fall betrachten.

<u>Beispiel</u> 39 : Terrassenproblem (Euklidischer Algorithmus)

Eine rechteckige Terrasse der ganzzahligen Länge a und Breite b soll mit möglichst großen quadratischen Platten ausgelegt werden. Welche Kantenlänge haben die Platten?

Diese Aufgabe steht in der Formulierung: 'Zu gegebenen ganzen Zahlen a , b soll das größte gemeinsame Maß gefunden werden' in den ELEMENTEN von E u k l i d (7.Buch, 2. Abschnitt) und wird dort geometrisch gelöst. Wir wenden die Euklidische Abschneidetechnik ('Wechselwegnahme') an und führen die Aufgabe damit auf eine einfachere Fassung ihrer selbst zurück: schneiden wir ein Quadrat der Seitenlänge b ab (es wird $b < a$ angenommen), so bleibt ein Rechteck mit den Seitenlängen b und a-b: wenn wir dieses kleinere Rechteck pflastern können, so auch das große. Beispiel ($a = 270$ cm , $b = 198$ cm):

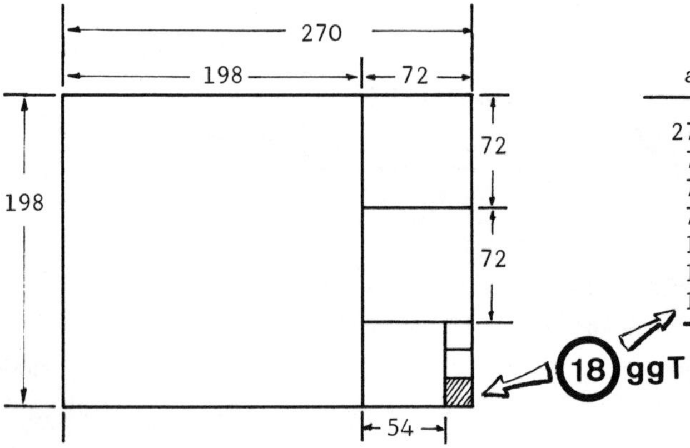

a	b
270	198
72	198
72	126
72	54
18	54
18	36
18	18

Für den größten gemeinsamen Teiler (ggT) der Seitenlängen a und b gilt daher

$$\boxed{ggT(a,b) = ggT(a-b\,,\, b)}\,,$$

sofern $a > b$. Diesen Vereinfachungsschritt führen wir solange aus, bis wir auf ein Quadrat stoßen: mit ihm kann dann das ganze Rechteck gepflastert werden. Da die Seitenlängen g a n z e Zahlen waren, bricht das Verfahren sicher ab; schlimmstenfalls mit einem Quadrat der Seitenlänge 1 (man sagt dann: 'a und b sind teilerfremd' oder: 'relativ prim').

Das geschilderte Verfahren ist der berühmte Euklidische Algorithmus, und zwar in rekursiver Form. Er läßt sich unmittelbar in PASCAL formulieren:

```
FUNCTION ggt(a , b : integer) : integer;
  BEGIN
    IF a = b THEN ggt := a ELSE
    IF a > b THEN ggt := ggt(a-b,b)
            ELSE ggt := ggt(a,b-a)
  END; (* of ggt *)
```

Schreiben Sie bitte ein Rahmenprogramm dazu und vergleichen Sie mit der iterativen Form des Verfahrens, die wir seit Beispiel 33 (Bruchaddition, Seite 136 f.) kennen. -

Wenn Sie schon einmal mit einem PET gespielt haben, werden Sie folgenden Programmtext leicht entziffern können:

```
100 REM  ** GGT **
101 REM  * PROGRAMM IN BASIC *
102 :
110 PRINT 'GEBEN SIE ZWEI NATUERLICHE';
111 PRINT 'ZAHLEN EIN!'
120 INPUT A , B
121 :
130 IF A = B THEN 160
140   IF A > B THEN A = A-B : GOTO 130
150     B = B-A : GOTO 130
155 :
160 PRINT 'GGT:'; A
170 END
```

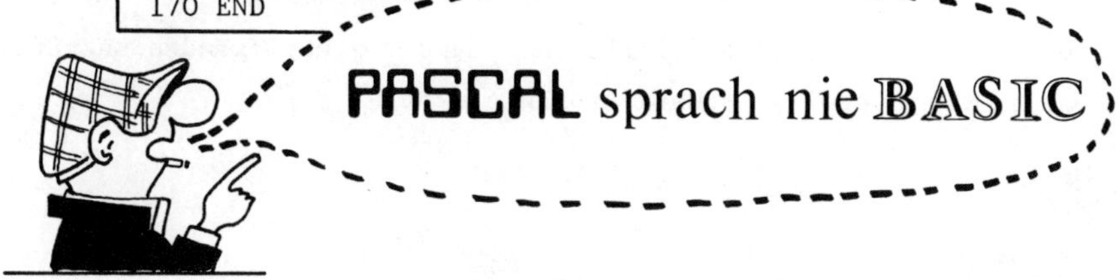

Auch wenn Sie nicht BASIC sprechen, erkennen Sie leicht, daß dies ein Verfahren ist, das in deutscher Sprache so lautet:

EUKLIDISCHER ALGORITHMUS

```
Eingabe  a , b  (* natürliche Zahlen *)
Solange  a ≠ b  wiederhole
  Wenn  a > b  dann  a ← a-b
                 sonst b ← b-a
Ausgabe  a
```

Was ist nun allen diesen Beschreibungen gemeinsam?

1. Sie lösen ein allgemeines Problem.

   Das heißt: sie behandeln nicht nur einen Einzelfall (etwa die Bestimmung von ggT(270,198)), sondern eine Klasse von Fällen (alle Paare natürlicher Zahlen a,b).

2. Die Operationen der Maschine sind durch das Verfahren determiniert.

   Das heißt: was die Maschine zu tun hat, ist eindeutig (unmißverständlich) vorgeschrieben ; nichts ist dem Erraten oder Vermuten überlassen. Die Maschine besitzt keine 'Willensfreiheit', sondern befolgt die Anweisungen 'sklavisch'.

3. Das Verfahren ist endlich.

   Das heißt: das Verfahren bricht nach endlicher Zeit mit einer Ergebnismeldung ab.
   (Dies ist keineswegs selbstverständlich: hätten wir im Beispiel 39 beliebige Rechteckseiten a,b genommen, so hätte ein besonderes Abbruchkriterium vorgesehen werden müssen.
   Das Nicht-Abbrechen des Euklidischen Algorithmus führte die Griechen zur Entdeckung irrationaler Zahlen.)

Eine Folge von Anweisungen mit diesen drei Eigenschaften heißt Algorithmus (gleichgültig, in welcher Art der Beschreibung sie gegeben sind).

Damit haben wir einen (vielleicht den) grundlegenden Begriff aller Computerwissenschaft kennengelernt.

Ein Algorithmus ist eine Folge von eindeutig formulierten Handlungsanweisungen zur Lösung eines Problems.
Ein Programm ist die Formulierung eines Algorithmus in einer Sprache, die der Computer versteht (Programmiersprache).

- Das Wort 'Algorithmus' verewigt den Namen des Abu Jafar Muhammed Ibn Musa al-Khwarizmi, der als Bibliothekar des Kalifen Al-Mamun in Bagdad ums Jahr 820 ein Rechenbuch verfaßte, in dem die Methode des indisch-arabischen Rechnens festgelegt wurde. In der lateinischen Übersetzung dieses Buches, die gegen 1200 erfolgte, wird Al-Khwarizmi als 'Algorithmus' wiedergegeben.

DIXIT ALGORITHMI: LAUDE DEO RECTORI NOSTRO
ATQUE DEFENSORI DICAMUS DIGNAS ...

- Algorithmen können unterschiedlich (z.B. umgangssprachlich, graphisch) dargestellt und unterschiedlich in Programmiersprachen formuliert werden.

- Jeder Algorithmus löst ein allgemeines Problem - aber nicht zu jedem Problem gibt es einen Lösungsalgorithmus.
Es ist ein alter Wunschtraum der Menschheit, universelle Verfahren zum Problemlösen zu finden. Angesichts der zahlreichen ungelösten Probleme unserer Welt muß ein solches Unterfangen als aussichtslos, ein solcher Wunsch als naiv gelten. Viele Fragen - besonders auf dem Gebiet der Philosophie - sind gar nicht präzise genug formuliert, um überhaupt als Problem gelten zu können.
Es gibt jedoch präzise formulierte Probleme, von denen man beweisen kann, daß sie sich prinzipiell algorithmisch nicht lösen lassen. Damit sind die Grenzen der 'Computerei' klar abgesteckt.

- 'Algorithmus' läßt sich auch umschreiben als 'Verfahren, das man anwenden kann, ohne es verstanden zu haben'. Diese und auch die Charakterisierung auf dieser Seite oben sind keine exakten Definitionen des Begriffs 'Algorithmus', sondern eben Umschreibungen. Eine Definition des Begriffs 'Algorithmus' ist den Mathematikern und Logikern bisher noch nicht geglückt.

*

7.2 PASCAL-Grammatik

Die bisher entworfenen Programme und ihre Realisierung auf dem Computer hat gezeigt, daß unsere Programmiersprache s t r e n g e n R e g e l n gehorcht. Der Rechner verzeiht nicht die kleinste Abweichung von diesen Regeln; er besteht unerbittlich darauf, daß die ihm eingegebenen Programme 'wohlgeformt', d.h. im Sinne dieser Regeln korrekt gebildet sind.
Wo steht nun das Regelwerk, das Gesetzbuch, nach dem der Computer sich richtet? Nun - es steckt im Übersetzerprogramm, dem sogenannten PASCAL-Compiler. Wir wollen das Regelwerk zur Bildung von PASCAL-Programmen nun in einer Form kennenlernen, die es uns gestattet, sich nach ihm zu richten, b e v o r uns der Rechner über einen Verstoß belehrt.
Da die PASCAL-Regeln sehr kompliziert sind, beginnen wir mit einem einfacheren Beispiel, welches das Prinzipielle zeigt.

Beispiel 40: Eine einfache formale Sprache

Gegeben sei ein Alphabet, bestehend aus den Buchstaben a und b. Aus ihnen können nach folgenden Regeln Wörter gebildet werden:
(1) a ist ein Wort.
(2.1) Mit x ist auch xb ein Wort.
(2.2) Mit x ist auch axa ein Wort.
Genau diejenigen Zeichenreihen, welche gemäß den Regeln (1) und (2) gebildet werden können, heißen 'wohlgeformt'. Alle wohlgeformten Wörter bilden die Sprache S.
Eine gegebene Zeichenreihe aus a's und b's soll nun daraufhin untersucht werden, ob sie wohlgeformt ist, also zur Sprache S gehört.

Wir wollen zunächst durch Anwendung der beiden Regeln einige wohlgeformte Wörter erzeugen:
Nach Regel (1) und (2.1) bekommen wir die Wortfolge

a → ab → abb → abbb → abbbb → ...

Regel (1) zusammen mit (2.2) liefert die Folge

a → aaa → aaaaa → aaaaaaa → ... .

Eine gemischte Anwendung beider Regeln ergibt

$$a \xrightarrow[2.1]{} ab \xrightarrow[2.2]{} aaba \xrightarrow[2.1]{} aabab \longrightarrow \ldots$$

Nun sei beispielsweise die Zeichenreihe aabbab gegeben. Um zu überprüfen, ob sie wohlgeformt ist, versuchen wir, sie gemäß den Regeln (1) und (2) zu erzeugen; dies gelingt wie folgt:

$$a \longrightarrow ab \longrightarrow abb \longrightarrow aabba \longrightarrow aabbab,$$

also ist aabbab wohlgeformt.

Wir haben den Nachweis durch A u f b a u geführt; man könnte auch die Zeichenreihe sukzessive a b b a u e n:

$$aabbab \rightarrow aabba \rightarrow abb \rightarrow ab \rightarrow a\ .$$

Den Aufbau- entsprechen Abbauregeln:

I. Wenn rechts ein b steht, ist es zu entfernen.

II. Wenn rechts ein a steht, muß auch links ein a stehen, sonst ist die Zeichenreihe nicht wohlgeformt. Beide a's sind zu entfernen.

III. Die Schritte I und II sind zu wiederholen, bis e i n Buchstabe übrigbleibt. Ist er ein b , so war die Zeichenreihe wohlgeformt, andernfalls nicht.

Danach ist z.B. die Zeichenreihe abaaabab nicht wohlgeformt, denn der Abbau

$$abaaabab \rightarrow abaaaba \rightarrow baaab \rightarrow baaa$$

hat auf eine Zeichenreihe geführt, die nicht weiter abgebaut werden kann (das b links ist hinderlich).

Ist A eine endliche Menge von Symbolen (Zeichen) und T die Menge aller endlichen Zeichenreihen, die sich aus den Elementen von A durch Hintereinanderschreiben bilden lassen, einschließlich der leeren Zeichenreihe, so heißt jede Teilmenge von T eine f o r m a l e S p r a c h e .

> Eine <u>formale Sprache</u> ist eine Teilmenge der Menge aller Wörter, die aus einer endlichen Menge von Symbolen (dem Alphabet der Sprache) durch Aneinanderreihen gebildet werden können. Eine <u>Grammatik</u> (Syntax) dieser Sprache besteht aus Regeln, durch deren Anwendung man die Wörter der Sprache (also der genannten Teilmenge) erzeugen kann.

- Im Beispiel 40 bilden die Regeln (1) und (2) die Grammatik der Sprache S. Die Grammatik einer formalen Sprache ist also das Regelsystem, welches die Menge der wohlgeformten (= korrekt gebildeten) Wörter definiert.
- Das Attribut 'formale' Sprache bezieht sich darauf, daß es hinsichtlich der Zugehörigkeit einer Zeichenreihe zur Sprache nur auf deren Form ankommt; nicht auf ihre Bedeutung. Eine Sprache ist natürlich erst dann von Wert, wenn ihre Wörter auch eine Bedeutung tragen; dies ist das Gebiet der Semantik. Unsere formale Sprache S ist dagegen ein bedeutungsfreies Spiel mit Zeichen.

*

Jede Programmiersprache ist formal eine Sprache wie unsere Primitivsprache S - nur wesentlich komplizierter. Zur Erzeugung der wohlgeformten Wörter hat man sich ein graphisches Verfahren ausgedacht, die sogenannten Syntaxdiagramme. Wir wollen ihren Gebrauch zunächst an der Sprache S erläutern.

SYNTAXDIAGRAMM DER FORMALEN SPRACHE S

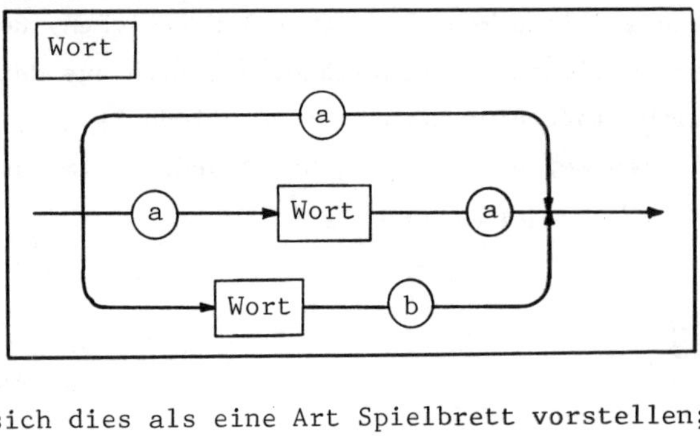

Sie können sich dies als eine Art Spielbrett vorstellen; das Spiel besteht darin, aus Perlen (a), (b) endliche Ketten

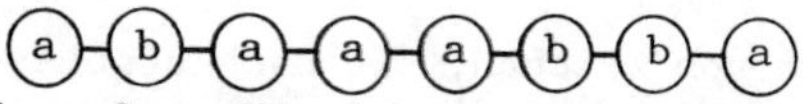

zu erzeugen, und zwar folgendermaßen: Wir fahren den Linien wie auf Eisenbahngeleisen von links nach rechts nach. An einer Weiche (Verzweigung) dürfen wir die Richtung zum Weiterfahren beliebig wählen. Gelangen wir an ein Kreissymbol ◯ , so fädeln wir eine Perle der jeweiligen Art auf die Kette auf. Im Kästchen ▭ müßte die Regel für eine andere Art Kette stehen; hier jedoch steht etwas darin, was wir aus dem ganzen Syntaxdiagramm erst lernen wollen. Solche Situationen kennen wir aus Kapitel 6: es handelt sich um einen Fall von R e k u r s i o n . Glücklicherweise ist ein Rekursionsanfang vorhanden: das oberste Gleis . Das mittlere Gleis entspricht Regel 2.2, das untere entspricht 2.1. -
Ein anderes Beispiel: Durch das Syntaxdiagramm

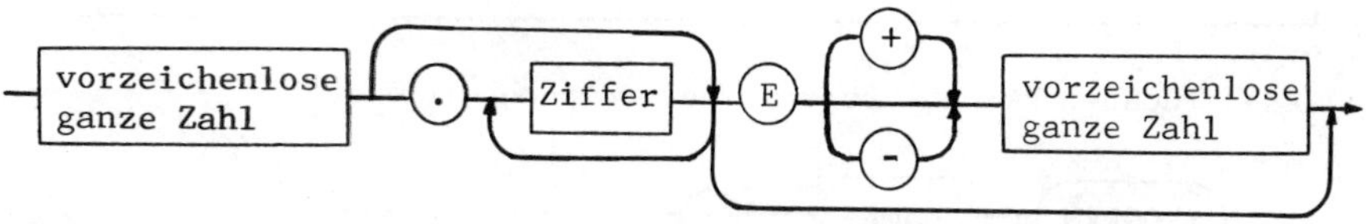

können Dezimalzahlen erzeugt werden; dabei ist 'vorzeichenlose ganze Zahl' durch das Diagramm

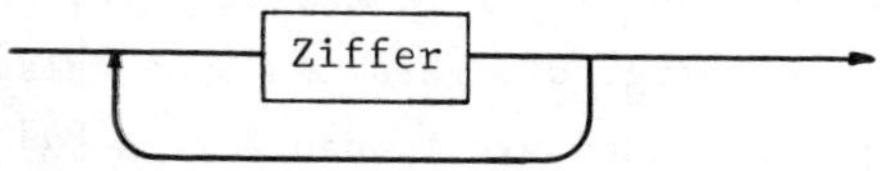

definiert. Diese Syntaxdiagramme sind i t e r a t i v (erkennbar an den Schleifen); r e k u r s i v e Diagramme enthalten keine rücklaufenden Pfeile.

Ein PASCAL-Programm ist eine Folge von Zeichen, die nach bestimmten Regeln aneinandergereiht werden. Die Spielregeln für PASCAL-Syntaxdiagramme lauten:

1 Der Durchlauf beginnt links und endet rechts; die Linien werden in Pfeilrichtung durchlaufen.

2 An einer Verzweigung kann der Zweig nach Belieben gewählt werden.

3 Symbole in gerundeten Kästchen ◯ bzw. ⬭ werden zum Zeitpunkt des Auftretens notiert.

4 Tritt ein rechteckiges Kästchen ▭ auf, so ist der Durchlauf zu unterbrechen, das mit diesem Namen versehene Syntaxdiagramm zu durchlaufen und danach der Durchlauf fortzusetzen.

5 Zur Erzeugung eines Programms ist stets das mit dem Startsymbol PROGRAM versehene Diagramm zu durchlaufen.

Jedes (UCSD-) PASCAL-Programm hat demnach die Form

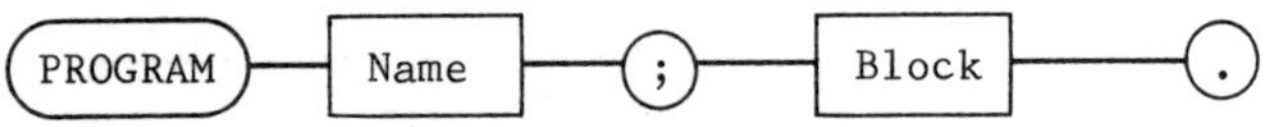

Der Inhalt der Teildiagramme Name und Block wird in weiteren Verfeinerungsschritten festgelegt. (Es ist hier nicht möglich und auch nicht nötig, die gesamten Syntaxdiagramme von PASCAL aufzuführen; Sie finden sie in den Werken [2] und [7] sowie im Benutzerhandbuch Ihres Rechners.)

Das Alphabet von PASCAL besteht aus Buchstaben, Ziffern und Sonderzeichen (siehe Abschnitt 4.3) sowie den Wortsymbolen AND, ARRAY, BEGIN, CASE, CONST, DIV, DO, DOWNTO, ELSE, END, FILE, FOR, FUNCTION, GOTO, IF, IN, LABEL, MOD, NIL, NOT, OF, OR, PACKED, PROCEDURE, PROGRAM, RECORD, REPEAT, SET, THEN, TO, TYPE, UNTIL, VAR, WHILE, WITH.

Sie sind also Grundsymbole der Sprache (obwohl sie, wie auch z.B. die Sonderzeichen :=, <=, (* usw. aus mehr als einem Zeichen bestehen). Diese Grundsymbole dürfen nicht als Namen (Bezeichner, engl.: identifier) im Programm vereinbart werden.

Aufgaben

134. Zeigen Sie, daß abba kein Wort der Sprache S (Beispiel 40) ist.

135. Die Worte der Sprache S sollen vom Computer erzeugt werden. Schreiben Sie ein geeignetes Programm.

136. Stellen Sie ein Struktogramm und danach ein Programm auf, um zu prüfen, ob eine Zeichenreihe zur Sprache S gehört.

137. Folgende rekursive Definition einer Zeichenreihen-Familie namens 'Kette' haut nicht hin. Warum nicht?

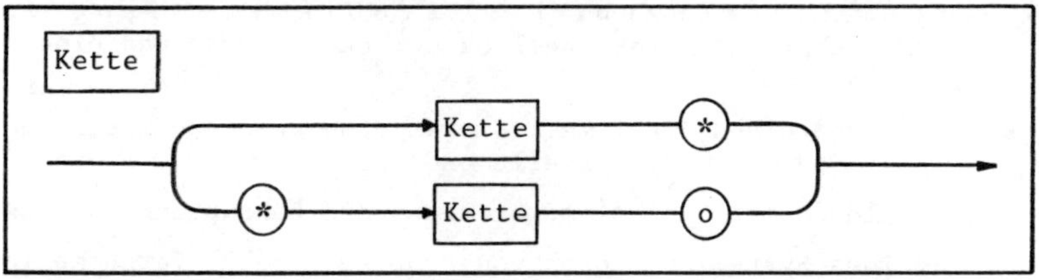

Wenn Sie noch eine durchgehende Linie einzeichnen, bekommen Sie eine sinnvolle Definition. Wieso? (Erzeugen Sie einige Ketten!)

138. Syntaxdiagramme haben viel mit Programmablaufplänen gemeinsam. Worin besteht der wesentliche Unterschied?

139. Durch folgendes Regelsystem werden Namen definiert:

(1) Jeder Buchstabe ist ein Name.

(2.1) Ist x ein Name, b ein Buchstabe, so ist xb ein Name.

(2.2) Ist x ein Name, z eine Ziffer, so ist xz ein Name.

Geben Sie das zugehörige Syntaxdiagramm - sowohl in iterativer wie auch in rekursiver Form - an.

140. Besonders instruktiv ist die Definition des Begriffs 'Ausdruck' (engl.: expression) über die Stadien 'Variable', 'Faktor', 'Term', 'einfacher Ausdruck'. Schreiben Sie sich die Diagramme heraus (Bedienungshandbuch oder Titel [2], [7] des Literaturverzeichnisses) und erzeugen Sie danach einige Ausdrücke. Beachten Sie, daß mit 'Ausdruck' im Sinne der PASCAL-Syntax der Begriff 'Aussageform' der Logik umfaßt wird.

141. Schreiben Sie eine Prozedur, welche entscheidet, ob eine eingegebene Zeichenreihe ein PASCAL-Grundsymbol ist oder nicht.

*

7.3 Problemlösen mit System

In der Praxis der Datenverarbeitung treten häufig Probleme auf, die zunächst unüberschaubar scheinen, u.a. weil umfangreiche und komplizierte Datenmengen zu bewältigen sind. Hier kommen wir - wie überall - mit planmäßigem, systematischem Vorgehen besser zum Ziel. Folgende Punkte verdienen Beachtung:

- Die Lösung eines Problems ist i.a. nicht auf Anhieb und nicht sofort möglich; vielfach muß Rücksprache mit anderen genommen werden.
- Die Lösung eines Problems läßt sich erst nach genauer Beschreibung und Abgrenzung der Problemstellung finden; hierzu gehört eine Feststellung der Bedingungen und eine Festlegung der Objekte.
- Die Lösung eines Problems ist erst dann gefunden, wenn ein Algorithmus aufgestellt und erprobt wurde.

'Problemlösen mit System' meint nicht die Behauptung, daß es ein allgemeines System zum Lösen von Problemen gäbe. Versuche in dieser Richtung laufen stets auf Trivialitäten hinaus, wie etwa der Ratschlag: "Dem Problem einen kurzen und treffenden Namen geben". Die häufig anzutreffenden 'Schemata zum Problemlösen' betreffen eher die Darstellung der Problemlösung. Sie ist von erheblicher Bedeutung, denn die Lösung eines Problems ist wertlos, solange sie anderen nicht mitgeteilt und verständlich gemacht werden kann.

PHASEN DER PROGRAMMENTWICKLUNG

1 Problemanalyse und -präzisierung
2 Entwicklung eines Lösungsalgorithmus
3 Übersetzung des Algorithmus in die Programmiersprache
4 Realisierung auf dem Computer, ggf. Fehlerkorrektur. Erprobung und Einsatz des Programms
5 Dokumentation
6 Diskussion (Korrektheitsuntersuchung, Verbesserung, Verallgemeinerung)

Die Dokumentation muß die einzelnen Phasen deutlich wiedergeben.

Beispiel 41: D'Hondtsches Höchstzahlverfahren

Für Bundestags-, Landtags- und Kommunalwahlen soll ein Programm entwickelt werden, das die Verteilung der Mandate nach dem sogenannten Höchstzahlverfahren d'Hondt vornimmt.

1. Als erstes ist eine Analyse und Präzisierung der Problemstellung vonnöten. Hierzu gehört:

- Erörterung von Zweck und Funktion des aufzufindenden Verfahrens
- Beschreibung der Eingabedaten
- Anforderungen an das Verfahren
- Beschreibung der Ausgabedaten.

Diese sogenannte Spezifizierung des Problems muß so präzise sein, daß sich darauf ein juristischer Vertrag (zwischen Auftraggeber/Problemsteller und Problemlöser) gründen läßt. Für unser Beispiel heißt dies: zunächst ist überhaupt zu klären, was man unter dem d'Hondtschen Höchstzahlverfahren versteht.

Es geht - wie oben schon angedeutet - um die Mandatsverteilung bei Verhältniswahlen. Da die Zahl der Wähler die der Parlamentssitze i.a. um ein Vielfaches übersteigt, ergeben sich bei einfacher Verhältnisrechnung meist Bruchteile von Mandaten. Wie ist nun das Wahlergebnis zu 'runden', damit eine dem Wählerwillen entsprechende Sitzverteilung entsteht?

Gemäß Bundeswahlgesetz §6 Abs.1 werden die Sitze auf die Landeslisten nach dem 'Höchstzahlverfahren d'Hondt' verteilt. Es heißt so nach seinem Urheber, dem Belgier Victor d'Hondt (Système pratique et raisonné de représentation proportionelle, 1882) und wird in den Erläuterungen zum Bundeswahlgesetz wie folgt beschrieben:

"Dieses Höchstzahlverfahren ist ein Rechenverfahren, durch das auf verhältnismäßig einfache Weise auf Grund der Stimmenzahlen die proportionale Sitzverteilung ermittelt wird. Das Ergebnis entspricht nicht ganz, aber annähernd der mathematischen Proportion. Es besteht darin, daß die auf eine Wahlvorschlagsliste entfallenen Stimmen so oft durch 1,2,3 usw. geteilt werden, bis so viele 'Höchstzahlen' ermittelt sind, als Sitze zu verteilen sind. In der Reihenfolge der so ermittelten Höchstzahlen werden jeder Partei dann die Sitze zugewiesen."

Angenommen, es seien insgesamt abgegeben

für die Liste	A	650 500	Stimmen
	B	541 600	"
	C	461 500	"
	D	89 200	"
	E	64 800	" ,

und es seien insgesamt 31 Abgeordnete zu wählen. Folgende Tabelle enthält dann die 'Teilungszahlen' (Quotienten) und - in Klammern - die Reihenfolge der Sitzverteilung:

	A	B	C	D	E
	650500(1)	541600(2)	461500(3)	89200(19)	64800(27)
durch 2	325250(4)	270800(5)	230750(6)	44600	32400
durch 3	216833(7)	180533(8)	153833(10)		
durch 4	162625(9)	135400(11)	115375(13)		
durch 5	130100(12)	108320(15)	92300(17)		

....

Die Partei A erhält also 12, B erhält 9, C erhält 8 und D und E erhalten je einen Sitz.

Nunmehr läßt sich das Problem in präzisierter Form anschreiben:

D'HONDTsches HÖCHSTZAHLVERFAHREN

(* zur Mandatsverteilung bei Verhältniswahlen *)

Eingabe: Anzahl und Namen der Parteien,
zugehörige Stimmenzahlen,
Anzahl der Mandate

Ausgabe: Zuordnung Partei → Anzahl erreichter Mandate

Spezifizierung: Haben die Parteien $P_1, P_2, \ldots, P_n$ die Stimmenzahlen $z_1, z_2, \ldots, z_n$ erreicht und sind m Mandate zu vergeben, so werden unter den Quotienten $P_1/1, P_1/2, P_1/3, \ldots, P_n/1, P_n/2, P_n/3, \ldots$ die m größten (die sogenannten Höchstzahlen) bestimmt und den zugehörigen Parteien die Mandate zugewiesen.

2. Entwicklung eines *Lösungsalgorithmus*.
Hier ist zunächst eine *Analyse* der *Daten* und daraufhin die Wahl einer geeigneten *Datenstruktur* erforderlich. (Lösungsalgorithmus und Datenstruktur beeinflussen sich wechselseitig.). Die Parteien und die zugehörigen Stimmenanzahlen lassen sich jeweils in einem eindimensionalen *Feld* unterbringen; der Index gewährleistet den Zusammenhang zwischen Partei und Stimmenzahl (in Abschnitt 8.2 werden wir eine besser geeignete Datenstruktur kennenlernen). Ist diese Tabelle gegeben, besteht das Verfahren aus zwei Teilen:

(1) wiederholte Division jeder Stimmenzahl z_i durch 1,2,3,...

(2) Ermittlung einer Reihenfolge der Quotienten als Grundlage für die Mandatszuteilung.

Folgendes Struktogramm beschreibt den Algorithmus genauer:

```
Stelle Feld q mit n Plätzen für die Quotienten bereit
Stelle Feld d mit n Plätzen für Divisoren 1,2,3,... bereit
Stelle Feld x mit n Plätzen für Anzahlen der zugeteilten
                                      Mandate bereit
Für i von 1 bis n: q(i) ← z(i); d(i) ← 1; x(i) ← 0
                                      (* Initialisierung *)
    Suche Höchstzahl   (* Index k mit höchstem Quotienten
                          im Feld q suchen *)
    x(k) ← x(k) + 1    (* Partei k erhält ein Mandat *)
<-- m = 0              (* alle Mandate verteilt *)
    m ← m - 1          (* nächstes Mandat *)
    d(k) ← d(k) + 1    (* nächster Divisor *)
    q(k) ← z(k)/d(k)   (* nächster Quotient *)
```

Die Prozedur SUCHE HÖCHSTZAHL ist uns i.w. bereits aus Beispiel 31 bekannt. Die Formulierung des PASCAL-Programms sei dem Leser zur Übung überlassen.

Jedes Lernen: sowohl das

- individuelle Lernen jedes Einzelnen als auch das
- kollektive Lernen sozialer Gruppen oder der Wissenschaft, ja sogar das
- Lernen im Sinne der Anpassung von Organismen und Populationen im Prozeß der Evolution

verläuft nach dem Schema *Versuch und Korrektur*. *Probierverfahren* machen die grundlegende Strategie alles Denkens und Erkennens aus, sie sind immer der erste Zugang zu einem neuen Problem. Probierverfahren sind auch ein besonders fesselnder Gegenstand der Programmierung.

Klassisches Objekt für das Studium von Suchstrategien und Lernprozessen ist die Ratte im Labyrinth.

Beispiel 42 : Die Ratte im Labyrinth

Es soll ein Labyrinth erzeugt und dann ein Versuchstier simuliert werden, das den Weg durchs Labyrinth sucht.

Zunächst müssen wir uns ein Labyrinth verschaffen. Hierfür nehmen wir am besten ein zweidimensionales Feld (Matrix) lab vom Typ irrgarten = ARRAY[1..zeilenzahl, 1..spaltenzahl]. Mauern kennzeichnen wir durch HHHHHHHHHHHHH, freie Wege durch ....
Folgende Prozedur liest ein schönes Labyrinth ein:

```
PROCEDURE lies(VAR l : irrgarten);
  (* liest in ein zweidimensionales Feld
     Wege und Hindernisse als Labyrinth *)
  VAR
    i,k : integer;
  BEGIN
    write(' Labyrinth mit ',zeilenzahl,' Zeilen und');
    writeln( spaltenzahl,' Spalten eingeben!');
    writeln( 'Freier Weg ..., Mauern HHH');
    FOR i := 1 TO zeilenzahl DO BEGIN
      write(i:2,'  ');
      FOR k := 1 TO spaltenzahl DO read(l[i,k]);
      writeln
    END (* of for *)
  END; (* of lies *)
```

Da auf dem Bildschirm die Spalten wesentlich enger stehen als die Zeilen, muß man, um ein einigermaßen quadratisches Bild zu erzeugen, mehr Spalten als Zeilen nehmen.
Drucken lassen wir uns das Labyrinth mittels folgender Prozedur:

```
PROCEDURE drucke(l : irrgarten);
  (* druckt zweidimensionales Feld aus *)

  VAR
    i,k : integer;
  BEGIN
    writeln;
    FOR i := 1 TO zeilenzahl DO BEGIN
      FOR k := 1 TO spaltenzahl DO write(l[i,k]);
      writeln
    END (* of for *)
  END; (* of drucke *)
```

Das Entscheidende ist jedoch das Problemlösen mit System (der Ratte). Sie verfährt dabei nach folgendem System: ist die Stelle (i,k) im Labyrinth frei, und ist sie noch nicht am Ausgang angelangt, so sucht die Ratte in folgender Reihenfolge die vier Himmelsrichtungen ab:

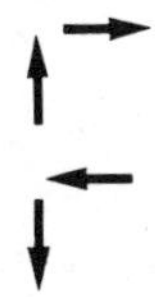

, d.h. sie geht nach (i, k+1),
, d.h. sie geht nach (i-1, k),
, d.h. sie geht nach (i, k-1),
, d.h. sie geht nach (i+1, k).

Wege, die sie betreten und wieder verlassen hat (Holzwege), markiert sie mit einem Kreuz + . Da die Ratte sich nach jedem Suchschritt wieder im gleichen Zustand befindet, ist die Suchprozedur r e k u r s i v . (Sie ist auf der nächsten Seite notiert.)
Um die Anzahl der Prozeduraufrufe festzustellen, bauen wir einen Zähler ein (Variable <u>aufruf</u>).

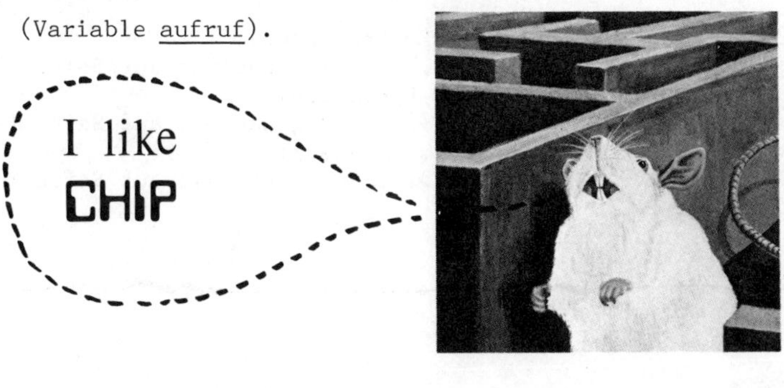

```
PROCEDURE suche(i , k : integer);
  (* rekursive Suchprozedur im Labyrinth,
     Suchrichtungen rechts, oben,links, unten *)
  BEGIN
    aufruf : = aufruf + 1  (* zaehlt die Aufrufe *)
    IF NOT erfolg THEN BEGIN
      IF lab[i,k] = frei THEN BEGIN
        lab[i,k] := guterweg;
        IF (i = endzeile) AND (k = endspalte)
          THEN BEGIN drucke(lab); erfolg := true END
          ELSE BEGIN
            IF k < spaltenzahl THEN suche(i,k+1);
            IF i > 1           THEN suche(i-1,k);
            IF k > 1           THEN suche(i,k-1);
            IF i < zeilenzahl  THEN suche(i+1,k)
          END (* of else *)
          lab[i,k] := holzweg
      END (* of then *)
    END (* of then *)
  END; (* of suche *)
```

Das Gesamtprogramm sieht dann so aus:

```
PROGRAM labyrinth;
  (* simuliert Ratte im Labyrinth *)
  CONST
    zeilenzahl = 20; spaltenzahl = 20;
    frei = '.'; guterweg = 'o'; holzweg = '+';
  TYPE
    irrgarten = ARRAY[1..zeilenzahl, 1..spaltenzahl] of char;
  VAR
    lab : irrgarten;
    erfolg : boolean;
    anfzeile, endzeile : 1..zeilenzahl;
    anfspalte, endspalte: 1..spaltenzahl;
    aufruf : integer;
  PROCEDURE lies(VAR l : irrgarten);
    ...................... (* genau wie auf Seite 172 *)
  PROCEDURE drucke(l : irrgarten);
    ...................... (* genau wie auf Seite 173 *)
  PROCEDURE suche(i,k : integer);
    ...................... (* genau wie auf Seite 174 *)
```

```
BEGIN (* Hauptprogramm Labyrinth *)
  lies(lab); writeln;
  write ('Welche Startposition? ');
  read(anfzeile, anfspalte);
  write ('Welche Endposition? ');
  read(endzeile, endspalte);

  erfolg := false;

  aufruf := 0;

  suche(anfzeile, anfspalte);

  writeln;
  writeln ( aufruf,' Aufrufe');

  IF NOT erfolg THEN BEGIN
    drucke(lab);
    writeln ('Labyrinth nicht passierbar')
  END (* of then *)
END.
```

Und so läuft das Programm:

```
Running ...

Labyrinth mit 20 Zeilen und 20 Spalten eingeben!
Freier Weg ..., Mauern HHH

H●HHHHHHHHHHHHHHHHHH
H●H●●●●++++H+++++H+H
H●H●H.●H+H+H+HHHHH+H
H●H●H.●H+H+H+H+++++H
H●H●H.●H+H+H+H+H++HH
H●●●H.●H+++H+H+H++HH
HHHHHH●H+H+H+H++++HH
H....H●H+H+H+H+++++H
H..H.H●H+H+H+++H+H+H
H.HH.H●H+H+H+++H+H+H
H..H.H●H+H+H+++H+H+H
H●●●●●●H+++H+H+HHH+H
H●HHHHHHHHHH+++++++H
H●●H●●●●●●●H+H+HHHHH
H.●H●HH...●H+++H●●●H
H●●H●●+H..●H+H+H●H●H
H●HH●●H...●H+++H●H●H
H●●●●++HHH●H+HHH●H●H
H..H++H...●●●●●●●H●H
HHHHHHHHHHHHHHHHHH●H

Erfolgsweg der
Ratte ●●●●●●●

Holzwege +++++

Mauern HHHHHHH

freier Weg ...

692 Aufrufe
```

Aufgaben

142. Ändern Sie die Suchstrategie der Ratte ab; folgende Möglichkeiten bieten sich an:

   a) Ratte geht (von ihrer Bewegungsrichtung aus gesehen) immer zunächst rechts, dann oben, links, unten.

   b) Ratte behält zunächst ihre Richtung bei; erst wenn sie auf ein Hindernis stößt, ändert sie die Richtung.

   c) Ratte wählt Richtung zufällig (hierzu benötigen Sie Kenntnisse aus dem Abschnitt 'Zufallsprozesse' weiter hinten).

   Finden Sie weitere Strategien.

   Vergleichen Sie die Strategien hinsichtlich ihrer Effizienz (mittlere Suchzeit bis zum Erfolg).

143. Ändern Sie das Programm LABYRINTH so ab, daß alle möglichen Wege der Ratte ausgedruckt werden.
   Anschließend ist der kürzeste auszuzeichnen.
   Machen Sie die Ratte lernfähig: beim nächsten Mal wählt sie den besten Weg.

144. Lassen Sie den Rechner 'Zufallslabyrinthe' zeichnen - mit der Bedingung, daß mindestens eine Passage existiert.

145. Bauen Sie eine Zählvorrichtung ins Labyrinth-Programm ein, die die Anzahl der schwebenden Prozeduraufrufe angibt.

Pascals Microengine

8 Strukturierte Datentypen

Ein Programm hat die Aufgabe, die V e r a r b e i t u n g von D a t e n zu steuern. Daten enthalten Information über einen Gegenstandsbereich, z.B.:

- Personaldaten: Information über eine Person,
- technische Daten: Information über ein technisches Gerät,
- betriebliche Daten: Information über einen Wirtschaftsbetrieb.

Daten sind nicht einfach zusammengeschüttete Haufen, sondern sie sind organisiert in Tabellen, Listen, Bäumen; zwischen den einzelnen Datenbestandteilen bestehen vielfältige Beziehungen: man nennt diesen Sachverhalt 'Datenstruktur'. Bisher haben wir - bis auf eine Ausnahme - erst die sogenannten e i n f a c h e n Datentypen kennengelernt (Kapitel 4), das sind solche, deren Elemente man sich nicht aus einfacheren Bestandteilen zusammengesetzt denkt.
Im folgenden werden wir s t r u k t u r i e r t e Datentypen untersuchen und benutzen, das sind solche, die aus einfachen Datentypen als Komponenten aufgebaut sind. Einen - besonders wichtigen - Fall kennen wir bereits in den F e l d e r n (Kapitel 5).
Dabei wird sich herausstellen: Algorithmus und Datenstruktur stehen in enger Wechselbeziehung.

- Je nach vorhandener Datenstruktur werden geeignete Algorithmen gewählt,
- je nach verfügbarem Algorithmus werden die Daten strukturiert.

8.1 Mengen

Seit Georg C a n t o r verstehen wir unter einer Menge jede 'Zusammenfassung von Objekten unserer Anschauung oder unseres Denkens zu einem Ganzen'. Die Sprache PASCAL stellt für diesen grundlegenden Begriff ein eigenes Sprachelement zur Verfügung.

Beispiel 43 : Buchstabenrätsel

"Ich bin im Feuer, doch nicht in der Glut,
ich bin im Wasser, doch nicht in der Flut,
bin in der Erde, doch nicht im Boden,
in Gräbern und Grüften, doch nicht bei den Toten."

Welcher Buchstabe ist's?

Offenbar ist ein Buchstabe gesucht, der in den Worten 'Feuer', 'Wasser', 'Erde', 'Gräber', 'Grüfte' vorkommt, doch nicht in 'Glut', 'Flut', 'Boden', 'Toten'. In Mengensprache heißt dies: der Buchstabe kommt in der Durchschnittsmenge

$\{F,E,U,R\} \cap \{W,A,S,E,R\} \cap \{E,R,D\} \cap \{G,R,A,E,B\} \cap \{G,R,U,F,T\}$

vor, nicht aber in der Vereinigungsmenge

$\{G,L,U,T\} \cup \{F,L,U,T\} \cup \{B,O,D,E,N\} \cup \{T,O,T,E,N\}$.

Diese Mengen soll uns der Rechner ermitteln. Wir schreiben dazu eine Prozedur 'Letternmenge', welche uns die Menge der in einem gegebenen Wort vorkommenden Buchstaben angibt:

```
PROCEDURE letternmenge(wort : string; VAR menge : buchstmenge);
  (* ermittelt Menge der Buchstaben eines Worts *)
  VAR
    i : integer;
  BEGIN
    menge := [];
    FOR i := 1 TO length(wort) DO
      IF NOT ( wort[i] IN menge) THEN menge := menge + [wort[i]]
  END; (* of letternmenge *)
```

Das bedeutet: wir gehen das gegebene Wort durch und fügen alle die Buchstaben zur Letternmenge hinzu, die nicht schon drin sind. Es bedeutet [] die leere Menge, IN die Beziehung 'Element', und das Pluszeichen steht für die Vereinigungsbildung. Die Funktion length ordnet jeder Zeichenreihe die Anzahl ihrer Komponenten (wörtlich: 'Länge' der Zeichenreihe) zu.

[wort[i]] ist die Menge, die aus dem einen Element wort[i], d.h. dem i-ten Buchstaben des Worts, besteht. (Bekanntlich hat man die Menge {N} von dem Element N zu unterscheiden.) Als Mengenklammern verwendet man in PASCAL eckige Klammern [,].

Aus den einzelnen Letternmengen werden nun sukzessive die Schnittmenge (Zeichen *) und die Vereinigungsmenge gebildet, wie es der Programmtext beschreibt:

```
PROGRAM raetsel;
  (* sucht Buchstaben in Woertern *)
  TYPE
    buchstabe   = 'a' .. 'z';
    buchstmenge = SET OF buchstabe;
  VAR
    wort                            : string;
    menge, schnitt, verein, rest : buchstmenge;
  PROCEDURE letternmenge (* wie auf Seite 178 *)
  PROCEDURE drucke(menge : buchstmenge);
    VAR
      c    : buchstabe;
      leer : boolean;
    BEGIN
      leer := true;
      FOR c := 'a' TO 'z' DO
        IF c IN menge THEN BEGIN
          write(c); leer := false
        END; (* of then *)
      IF leer THEN writeln (' leere Menge ')
    END; (* of drucke *)
  BEGIN (* Hauptprogramm *)
    schnitt := ['a'..'z'];
    verein  := [];
    writeln (' Worte eingeben, zum Schluß CTRL-C');
    REPEAT
      write('Wort, in dem Buchstabe vorkommt:  ');
      readln(wort);
      letternmenge(wort, menge);
      schnitt := schnitt * menge;

      write('Wort, in dem Buchstabe nicht vorkommt:  ');
      readln(wort);
      letternmenge(wort, menge);
      verein := verein + menge;
    UNTIL eof;
    rest := schnitt * (['a'..'z'] - verein)
    write(' Gesuchter Buchstabe:  ');
    drucke (rest)
  END.
```

Dialog mit dem Programm 'Buchstabenrätsel':

```
Running ...

Worte eingeben, zum Schluß CTRL-C

Wort, in dem Buchstabe vorkommt:       Feuer
Wort, in dem Buchstabe nicht vorkommt: Glut

Wort, in dem Buchstabe vorkommt:       Wasser
Wort, in dem Buchstabe nicht vorkommt: Flut

Wort, in dem Buchstabe vorkommt:       Erde
Wort, in dem Buchstabe nicht vorkommt: Boden

Wort, in dem Buchstabe vorkommt:       Graeber
Wort, in dem Buchstabe nicht vorkommt: Toten

Gesuchter Buchstabe :  r
```

Hätten Sie's gewußt?

Eine Variable ist vom Typ Menge, wenn ihre Werte *Teilmengen* einer gegebenen Menge (der Grundmenge) sind. In PASCAL muß die Grundmenge aus Objekten *gleichen Typs* bestehen; als Grundmengentypen sind zugelassen: (Unterbereiche von) ganze(n) Zahlen, Zeichen und Wahrheitswerte(n) sowie Aufzählungstypen.

Diagramm der Defintiion eines Mengentyps:

SET	OF	einfacher Typ T

Die Operation a IN m ist definiert für Operanden a vom Typ T und m vom Typ SET OF T. Ihr Ergebnis ist der Wahrheitswert true, wenn a ein Element von m ist, andernfalls false. Die Operationen + (Vereinigung), - (Differenz) * (Durchschnitt), = (Gleichheit), <> (Ungleichheit), <= (Teilmenge) sind für Operanden vom gleichen Mengentyp definiert. Die ersten drei liefern als Ergebnis eine Menge dieses Typs, die anderen einen Wahrheitswert.

- Eine Variable vom Typ SET OF 1..3 (beispielsweise) kann also die Werte [] (leere Menge), [1], [2], [3], [1,2], [1,3], [2,3] und [1,2,3] annehmen.
- Eine Menge mit n Elementen hat bekanntlich 2^n Teilmengen; die Variable 'menge' vom Typ SET OF 'a'..'z' kann also 33554432 Werte annehmen. Schon bei relativ kleinen Grundmengen ergeben sich also riesige Wertebereiche der Mengenvariablen. Daher muß der Umfang der Grundmenge begrenzt werden; wenn Sie z.B. SET OF 1..10 000 definieren wollen, gibt Ihr Rechner Fehlermeldung.
- Beim Aufbau von Ausdrücken, in denen Mengenvariable vorkommen, verhalten sich hinsichtlich der Priorität die Vereinigung und Differenz wie Addition/Subtraktion, die Durchschnittsbildung wie die Multiplikation.
- Mengenkonstanten werden explizit durch Aufzählung ihrer Elemente (alle vom gleichen Typ) zwischen Klammern [,] gebildet. Es dürfen dabei auch arithmetische Ausdrücke benutzt werden, z.B.: x := [1..3*k+1].
  Mengen lassen sich auch benutzen, ohne daß entsprechende Typnamen bzw. Variable vereinbart wurden: man kann irgendwo im Programm beispielsweise die Menge [1,3,5,7] oder ['a','e','i'] bilden, was im Zusammenhang mit der Mehrfachauswahl nützlich ist (siehe Aufgabe 150).
- Die Standard-Prozeduren <u>read</u> und <u>write</u> sind auf Mengen als ganzes nicht anwendbar; man muß geeignete Ein- und Ausgabeprozeduren schreiben (wie wir es bereits getan haben).

***

Aufgaben

146. Schreiben Sie das Programm 'Buchstabenrätsel' so um, daß man zuerst die Worte eingibt, in denen der gesuchte Buchstabe vorkommt, dann die, in denen er nicht vorkommt.

147. Schreiben Sie ein Programm, mit dem man Gesetze wie z.B.

     A * (B + C) = A * B + A * C und

     A + (B * C) = (A+B)*(A+C) bestätigen kann.

148. Die Benutzung der Prozedur LETTERNMENGE im Programm 'Buchstabenrätsel' ist nicht unbedingt notwendig; schreiben Sie eine Prozedur, welche bei der Eingabe sofort die Menge bildet.

149. Schreiben Sie eine Eingabe- und eine Ausgabeprozedur für Mengen - aber ohne Zählschleife.

150. Bei der Mehrfach-Auswahl ist der Fall undefiniert, daß der Selektor-Ausdruck einen Wert annimmt, welcher unter den Konstanten nicht vorkommt. Bringen Sie in unseren Programmen mit Mehrfachauswahl eine geeignete Mengenabfrage an!

151. Zu einer gegebenen natürlichen Zahl soll die Ziffernmenge ausgegeben werden.

152. Bei einem gegebenen Text sind die verschiedenen Zeichensorten (Buchstaben, Ziffern, Sonderzeichen) auszuzählen.

153. Mit Hilfe geschachtelter Zählschleifen haben wir bereits Dualzähler realisiert. Es geht auch mit Mengen; probieren Sie es!

154. Ein Text ist zu entvokalisieren
a) Vokale ganz weg b) Vokale durch Strich - ersetzen.

155. Schreiben Sie eine Prozedur, welche die Anzahl der Elemente einer Menge angibt.

156. Sechs Kinder fahren in die Ferien. Abends kochen drei, drei schlagen das Zelt auf. Welche verschiedenen Kombinationen von 'Köchen' und 'Zeltbauern' gibt es?

157. Bei der vorigen Aufgabe sollte - in mathematischer Terminologie - die Menge aller drei-elementigen Teilmengen einer sechselementigen Menge ausgegeben werden. Verallgemeinern Sie Aufgabe und Lösung auf k-elementige Teilmengen einer n-elementigen Menge.

158. Alle Teilmengen einer gegebenen endlichen Menge sind auszudrucken.

159. Formulieren Sie die Bedingung

```
([januar, maerz, mai]*monat) <> []
```

mittels logischer Operatoren und geben Sie ihre Bedeutung an.

*

8.2 Verbund

Felder und Mengen bestehen aus Elementen gleichen Typs; viele Gegenstände verlangen jedoch zu ihrer Beschreibung Information von unterschiedlichem Typ. Schon etwas so einfaches wie das heutige Datum (Donnerstag, 31.Juli 1980) setzt sich aus Zahlen und Text zusammen. In der Mathematik hat man hierfür das kartesische Produkt von Mengen; in PASCAL sagt man V e r b u n d (engl. record, wörtlich: Aufzeichnung). Das Datum könnte man allerdings noch leicht durch Zeichenreihen (strings) beschreiben; komplexer ist folgendes

---

<u>Beispiel</u> 44 : Heiratsinstitut

Ein Heiratsinstitut führt in einer Kartei paarungsrelevante Daten seiner Kunden. Für einen neuen Klienten soll nun eine Liste all der Kunden ausgegeben werden, die als potentielle Partner in Frage kommen.

Das Verfahren ist einfach:

```
Eingabe: Daten des neuen Kunden
Für Altkunde 1 bis n wiederhole
   Wenn Daten des neuen Kunden
        harmonieren mit denen des
        Altkunden (i)
        dann notiere Name und Adresse
             des Altkunden (i)
Ausgabe: Liste der notierten Altkunden
```

Zwei Probleme stehen an:

- Wie repräsentieren wir die Daten der Kunden?
- Wie definieren wir 'harmonieren'?

Als paarungsrelevant betrachten wir hier folgende Daten:

Geschlecht, Alter, Einkommen und Interessengebiete.

In welcher Form wir die ersten drei notieren, ist klar; für die Interessengebiete kreieren wir einen Aufzählungstyp

```
hobby = (garten, basteln, sport, literatur, musik);
```

eine Interessenkombination ist dann eine Auswahl aus den Hobbys, also vom Typ SET OF hobby. Alles ist einer Person zugeordnet und wird nun mittels folgender Konstruktion zu einem einzigen Datenobjekt vereinigt:

```
kunde = RECORD
          nameadresse : string;
          sex         : geschlecht;
          alter       : 18..80;
          interessen  : SET OF hobby
        END; (* of kunde *)
```

(Das Einkommen wurde um des sozialen Friedens willen weggelassen.) Eine solche Verbindung unterschiedlich strukturierter Daten nennen wir *Verbund*. Wie manipuliert man nun Verbunde?

Zunächst müssen wir eine *Eingabeprozedur* verfassen. Es ist hierbei erforderlich, den einzelnen Komponenten des Verbundes Werte zuweisen zu können; dies geschieht, wenn k eine Variable vom Typ <u>kunde</u> ist, so:

```
k.nameadresse := 'Hugo Lindenberg, Feldstr.12,  2120 L';
k.sex         := maennlich;
k.alter       := 42
```

und so weiter. Damit kann also auf die einzelnen Komponenten des Verbundes (schreibend) zugegriffen werden.

Und so könnte die Eingabeprozedur aussehen:

```
PROCEDURE eingabe(VAR k : kunde);
  (* liest Name/Adresse, Geschlecht, Alter und
     Interessen einer Person als Verbund ein *)
  VAR
    antw : boolean;
    a    : 0..100;
    int  : hobby;
  BEGIN
    write('Name und Adresse:  ');
    readln(k.nameadresse);
```

```
    REPEAT
      write (' Geschlecht? (m/w)  ');
      readln(antw)
    UNTIL antw IN ['m','w'];
    IF antw = 'm' THEN k.sex := maennlich
                  ELSE k.sex := weiblich;

    write (' Alter:  ');
    read(a);
    IF a < 18 THEN writeln (' Sie sind zu jung') ELSE
    IF a > 80 THEN writeln (' Sie sind zu alt ' ) ELSE
      k.alter := a;

    writeln (' Interessen:');
    k.interessen := [];
    FOR int := garten TO musik DO BEGIN
      CASE int OF
        garten : BEGIN write('Garten? (j/n)?  '); read(antw);
                   IF antw = 'j' THEN
                     k.interessen := k.interessen + [int]
                 END;

        ................... (* bis musik auf die gleiche
                               Art *)
      END (* of case *)
    END (* of for *)
  END; (* of eingabe *)
```

Um eine Aussage über die Verträglichkeit der Partner zu treffen, definieren wir eine Funktion harmonisch, die den Wahrheitswert wahr annimmt, wenn

- das Geschlecht verschieden und
- der Altersunterschied nicht mehr als 10 Jahre und
- die Schnittmenge der Interessen nicht leer ist.

Dies gibt folgende Funktionsprozedur:

```
FUNCTION harmonisch(kl , k2 : kunde) : boolean;
  BEGIN
    harmonisch := (kl.sex <> k2.sex) AND
                  (abs(kl.alter - k2.alter) < 10) AND
                  (kl.interessen * k2.interessen <> [])
  END; (* of harmonisch *)
```

Wir nehmen nun an, die bereits vorhandene Kundschaft sei in einem Feld `kartei = ARRAY[1..n] of kunde` festgehalten.

Das Gesamtprogramm sieht dann so aus:

```
PROGRAM heiratsinstitut;
  (* sucht aus einer Kartei passende Partner *)
  CONST
    n = 10;
  TYPE
    geschlecht = (maennlich, weiblich);
    hobby      = (garten, basteln, sport, literatur, musik);
    kunde      = RECORD
                    nameadresse : string;
                    sex         : geschlecht;
                    alter       : 18..80;
                    interessen  : SET OF hobby
                 END; (* of kunde *)
    kartei     = ARRAY[1..n] of kunde;
  VAR
    neukunde : kunde;
    s        : 1..n;
  PROCEDURE eingabe(VAR k : kunde);
   ................(* genau wie auf Seite 184/5 *)
  PROCEDURE harmonisch ( kl , k2 : kunde) : boolean;
   ................(* genau wie oben auf dieser Seite *)

  BEGIN (* Hauptprogramm *)
    writeln (' Dateneingabe des neuen Kunden');
    eingabe(neukunde);
    FOR s := 1 TO n DO
      IF harmonisch(neukunde, kartei[s])
        THEN writeln(kartei[s].nameadresse)
  END.
```

Der Verbund ist ein strukturierter Datentyp, dessen Komponenten unterschiedlichen Typ aufweisen können.

Syntaxdiagramm:

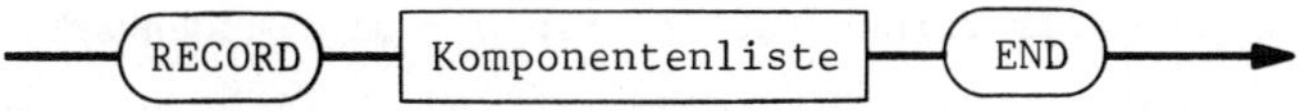

Komponentenliste:

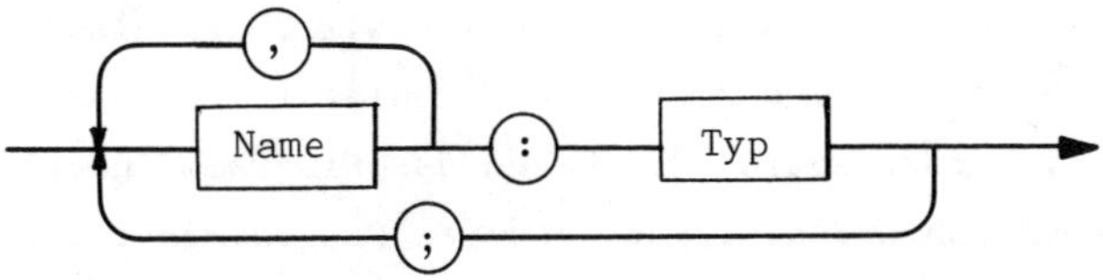

Der Zugriff auf eine Verbund-Komponente geschieht durch Angabe des Verbund-Namens, gefolgt von einem Punkt als Trennzeichen und dem Namen der Komponente.

- Komponenten-Namen gleichen Typs können durch Komma getrennt werden.
- Komponenten eines Verbunds können ihrerseits wieder strukturiert (z.B. Feld, Menge, Verbund) sein. Auch kann man Felder (aber nicht Mengen!) von Verbunden bilden.
- Der Zugriff auf Komponenten eines Verbundes geschieht 'statisch' im Gegensatz zum 'dynamischen' Zugriff auf die Komponenten eines Feldes: bei letzterem kann der Index noch während des Programmlaufs bestimmt (errechnet) werden; beim Verbund wird ein Zugriff schon beim Schreiben des Programms festgelegt.

***

Aufgaben

160. Im Beispiel 'Heiratsinstitut' soll der Grad der Harmonie zwischen zwei Klienten zahlenmäßig erfaßt und die Liste der möglichen Partner demgemäß geordnet werden.

161. Ein Lehrer braucht ein Programm 'Notenübersicht' für Klassenarbeiten, welches die Namensliste mit jeweils erreichter Note, die Häufigkeitsverteilung ('Notenspiegel'), die Durchschnittsnote und den Anteil der Fünfen und Sechsen enthält. Schreiben Sie ihm das Programm; es soll nicht Ihr Schade sein.

8.3 Datei

Mit der Definition der Verbunde haben wir einen ersten Schritt in die eigentliche Datenverarbeitung getan: jetzt ist ja die simultane Verarbeitung ganzer Datensätze möglich.
Im Beispiel 'Heiratsinstitut' hatten wir die Kundenkartei als Feld (array) gespeichert. Dies ist jedoch nicht praxisnah, denn i.a. sind solche Karteien für den Arbeitsspeicher einer Rechenanlage viel zu umfangreich (denken wir beispielsweise an ein Versandgeschäft, eine Bank, ein Warenlager mit Tausenden von Datensätzen). Ferner sollen die Daten das Programm 'überleben', ein Eigenleben führen, d.h. auch anderen Programmen zur Verfügung stehen. Wir wollen bzw. müssen daher die Daten auf einem externen Speichermedium (Band, Platte) ablegen.
Eine solche Sammlung von Informationen (auf einem geeigneten Datenträger) heißt Datei (engl.: file).

Beispiel 45 : Sportdatei

Hugo ist Leichtathlet und möchte seine Leistungsentwicklung lückenlos dokumentieren. Er legt sich daher eine Kartei seiner Wettkampfergebnisse an. Da im Lauf der Jahre die Angelegenheit unübersichtlich zu werden droht, legt Hugo sich eine Microengine zu (oder war's ein apple III ?); können Sie ihm bei der Realisierung seines Vorhabens helfen?

Zunächst stellt sich das Problem, eine Datei neu anzulegen (aufzubauen); der Einfachheit halber beschränken wir uns zunächst auf den Weitsprung (vom Jahr 1950 an bis heute). Die einzelne Leistung fassen wir als Verbund aus erzielter Weite, Wettkampfort und Datum auf; für die Zusammenfassung dieser Datensätze zu einer Datei stellt nun PASCAL den Typ FILE OF ... zur Verfügung. Wir können damit eine Variable

weitsprung : FILE OF leistung

vereinbaren, wobei der Typ leistung wie folgt definiert ist:

```
leistung = RECORD
             weite : real;
             ort   : string;
             datum : RECORD
                       tag   : 1..31;
                       monat : 1..12;
                       jahr  : 1950..1990
                     END (* of datum *)
           END; (* of leistung *)
```

Angenommen, mittels einer geeigneten Eingabeprozedur ist eine konkrete Wettkampfleistung, sagen wir

6.23 m	Celle	17.8.1980

in eine Verbundvariable wettkampf vom Typ leistung eingeschrieben worden. Wie bringen wir diesen Datensatz nun in die Datei weitsprung (und damit auf das Speichermedium)?
Zunächst ist die Datei - wie man sagt - zu 'eröffnen'; dies geschieht durch die Anweisung

rewrite(weitsprung , '#4 : sport')

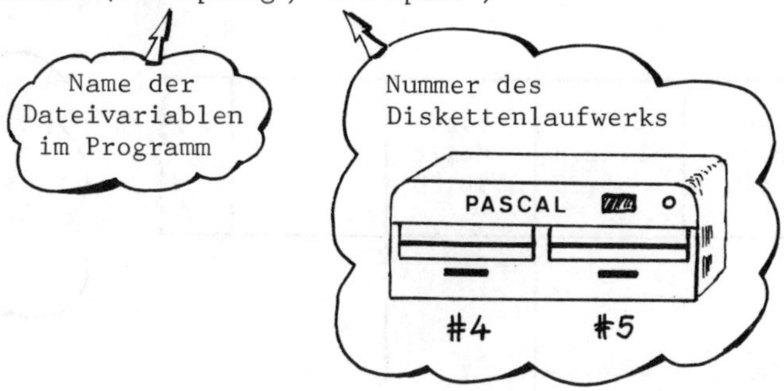

Wir stellen uns die Datei (obwohl es sich in der Praxis meist um eine Diskette handeln wird) als ein Magnetband vor; durch rewrite ist es zurückgespult und die Apparatur in Lesezustand versetzt worden. Nun kommt der entscheidende Vorgang: um den Datensatz in die Datei zu bringen, wird dieser zunächst in eine sogenannte Puffervariable (Zwischenspeicher), welche hier den Namen weitsprung↑ trägt, verbracht; sodann wird die Prozedur put aufgerufen:

```
weitsprung↑ := wettkampf;
put(weitsprung)
```

Dieser Vorgang läßt sich wie folgt veranschaulichen:

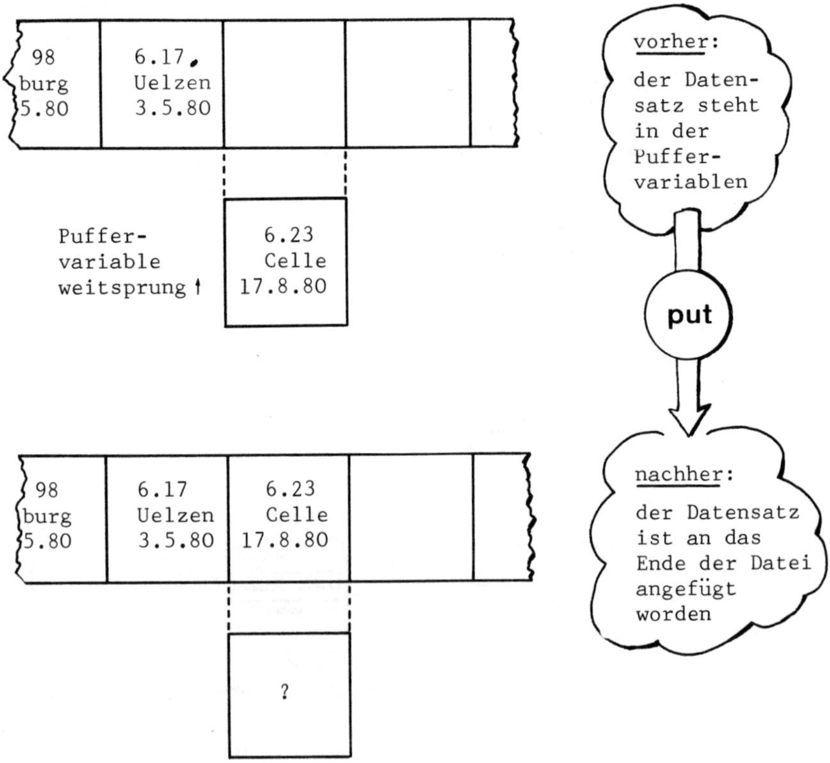

Die Puffervariable läßt sich als eine Art F e n s t e r ö f f n u n g vorstellen, durch die man - entweder lesend oder schreibend - auf jeweils genau eine Dateikomponente zugreifen kann.

Nach dem Schreibvorgang muß die Datei 'geschlossen' werden; die Anweisung lautet

close(weitsprung, lock)

(<u>lock</u>, engl.: schließen, versperren, verankert die Datei fest auf dem Speichermedium (diese Anweisung ist 'implementierungs-abhängig'; sie kann bei Ihrem Rechner anders lauten).

```
PROGRAM dateiaufbau;
  (* dient zum Einrichten einer Datei *)
  TYPE
    leistung = RECORD
                 weite : real;
                 ort   : string;
                 datum : RECORD
                           tag   : 1..31;
                           monat : 1..12;
                           jahr  : 1950..1990
                         END (* of datum *)
               END; (* of leistung *)
  VAR
    weitsprung : FILE OF leistung;
  PROCEDURE eingabe(VAR l : leistung);
    (* liest einzelnen Datensatz ein *)
    BEGIN
      writeln;
      write('Weite:  '); readln(l.weite);
      write('Ort:    '); readln(l.ort);
      write('Datum:  ');
      readln(l.datum.tag, l.datum.monat, l.datum.jahr);
    END; (* of eingabe *)
  BEGIN (* Hauptprogramm *)
    rewrite(weitsprung, '#4 : sport');
    REPEAT
      eingabe(weitsprung  );
      put(weitsprung)
    UNTIL eof;
    close(weitsprung, lock)
  END.
```

Das Lesen aus der Datei geht ganz analog:

```
PROGRAM dateilesen;
  TYPE
    leistung = ...   (* genau wie oben *)
  VAR
    weitsprung : FILE OF leistung;
```

```
PROCEDURE ausgabe(l : leistung);
  (* schreibt einzelnen Datensatz auf Bildschirm *)

  BEGIN
    writeln;
    write(l.weite,' in ',l.ort,' am ');
    writeln(l.datum.tag, l.datum.monat, l.datum.jahr)
  END; (* of ausgabe *)

BEGIN (* Hauptprogramm Dateilesen *)
  reset(weitsprung, '#4 : sport');

  REPEAT
    ausgabe(weitsprung  );
    get(weitsprung)
  UNTIL eof(weitsprung);

  close(weitsprung)
END.
```

Ein strukturiertes Datenobjekt heißt <u>Datei</u> (file), wenn

- alle Komponenten gleichen Typ besitzen,
- die Anzahl der Komponenten variabel ist und
- Operationen <u>put</u> und <u>get</u>, wie unten beschrieben, definiert sind.

Syntaxdiagramm:

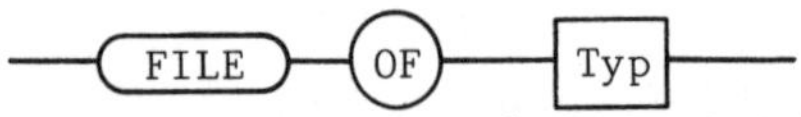

Zu jeder Datei d ist eine Variable d↑ vom gleichen Typ wie die Dateikomponenten vereinbart: sie heißt <u>Dateizeiger</u> (Puffer oder 'Fenster') zur Datei d. Durch d↑ ist der Zugriff auf jeweils genau eine Komponente von d möglich.

Standardprozeduren:

1. <u>rewrite</u>(d) : Das Fenster wird auf den Dateianfang und die Datei in Schreibzustand gesetzt.
2. <u>put</u>(d) : Der Wert von d↑ wird in die Dateikomponente geschrieben, die gerade im Fenster 'sichtbar ist'.
3. <u>reset</u>(d) : Das Fenster wird auf den Dateianfang und die Datei in Lesezustand gesetzt.
4. <u>get</u>(d) : Das Fenster wird eine Stelle weitergerückt und die jetzt 'sichtbare' Dateikomponente wird in die Puffervariable d↑ gelesen.

- Um mit einem Objekt vom Typ 'Datei' arbeiten zu können, muß es noch mit einer Bezeichnung versehen werden, die dem Betriebssystem die Zuordnung eines Abschnitts auf einem externen Speichermedium (Band, Platte) ermöglicht. Dies geschieht in UCSD-PASCAL durch einen zweiten Parameter der Prozeduren

  rewrite(d , ...)   reset(d , ...)

  in der Weise, wie in den Programmbeispielen gezeigt wurde.

- Wird der Zeiger d↑ hinter das Datei-Ende (end of file) bewegt, so bekommt die boolesche Standardfunktion eof(d) den Wert true, während sie sonst false ist.
  Bei rewrite(d) wird eof(d) = true, d.h. die im Fenster sichtbare Dateikomponente gilt als letzte, der Zeiger weist auf das jeweilige Ende der Datei. Damit bewirkt rewrite immer das Kreieren einer neuen Datei; die Datei d wird als leer angesehen.
  eof ohne Dateiname bedeutet eof(input), wobei input der Name der Standard-Eingabedatei ist. Bei Eingabe über das Tastenfeld wird durch gleichzeitiges Drücken der Tasten CTRL und C die Funktion eof := true gesetzt.

- Man unterscheidet zwei Dateiarten:

  (1) Dateien mit sequentiellem Zugriff (sequential access).

  Hier ist der Zugriff (Lesen bzw. Schreiben) nur in strikter Aufeinanderfolge der Dateikomponenten ('sequentiell') möglich.
  Dies entspricht dem PASCAL-Begriff 'Datei' (FILE), wie wir ihn bisher kennengelernt haben; insbesondere dem Gebrauch der Operationen put und get.

  (2) Dateien mit direktem Zugriff (direct access).

  Bei ihnen ist ein Zugriff auf jede gewünschte Dateikomponente über eine Adresse möglich - unabhängig von der Position der Komponente und ohne die vorhergehenden Komponenten durchlaufen zu haben.

Während sich die sequentielle Datei als abstraktes Magnetband auffassen läßt, ist die Datei mit direktem Zugriff eine abstrakte Magnetplatte.

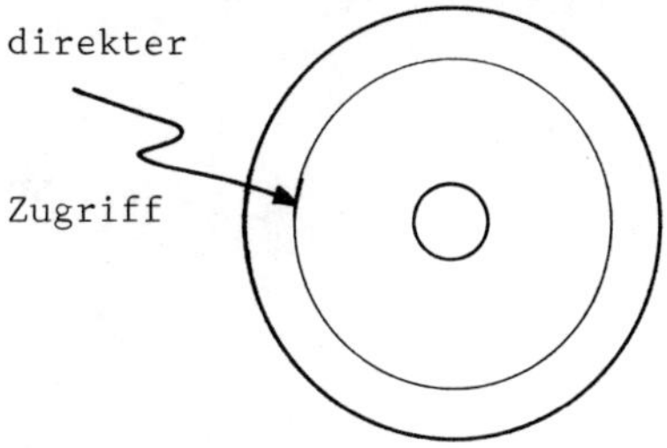

In UCSD-PASCAL ist mittels der Prozedur

seek(d , n) ,

welche das Fenster auf die n-te Komponente von d rückt, ein Direktzugriff möglich!

Damit werden die Möglichkeiten des Standard-PASCAL entscheidend erweitert. Bitte probieren Sie dies an den folgenden Aufgaben aus!

Aufgaben

162. Hugo will seine Weitsprung-Datei laufend 'aktualisieren', d.h. neu hinzukommende Wettkampfergebnisse eintragen, evtl. vorgekommene Fehler berichtigen usw. Schreiben Sie hierfür geeignete Programme bzw. Prozeduren.
(Anleitung. Das Anfügen neuer Daten geschieht folgendermassen: man geht mit <u>reset</u> an den Anfang der Datei, sucht mit <u>get</u> das Ende (es ist erreicht, wenn eof(d) = true) und fügt mit <u>put</u> die neuen Datensätze an.
Die Ersetzung eines Datensatzes nimmt man vor, indem man die vorhandene Datei bis zur bewußten Stelle in eine neue Datei kopiert und dann den neuen Datensatz an die Kopie anfügt. Dies sind die Prozeduren bei sequentiellem Zugriff; bei direktem Zugriff mittels <u>seek</u> geht es einfacher. Bitte ausprobieren.)

163. Die Weitsprung-Datei ist zu einer Sport-Datei zu erweitern, d.h. es sollen auch andere Disziplinen (Lauf, Wurf, Mehrkampf) aufgenommen werden.
Ferner sollen statistische Auswertungen vorgenommen werden können.

164. Ein Versandhaus führt n Artikel, deren Bezeichnung, Best.-Nummer, Preis und jeweiliger Bestand in einer Datei 'Waren' gespeichert sind. Geht eine Bestellung ein, wird dem Computer der Kunde (Name, Anschrift), die bestellte Anzahl und die Nummer(n) des (der) bestellten Artikel(s) mitgeteilt.
Der Computer soll nun
a) überprüfen, ob die Lieferung im gewünschten Umfang erfolgen kann,
b) die Rechnung ausdrucken,
c) in der Datei 'Waren' den Lagerbestand aktualisieren und
d) bei geringen Warenbeständen geeignete Warnmeldungen abgeben.
Schreiben Sie ein Programm für - sagen wir - 15 Artikel.

*

8.4 Zeiger

Alle bisher von uns behandelten Datentypen sind in folgendem Sinne als statisch zu bezeichnen: die zugehörigen Variablen werden vor Beginn des Programms fest vereinbart. Beim Feld beispielsweise heißt dies, daß seine Länge schon vorher festgelegt werden muß, sich also nicht erst während des Programmlaufs ergeben kann: dies wäre eine 'dynamische' Feldvereinbarung. So etwas gibt es in PASCAL nicht; wohl aber die sogenannten Zeigertypen, die wir jetzt kennenlernen wollen.

Beispiel 46 : Das Josephsspiel

Auf einem Schiff befinden sich zwei Gruppen von Passagieren. Um uns nicht dem Vorwurf der Rassendiskriminierung auszusetzen - in den alten Fassungen der Geschichte handelt es sich nämlich bald um Juden, bald um Türken und Christen - nehmen wir einfach an, es seien 15 Reutlinger und 15 Tübinger. Nun gerät das Schiff bei einem Unwetter in höchste Seenot; Rettung scheint nur möglich, wenn die Hälfte der Passagiere über Bord geht. Der Kapitän schlägt folgende Abzählmethode vor: die Passagiere stellen sich im Kreis auf; jeder neunte muß sich opfern. Da der Kapitän Reutlinger ist, möchte er die Passagiere so stellen, daß nur Tübinger ausballotiert werden. Wie macht er das? -
Ihren Namen hat die Geschichte von folgender Begebenheit: Im Jahr 67 n.Chr. wurde die galiläische Stadt Jotapata, unter Führung des späteren jüdischen Historikers Josephus (37-100) ein Zentrum des antirömischen Widerstands, nach 47tägiger Belagerung von Kaiser Vespasian eingenommen. Josephus und 40 Soldaten zogen sich in eine Zisterne zurück. Um der Sklaverei zu entgehen, wollten die Soldaten sich selbst umbringen; Josephus beschwor sie vergebens, davon abzulassen. Damit er wenigstens seinen Freund und sich selbst rette, schlug Josephus als Tötungsritual den alten römischen Brauch der decimatio (Aussonderung jedes Zehnten) vor. An welche Stelle des Kreises stellte er seinen Freund und sich, um zu überleben?
Die allgemeine Fragestellung lautet: Es werden n numerierte Gegenstände im Kreis angeordnet; dann wird, beginnend mit Nummer m, jeder m-te Gegenstand ausgesondert, wobei sich der Kreis sofort wieder schließt. Gesucht ist die Reihenfolge der ausgesonderten Gegenstände.

Man könnte die Aufgabe mittels Mengen oder - ähnlich wie in Beispiel 26 (Zahlenknast) - mittels eines Feldes aus Wahrheitswerten lösen. Wir wollen hier ein pfiffigeres Verfahren erarbeiten, das sich besonders bei großen Anzahlen sehr bewährt: dazu benutzen wir sogenannte verkettete

Der Einfachheit halber nehmen wir zunächst 8 Männer an, von denen jeder Dritte auszuzählen ist.
Die Ausscheidenden sind also (in dieser Reihenfolge):

3 , 6 , 1 , 5 , 2 , 8 , 4 , 7

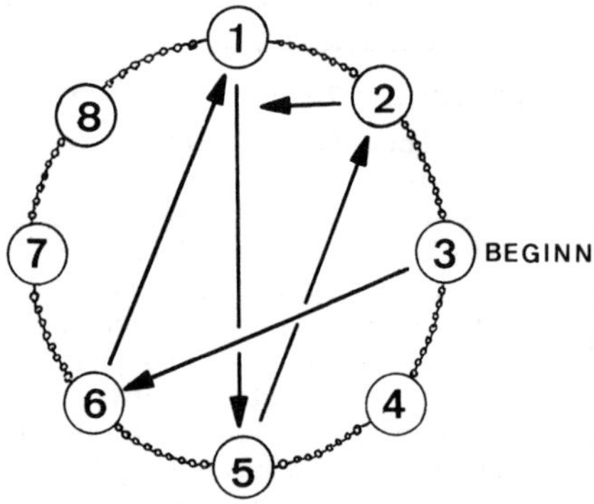

(dies ist die sogenannte Josephus-Permutation der Zahlen 1,2,...,8).
Den Aufbau der 8 Männer als verkettete Liste gestalten wir so: in ein Feld mit 8 Plätzen schreiben wir die Nummer des jeweiligen N a c h f o l g e r s :

	1	2	3	4	5	6	7	8
nachf	2	3	4	5	6	7	8	1

Für das Feld nachf : ARRAY[1..8] OF 1..8 gilt also nachf[1]=2, nachf[2]=3, ..., nachf[7]=8 und, damit sich der Ring schließt: nachf[8]= 1. Der jeweils ausscheidende Mann wird durch einen 'Zeiger' markiert, das ist eine Variable, deren Wert gerade die Zahl (der Mann) ist, auf die (den) sie zeigt.
Mittels der wiederholten Anweisung

zeiger := nachf[zeiger]

können wir den Kreis umrunden (bitte machen Sie sich dies an Beispielen klar!). Das Aussondern eines Elements geschieht so:

nachf[zeiger] := nachf[nachf[zeiger]] ,

das heißt: der neue Nachfolger des Elements, auf das der Zeiger weist, wird der Nachfolger des Nachfolgers dieses Elements, also wird das Element hinter dem, auf das der Zeiger weist, ausgeschieden. (Hoffentlich habe ich mich verständlich ausgedrückt!) Und wann hören wir mit dem Durchzählen und Aussondern auf? Nun, wenn nur noch einer da ist; der ist dann sein eigener Nachfolger. Also ist

nachf[zeiger] = zeiger

das Abbruchkriterium, und das ganze Programm lautet:

```
PROGRAM josephus;
  (* simuliert Ausscheiden gemäß Abzählreim *)
  CONST
    maxzahl = 1000;
  TYPE
    bereich = 1..maxzahl;
  VAR
    nachf : ARRAY[bereich] OF bereich;
    letzter, schritt, mann, zeiger : bereich;
  BEGIN
    (* Aufbau des Rings *)
    write('Wieviel Mann?  '); read(letzter);
    write('Schrittweite?  '); read(schritt);
    writeln('In dieser Reihenfolge wird ausgeschieden:');
    FOR mann := 1 TO letzter - 1  DO nachf[mann] := mann + 1;
    nachf[letzter] := 1; (* Schließen des Rings *)
    zeiger := letzter;   (* Zeiger wird zurückgesetzt *)
    REPEAT
      FOR mann := 1 TO schritt - 1 DO zeiger := nachf[zeiger];
      write(nachf[zeiger] : 6);   (* Ausscheiden *)
      nachf[zeiger] := nachf[nachf[zeiger]]
    UNTIL nachf[zeiger] = zeiger;
    write(zeiger : 6)   (* Aufschreiben des letzten *)
  END.
```

So lautet die Computerlösung:

```
Wieviel Mann? 30
Schrittweite? 9
In dieser Reihenfolge wird ausgeschieden:
9, 18, 27, 6, 16, 26, 7, 19, 30, 12, 24, 8, 22, 5, 23,
11, 29, 17, 10, 2, 28, 25, 1, 4, 15, 13, 14, 3, 20, 21
```

So muß der Kapitän die Passagiere
also aufstellen:

Ludus Josephus

XXXXIIIIIXXIXXXIXIIXXIIIXIIXXI

Alter Merkvers:

GOTT SCHUF DEN MANN IN AMALEK
DER ISRAEL BEZWANG

Reutlinger oooo
Tübinger ●●●● (müssen über Bord)

So schön diese Lösung auch sein mag, ist sie doch immer noch im oben beschriebenen Sinne 'statisch': schon beim Schreiben des Programms mußte die Anzahl der Feldelemente festgelegt werden. (Dabei sind wir äußerst verschwenderisch mit Speicherplatz umgegangen!) Um dies zu verhindern, d.h. um zu ermöglichen, daß der benötigte Speicherplatz erst während der Programm-Ausführung bereitgestellt wird, gibt es in PASCAL eine ganz merkwürdige Konstruktion, die nicht einfach zu verstehen ist.

Wir definieren eine sogenannte Zeigervariable

```
nachf : ↑element
```

,

wobei element ein Verbund ist:

```
element = RECORD
            name : integer;
            nachf : ↑element
          END; (* of element *)
```

Das heißt: jedes 'Element' besteht aus zwei Teilen: erstens dem Namen (der hier eine ganze Zahl ist) und einem Verweis auf den Nachfolger, der seinerseits wieder ein Element ist.

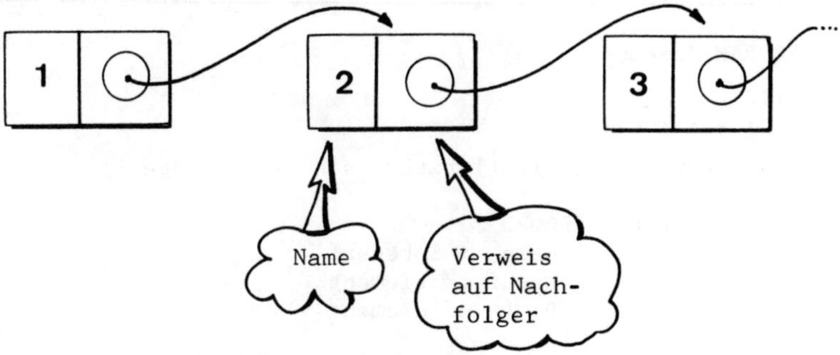

(Beachten Sie bitte, daß diese Definition r e k u r s i v ist.) Man sagt: die Variable nachf ist vom Typ ↑element ('Zeiger auf Element').

Um nun wieder einen Kreis aus Elementen zu bauen, schaffen wir uns zuerst einen Anfang mittels der Anweisungen

```
new(anfang);
anfang↑.name := 1
```

Die Prozedur new erzeugt eine Variable anfang vom Typ element, und der ersten Komponente wird der Wert 1 zugewiesen. Durch die Anweisungen

```
FOR i := 2 TO letzter DO BEGIN
  new(mann);
  mann↑.name := i;
  zeiger↑.nachf := mann;
  zeiger := mann
END; (* of zeiger *)
```

wird die Kette aufgebaut und mit

```
mann↑.nachf := anfang
```

geschlossen. Dabei ist zeiger↑ das Element, auf das die Variable zeiger weist.

Das Gesamtprogramm ist ganz analog zum vorhergehenden gebaut, insbesondere Aussonderung und Abbruchbedingung stimmen fast wörtlich überein:

```
PROGRAM josephus;
  VAR
    l,s : integer;
  PROCEDURE auszaehlen(letzter, schritt : integer);
    TYPE
      element = RECORD
                  name  : integer;
                  nachf : ↑element
                END; (* of element *)
    VAR
      anfang, zeiger, mann : ↑element;
      i                    : integer;
    BEGIN
      (* Aufbau des Kreises *)
      new(anfang);
      anfang↑.name := 1;
      zeiger := anfang;
      FOR i := 2 TO letzter DO BEGIN
        new(mann);
        mann↑.name := i;
        zeiger↑.nachf := mann;
        zeiger := mann
      END; (* of for *)

      (* Aussondern *)
      zeiger↑.nachf := anfang;    (* Wahl des Zaehlanfangs *)
      REPEAT
        FOR i := 1 TO schritt - 1 DO zeiger := zeiger↑.nachf;
        write(zeiger↑.nachf↑.name : 6);
        zeiger↑.nachf := zeiger↑.nachf↑.nachf
      UNTIL zeiger↑.nachf = zeiger;
      write(zeiger↑.name : 6)
    END; (* of auszaehlen *)
  BEGIN (* Hauptprogramm *)
    write('Wieviel Mann?  ');
    read(l);
    write('Schrittweite?  ');
    read(s);
    writeln('In dieser Reihenfolge wird ausgesondert:');
    auszaehlen(l,s)
  END.
```

Dialog:

```
Wieviel Mann?  41
Schrittweite?  10
In dieser Reihenfolge wird ausgesondert:
10  20  30  40  9  21  32  2  14  26  38  11  24  37  12  27
1  17  34  8  29  6  28  7  33  16  41  25  18  5  3  39  4
15  23  13  36  22  31  19  35
```

Damit ist die eingangs gestellte Frage beantwortet: Josephus und sein Freund müssen sich als Nummer 19 und 35 aufstellen.

Zu jedem Datentyp T kann der Datentyp ↑T ('Zeiger zu T') definiert werden. Die Datenobjekte von T heißen <u>Zeiger</u> auf Objekte von T; ↑T heißt <u>Zeigertyp</u> (pointer type) zum Bezugstyp T. Syntax:

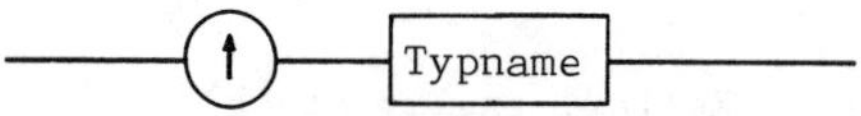

Ist p Zeigervariable zum Bezugstyp T, so wird die Bezugsvariable von p mit p↑ bezeichnet.

- Es gibt zwei Arten der Wertzuweisung: einmal zwischen Zeigervariablen, zum anderen zwischen den zugehörigen Bezugsvariablen.

  Haben wir zunächst

  so bewirkt

  p := q

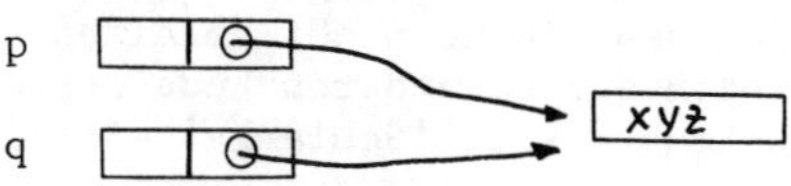

  Die Werte der Zeigervariablen sind (jetzt) gleich, d.h. p und q zeigen auf das gleiche Objekt.

  Dagegen bewirkt

  p↑ := q↑

Die Bezugsvariablen p und q haben den gleichen Wert (bekommen).

- Ist p eine Zeigervariable vom Typ ↑T, so hat die Anwendung der Standardprozedur new folgende Wirkung: durch new(p) wird eine Variable p↑ vom Typ T erzeugt, auf die p zeigt:

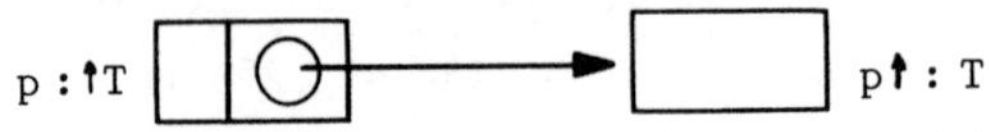

Damit wird der Variablen p↑ geeigneter Speicherplatz zugeteilt (man nennt p↑ eine 'dynamisch erzeugte Variable'). Die Vereinbarung einer Zeigervariablen p hat also noch nicht die Schaffung der Variablen p↑ zur Folge; sie ermöglicht dies nur. Realisiert wird die Möglichkeit durch die Prozedur new. (Man kann also einen Verweis (Zeiger) auf ein Objekt vereinbaren, bevor das Objekt selbst definiert wurde.)

Aufgaben

165. Lösen Sie das Josephus-Problem mittels
a) Mengen b) Wahrheitswerte-Feld ('drin' - 'drauß')

166. Bilden Sie aus den ausgeschiedenen Männern wieder eine verkettete Liste.

167. Ein Stapel (Keller, engl.: stack) ist eine lineare Liste, bei der das Einfügen (engl.: push = Hinunterstossen durch Auflegen eines neuen Elements) und das Entfernen (engl.: pop = Abheben des obersten Elements) von Elementen nur an einem Ende gestattet ist. (Ein stack ist mit einem Münzen- oder Tablettenspender vergleichbar.)

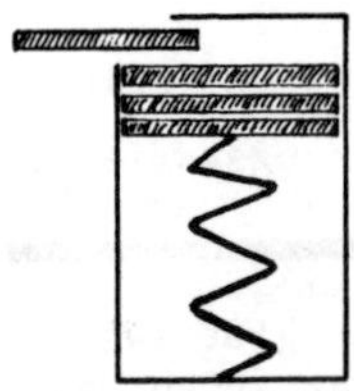

Schreiben Sie ein Programm, welches das Problem 'Zeichenumkehr' (Aufg.72 und 132) mittels eines Stapels (und zwei Prozeduren 'Einfügen' und 'Entfernen') löst.

168. Eine Schlange (engl.: queue) ist eine lineare Liste, bei der das Einfügen nur am einen Ende, das Entfernen von Elementen nur am anderen Ende gestattet ist. Realisieren Sie die Datenstruktur 'Schlange' mittels Zeigertypen!

169. Bilden Sie den Ring aus Männern von Beispiel 46 mittels einer doppelt verketteten Liste, d.h. jeder Mann hat einen Vorgänger und einen Nachfolger, und schreiben Sie Prozeduren für Einfügen und Entfernen von Elementen.

9 Anwendungen

Nachdem wir uns in PASCAL nunmehr geläufig ausdrücken können, wollen wir einige interessante Anwendungsprobleme behandeln.

9.1 Bewegungsvorgänge

Beispiel 47 : Ein Verfolgungsproblem

Auf seinem Weg zur Schule hat Niels folgende Möglichkeiten: entweder er watet durch eine sumpfige Wiese oder er marschiert trockenen Fußes über eine Viehweide. Letzteres hat nur den Haken, daß die Weide von einem Stier bewohnt wird, der auf Eindringlinge schnurstracks zurennt... Die Stiergeschwindigkeit beträgt 8 m/s, die von Niels dagegen 6 m/s.
In welchen Fällen kann Niels die Weide gefahrlos betreten?

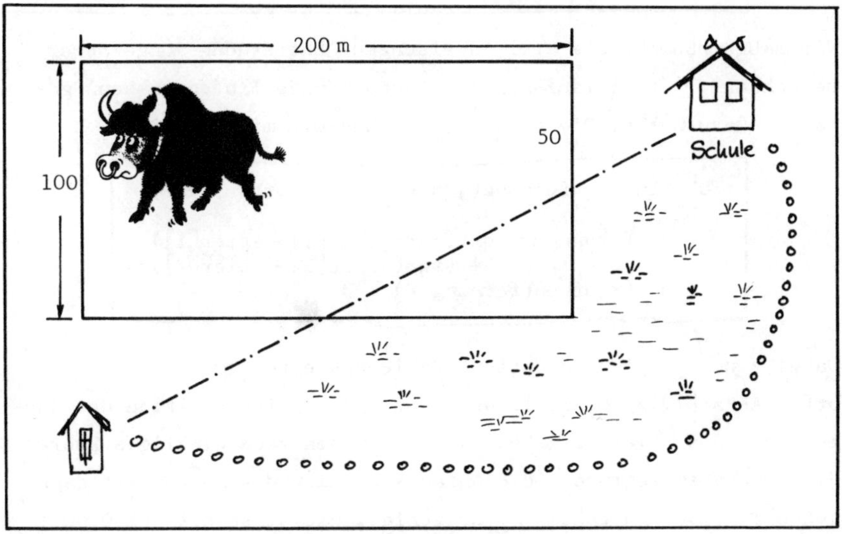

Ob Niels die Weide unbehelligt durchqueren kann, hängt allein vom Standort des Stiers zu dem Zeitpunkt ab, wo Niels die Weide betritt. Wir machen nämlich - weil sonst das Problem für uns zu schwierig wird - die vereinfachende Annahme, daß Niels' Bahn und Geschwindigkeit von der des Stiers unabhängig sind. Der Algorithmus hat dann folgende Gestalt:

VERFOLGUNG

```
Eingabe: Anfangsposition des Stiers
Anfangswerte festlegen
Wiederhole
   Entfernung Junge - Stier berechnen
   Stier laufen lassen
   Junge laufen lassen
bis  Entfernung < 2 m  oder  Junge nicht mehr auf Weide
Wenn  Junge noch auf Weide
   dann   Ausgabe: Junge vom Stier erwischt
   sonst  Ausgabe: Junge gerettet
```

Wir haben nunmehr die drei Anweisungen 'Entfernung Junge-Stier berechnen', 'Stier laufen lassen' und 'Junge laufen lassen' genauer auszuführen. Die erste vollziehen wir mittels einer

```
FUNCTION entfernung(junge, stier : ort) : real;
  BEGIN
    entfernung := sqrt(sqr(junge[1] - stier[1])
                 + (sqr(junge[2] - stier[2]))
  END; (* of entfernung *)
```

Dabei sind junge und stier Zahlenpaare vom Typ ort = ARRAY[1..2] OF real, welche die jeweilige Position des Jungen bzw. des Stiers angeben. Wir legen ein rechtwinkliges Koordinatensystem zugrunde; die Anfangsposition des Jungen ist dann junge[1]= 100, junge[2]= 0 . Er verläßt die Wiese bei (200,50). Was heißt nun 'Junge laufen lassen'?

Niels verfolgt seinen Weg geradlinig mit konstanter Geschwindigkeit von 6 Meter pro Sekunde. Wir errechnen seine Position jeweils nach Verlauf des Zeitintervalls zeit. Wie die Zeichnung auf der folgenden Seite zeigt, ist der Zuwachs in waagerechter Richtung doppelt so groß wie der Wegzuwachs in senkrechter Richtung. Nach dem Satz des Pythagoras ist der Wegzuwachs in senkrechter Richtung demnach

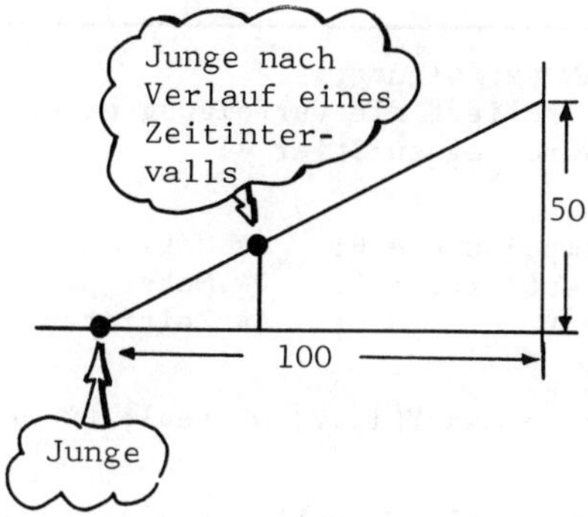

$$\frac{\text{Geschwindigkeit}\cdot\text{Zeit}}{\sqrt{5}}$$

Somit ergibt sich folgende Prozedur für die Ortskorrektur:

```
PROCEDURE laufjunge(VAR junge : ort);
  (* Ortskorrektur des Jungen nach Verlauf
     eines Zeitintervalls *)
  BEGIN
    junge[1] := junge[1] + 2 * tempojunge/sqrt(5) * zeit;
    junge[2] := junge[2] + tempojunge/sqrt(5) * zeit
  END; (* of laufjunge *)
```

Während der Junge seinen Weg unbeirrt verfolgt, d.h. ohne auf den Stier zu achten, korrigiert dieser seine Position jeweils, indem er sich auf den Jungen zubewegt.

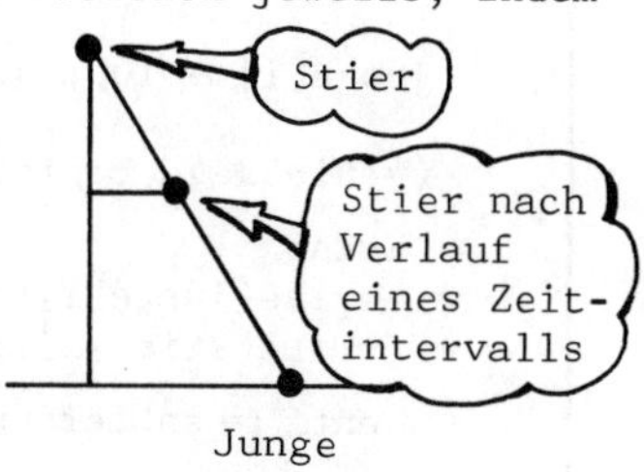

Die jeweils neue Stierposition in waagerechter Richtung erhalten wir, indem wir zur alten eine Zahl addieren, die zur Entfernung Junge-Stier proportional ist; der Proportionalitätsfaktor ist das Verhältnis der vom Stier im Zeitintervall zurückgelegten Strecke zur Gesamtstrecke Junge-Stier.

```
PROCEDURE laufstier(junge : ort; VAR stier : ort);
   VAR
     faktor : real;
   BEGIN
     faktor := tempostier * zeit/entfernung(junge,stier);
     stier[1] := stier[1] + (junge[1] - stier[1]) * faktor;
     stier[2] := stier[2] + (junge[2] - stier[2]) * faktor
   END; (* of laufstier *)
```

```
PROGRAM verfolgung;
  (* simuliert die Verfolgung eines Jungen
     durch einen Stier *)

  CONST
    tempojunge = 6;   (* Meter pro Sekunde *)
    tempostier = 8;   (* Meter pro Sekunde *)
    zeit       = 1;   (* Zeitintervall *)

  TYPE
    ort = ARRAY[1..2] OF real; (* Ortskoordinaten *)

  VAR
    junge , stier : ort;
    entf          : real;

  FUNCTION entfernung(junge,stier : ort) : real;
    ......... (* genau wie auf vorstehender Seite *)

  PROCEDURE laufjunge(VAR junge : ort);
    ......... (* woertlich wie auf vorstehender Seite *)

  PROCEDURE laufstier(junge: ort; VAR stier : ort);
    ......... (* genau wie auf vorstehender Seite *)


  BEGIN (* Hauptprogramm *)

    REPEAT
      write('Startpunkt des Stiers:  ');
      read(stier[1], stier[2]);
    UNTIL (0 <= stier[1]) AND (stier[1] <= 200) AND
          (0 <= stier[2]) AND (stier[2] <= 100);

    junge[1] := 100; junge[2] := 0;  (* Startposition des
                                         Jungen *)
    (* Die Jagd beginnt *)

    REPEAT
      write(junge[1]:8:1, junge[2]:8:1);
      write(stier[1]:20:1, stier[2]:8:1);

      entf := entfernung(junge,stier);

      writeln(entf:20:1);


      laufstier(junge, stier);
      laufjunge(junge);

    UNTIL (entf < 2) OR (junge[1] > 200); writeln;

    IF junge[1] > 200 THEN writeln ('Gerettet!')
                      ELSE writeln ('Oh weh ')

  END.
```

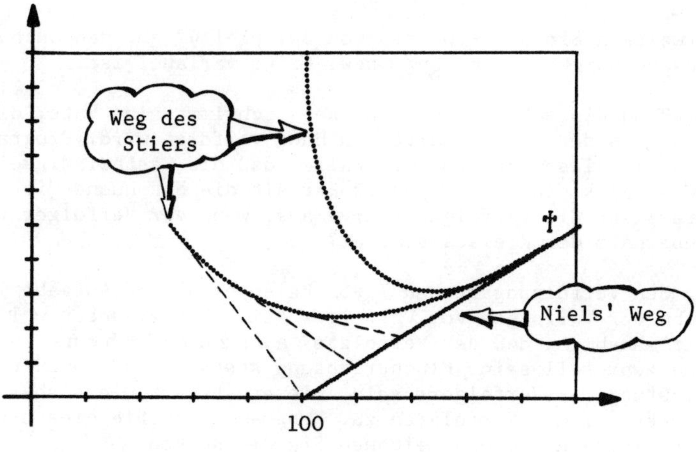

Dialog:

Startpunkt des Stiers:	50	50			Entfernung
100.0	0.0		50.0	50.0	70.7
105.4	2.7		55.7	44.3	64.9
110.7	5.4		61.8	39.2	59.5
....			....		....
196.6	48.3		182.8	41.8	15.2

Gerettet!

Startpunkt des Stiers:	100	50			
100.0	0.0		100.0	50.0	50.0
105.4	2.7		100.0	42.0	39.7
110.7	5.4		101.1	34.1	30.3
....			....		....
153.7	26.8		152.1	26.0	1.7

Oh weh ...

Wenn der Stier in der rechten Hälfte der Weide startet, erwischt er Niels offenbar immer. Beim Startpunkt (50,50) kann Niels gerade noch entkommen.

A u f g a b e n

170. Erweitern Sie das Programm von Beispiel 47 so, daß auch die Geschwindigkeit von Junge bzw. Stier variabel ist.

171. Am Rand eines kreisrunden Beckens schwimmt eine Ente, die von einem in der Mitte startenden Hund verfolgt wird. Programmieren Sie diese Jagd für die Fälle, daß die Geschwindigkeit der Ente a) kleiner b) größer als die des Hundes ist. Wie sieht die Verfolgungskurve aus, wenn der Verfolger von außerhalb des Kreises startet?

172. In den Verfolgungsrennen von Beispiel 47 und Aufgabe 171 nahm der Verfolgte vom Verfolger keine Notiz. Jetzt wollen wir annehmen, daß der Verfolgte a u s z u w e i c h e n sucht; und zwar soll seine Fluchtrichtung stets s e n k r e c h t zur Richtung des Verfolgers sein. Dieser steuert wie bisher direkt auf den Verfolgten zu. Programmieren Sie diesen Fall für zwei Schiffe und zeichnen Sie die Kurven.

173. Ein Boot will den $a = 100\,m$ breiten Fluß überqueren und wird dabei senkrecht zur Strömungsrichtung gesteuert; seine Eigengeschwindigkeit betrage $c = 1$ m/s. Welche Bahn über Grund beschreibt es, wenn wir annehmen, daß die Strömungsgeschwindigkeit v des Wassers in der Mitte größer ist als am Ufer, genauer: wenn

$$v = 2\cdot(1 - \frac{x^2}{a^2})$$

gilt. Dabei ist das Koordinatensystem so gelegt, daß die y-Achse in der Flußmitte verläuft, der Startpunkt des Bootes ist $(-a,0)$.

174. Ein Hund schwimmt von einem Ufer eines Flusses zu seinem Herrn, der senkrecht gegenüber auf dem anderen Ufer steht. Der Hund schwimmt so, daß seine Schnauze stets auf den Herrn gerichtet ist. Die Strömung sei so wie in Aufgabe 173. Lassen Sie die 'Hundekurve' berechnen.

175. Ein Junge läuft am Rande eines Bassins und zieht an einer Leine ein Boot hinter sich her, das zunächst in der Mitte des Bassins war. Welche Kurve beschreibt das Boot?

*

9.2 Zufallsprozesse

Computer führen Algorithmen aus, ihr Verhalten ist - wie wir in Kapitel 7 (Seite 160) festgestellt haben - d e t e r m i n i e r t, ihre Ergebnisse sind vorhersagbar und reproduzierbar. Das heißt: ein Programm liefert bei jedem Computerlauf aus gleichen Eingabedaten immer das gleiche Resultat.

Das Geschehen in der Welt um uns ist vielfach vom Z u f a l l beeinflußt: Prognosen von Einzelereignissen sind selten möglich; eher Voraussagen über Massenerscheinungen bzw. 'auf lange Sicht'.

Wir wollen nunmehr einen ganz merkwürdigen Gebrauch des Computers kennenlernen: den, zufallsbedingtes Geschehen nachzuspielen, zu 'simulieren', um zu Voraussagen zu kommen.

Kann eine deterministische Maschine Zufall spielen?

<u>Beispiel</u> 48 : Zufälliges Stabbrechen

Ein Stab fällt zu Boden und zerbricht in drei Stücke. Mit welcher Wahrscheinlichkeit läßt sich aus diesen ein Dreieck bilden?

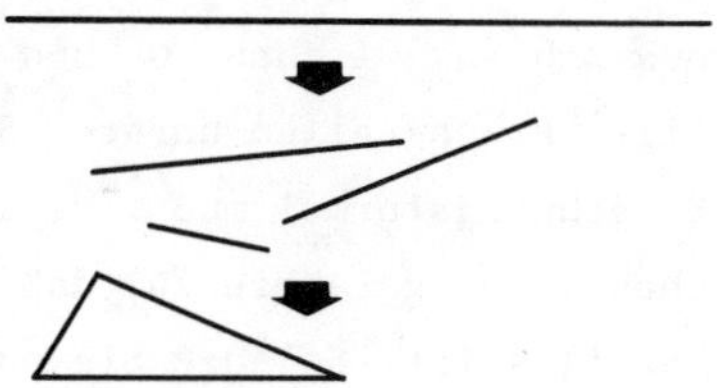

Wenn nach einer Wahrscheinlichkeit gefragt ist, begeben sich die Mathematiker zur Wahrscheinlichkeitsrechnung; wir jedoch wollen nach der Devise handeln: "Probieren geht vor Studieren" und suchen die Wahrscheinlichkeit, nach der gefragt ist, nicht zu errechnen, sondern - durch Versuche - zu s c h ä t z e n .

Die nächstliegende Möglichkeit wäre, (sagen wir) 1000 Glasstäbe von beispielsweise 1 m Länge fallen zu lassen und unter denen, die in drei Stücke zerbrochen sind, den Anteil zu bestimmen, wo sich aus den Bruchstücken ein Dreieck legen läßt. (Dies ist nicht selbstverständlich: wenn der Stab z.B. in Stücke der Länge 9.3 cm, 65.2 cm und 25.5 cm zerbrochen ist, so können sie n i c h t die Seiten eines Dreiecks sein; es ist ja $9.3 + 25.5 < 65.2$: beim Dreieck ist aber die Summe je zweier Seitenlängen größer als die dritte.)

Da das eben beschriebene Verfahren sicher zu zeit- und kostenaufwendig ist, versuchen wir, den Vorgang mit einem Zufallsgerät nachzuspielen. Hierzu dienen seit alters Würfel, Münze, Glücksrad und Urne. Eine Möglichkeit wäre, auf 100 Zettel die Ziffernpaare 00, 01, 02, ..., 99 zu schreiben und dann zwei der Zettel zufällig zu ziehen: sie markieren die Bruchstellen. Hätten wir z.B. 17 und 52 gezogen, so bekämen wir in

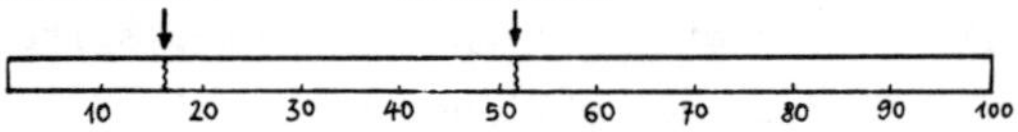

$a = 17$, $b = 52 - 17 = 35$ und $c = 100 - 52 = 48$ drei Seiten eines Dreiecks. Dieser Weg ist prinzipiell gangbar, aber auch noch zu langwierig und -weilig.

Wozu haben wir in unserem Computer eigentlich eine Maschine, die mit großer Geschwindigkeit Zahlen produzieren kann? Sie soll für uns Zahlen zwischen 0 und 1 produzieren, die als zwei 'zufällige' Bruchstellen unseres Stabes angesehen werden können. Die Berechnungsformel muß irgendwie 'verrückt' sein: dies scheint am ehesten zu garantieren, daß das Ergebnis unvorhergesehen und regellos ist. Solange Sie noch an einer solchen Formel knobeln, blättere ich mal in meinem Handbuch zum Taschenrechner hp 25 nach: hier finde ich

$$x \leftarrow \text{frac}[(x+\pi)^5].$$

Was heißt das? Es soll mit einer beliebigen Startzahl begonnen werden, z.B. mit $x = 0.14286$; dann ist $\pi \approx 3.14159$ zu addieren und die Summe in die 5.Potenz erheben. Davon ist schließlich der gebrochene Anteil zu nehmen, d.h. der Vorkomma-Anteil abzuhacken. (frac von fraction = Bruch ist der gebrochene Anteil einer Zahl; es ist $\text{frac}(x) = x - \text{trunc}(x)$.) Nach diesem Rezept von hp erhalten wir die Folge 0.14286 → 0.21976 → 0.04953 → 0.91425 ... Sieht doch äußerst zufällig aus - nicht? (Ob diese Zahlen wirklich so zufällig sind, wie sie aussehen, werden wir später untersuchen; jetzt wollen wir sie zunächst einmal anwenden.)

Unser Zufallsverfahren bauen wir in ein Programm ein:

```
PROGRAM zufallszahlen;
  (* erzeugt Zufallszahlen nach der
     Methode des Taschenrechners hp 25 *)
  VAR
    start , zahl : real;
    i , n        : integer;
  FUNCTION zuf(x : real) : real;
    VAR
      y , z : real;
    BEGIN
      y := x + 3.14159;
      z := y * y;
      z := z * z;
      z := z * y;
      zuf := z - trunc(z)
    END; (* of zuf *)
  BEGIN (* Hauptprogramm *)
    write(' Wieviel Zufallszahlen?  ');
    read(n);
    write(' Startzahl?  ');
    read(start);
    zahl := zuf(start);
    FOR i := 1 TO n DO BEGIN
      write(zahl:10:5);
      zahl := zuf(zahl)
    END (* of for *)
  END.
```

Das Programm liefert wunderschöne Zahlenkolonnen - bitte probieren Sie's aus. -

Nachdem wir nun ein Zufallsgerät konstruiert haben, können wir wir wieder das Stabbrechen ins Auge fassen. Der gesamte Algorithmus sieht so aus (nächste Seite):

ZUFÄLLIGES STABBRECHEN

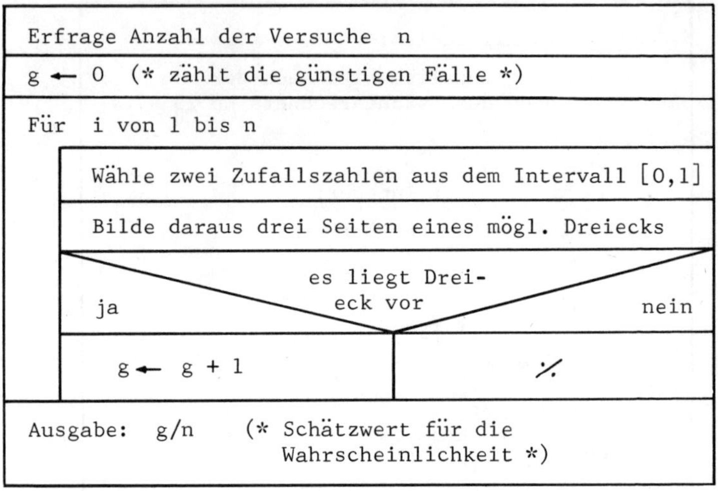

Es bleibt noch die Frage 'liegt Dreieck vor?' zu präzisieren. Sind x und y die (zufällig gewählten) Bruchstellen, so sind $a = x$, $b = y - x$ und $c = 1-y$ die drei (möglichen) Dreiecksseiten, wenn $x < y$ gilt. Die Dreiecksbedingung lautet bekanntlich: die Summe je zweier Seitenlängen ist größer als die dritte Dreiecksseite. Dies heißt:

$$(*) \qquad x < \frac{1}{2} \quad \underline{\text{und}} \quad y - x < \frac{1}{2} \quad \underline{\text{und}} \quad \frac{1}{2} < y \quad .$$

Die Prozedur ist damit klar:

```
FUNCTION dreieck(x,y : real) : boolean;
  VAR
    h : real; (* Hilfsvariable beim Vertauschen *)
  BEGIN
    IF x > y THEN BEGIN h := x; x := y; y := h END;
    dreieck := (x < 0.5) AND (y-x < 0.5) AND (0.5 < y)
  END; (* of dreieck *)
```

Und nun das Gesamtprogramm:

```
PROGRAM zufallsdreiecke;
  (* schaetzt Wahrscheinlichkeit, daß ein
     zufaellig in drei Stuecke gebrochener
     Stab sich zu einem Dreieck fuegt *)
  VAR
    anzahl, versuch, guenstig : integer;
    bruch1, bruch2, zufallszahl : real;
  FUNCTION zuf : real;
    VAR
      y , x : real;
    BEGIN
      y := zufallszahl + 3.14159;
      z := y * y; z := z * z; z := y * z;
      zufallszahl := z - trunc(z);
      zuf := zufallszahl
    END; (* of zuf *)
  FUNCTION dreieck(x,y: real) : boolean;
    VAR
      h : real;
    BEGIN
      IF x > y THEN BEGIN h := x; x := y; y := h END;
      dreieck := (x < 0.5) AND (y-x < 0.5) AND (0.5 < y)
    END; (* of dreieck *)

  BEGIN (* Hauptprogramm *)
    write ( 'Wieviele Versuche?  ');
    read(anzahl);
    zufallszahl := 0.12345  (* Anfangswert *)
    guenstig := 0;
    FOR versuch := 1 TO anzahl DO BEGIN
      bruch1 := zuf; bruch2 := zuf;
      IF dreieck(bruch1, bruch2)
        THEN guenstig := guenstig + 1
    END;(* of for *)
  writeln('Wahrscheinlichkeit: ',guenstig/anzahl*100)
END.
```

globale Variable, Nebenwirkung ausnahmsweise erwünscht!

```
Wieviele Versuche?  100
Wahrscheinlichkeit: 26.00 Prozent

Wieviele Versuche?  500
Wahrscheinlichkeit: 25,00 Prozent

Wieviele Versuche?  1000
Wahrscheinlichkeit: 24.60 Prozent
```

25%

Zunächst noch eine Bemerkung zum Programm: damit bei jedem Aufruf der Funktion zuf ein anderer Wert erscheint, haben wir eine globale Variable zufallszahl benutzt, die sich die jeweils erzeugte Zufallszahl 'merkt'; dieser sonst gefährliche Nebeneffekt ist hier ausnahmsweise erwünscht. -

Die Versuche liefern Häufigkeiten um 25%. Ist die Wahrscheinlichkeit 25% oder 24,6% oder ...? Wir wollen diese Frage mit einer leichten mathematischen Überlegung beantworten.

Die Zufallszahlen x , y können wir uns geometrisch als Punkte der Ebene vorstellen: es geht also auf das Einheitsquadrat OABC sozusagen ein Zufallsregen nieder. Die Vertauschung x ↔ y in der Funktionsprozedur dreieck bedeutet, daß jeder Tropfen, der in die untere Hälfte OAB fiel, in die obere Hälfte OBC gespiegelt wird. Die Dreiecksbedingungen (*) bedeuten geometrisch, daß genau diejenigen Tropfen, welche ins Dreieck DEF fallen, 'günstig' sind. Da der Flächeninhalt von Dreieck DEF genau ein Viertel des Inhalts von Dreieck OBC ist, beträgt die gesuchte Wahrscheinlichkeit exakt 25%.

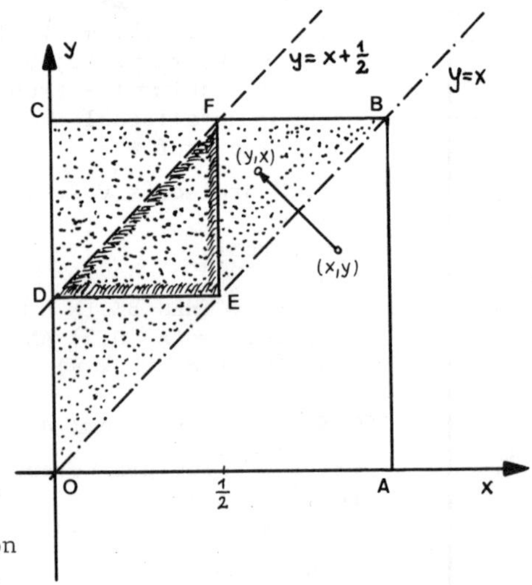

Mit ein bißchen Mathematik kannst du dir ein langes Programm sparen!

Mit etwas Programmieren kannst du dir schwierige Mathematik ersparen!

*

Zur Übung und zum Weiterdenken: Aufgabe 176 - 179

*

Bevor wir weitere Anwendungen der computer-erzeugten Zufallszahlen betrachten, wollen wir uns mit deren Güte befassen. Die Ergebnisse des Programms 'Zufallsdreiecke' zeigten zweierlei:

- Die experimentell gewonnenen stimmen gut mit den theoretischen Werten überein. Wir dürfen also hoffen, durch die Simulationsmethode zu vertrauenerweckenden Schätzungen zu gelangen.
- Die vom Computer ermittelten relativen Häufigkeiten scheinen in jenem Beispiel mit wachsender Versuchszahl zu fallen (bei 500 Versuchen ergab sich 24,5%; bei 1000 Versuchen 24,46%). Es ist also Vorsicht geboten: in den Zahlen scheint eine Tendenz zu stecken - etwas, was der Zufälligkeit widerspricht.

Wir müssen uns also näher mit den Zufallszahlen befassen. Klar ist: auf ihre Entstehungsweise (d.h. ob durch ein 'reales' Zufallsgerät oder gemäß einem Algorithmus) kommt es nicht an - entscheidend sind allein die statistischen Eigenschaften. Denn wir machen ja von den Zufallszahlen nur im Sinne einer Massenerscheinung Gebrauch; die Nichtvorhersehbarkeit des Einzelereignisses ist irrelevant. Hier treten folgende Probleme auf:

(1) Das Problem der Endlichkeit des Zahlenvorrats der Maschine. Wie wir aus Kapitel 4 wissen, sind auf einem Computer immer nur endlich viele Zahlen darstellbar. Das heißt: irgendwann werden sich unsere Zufallszahlen wiederholen, und, da wir sie nach einem Algorithmus erzeugen, werden wir in eine Periode hineinlaufen. Dies ist nicht schlimm, wenn die Periode lang genug ist oder wenn der Weg bis zum Auftreten der Periode lang genug ist.

(2) Das Problem der Unabhängigkeit: die erzeugten Zahlenfolgen sollen keine Tendenzen oder Regelmäßigkeiten aufweisen.

(Im Grunde ist Problem 1 ein Spezialfall von Problem 2, denn eine Periode ist eine strenge Regelmäßigkeit.)

<u>Beispiel</u> 49: Periodensucher bei Zufallszahlen

Es soll ein Verfahren entwickelt werden, mit dem man die Periode einer vom Computer erzeugten Zahlenfolge bestimmen kann.

Erzeugen wir beispielsweise die Folge nach der Regel

$$x \leftarrow (5 * x + 3) \text{ MOD } 1000,$$

so erhalten wir bei der Startzahl 0 die Figur

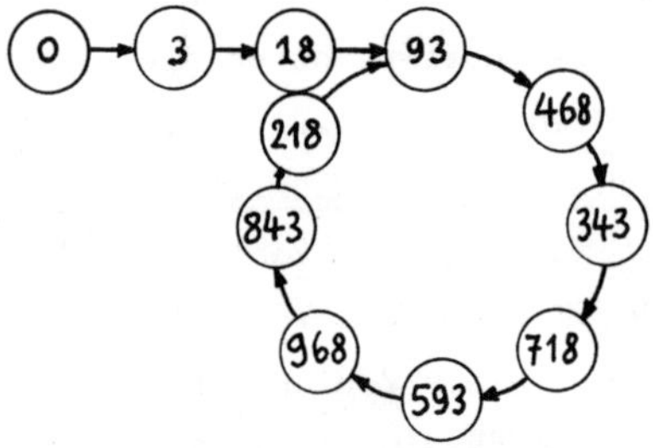

d.h. bereits nach drei Schritten befinden wir uns in einem Zyklus der Länge 8. Solche Zyklen wollen wir entdecken. Da wir nicht vorweg wissen, wann die Folge in die Periode einmündet (hier bei 93), bilden wir uns eine Vergleichszahl, die wir nach einer gewissen Anzahl von Schritten verändern und eine 'Probeperiode', die wir laufend vergrößern (verdoppeln), bis sie die richtige Periode umfängt.

PERIODENSUCHER

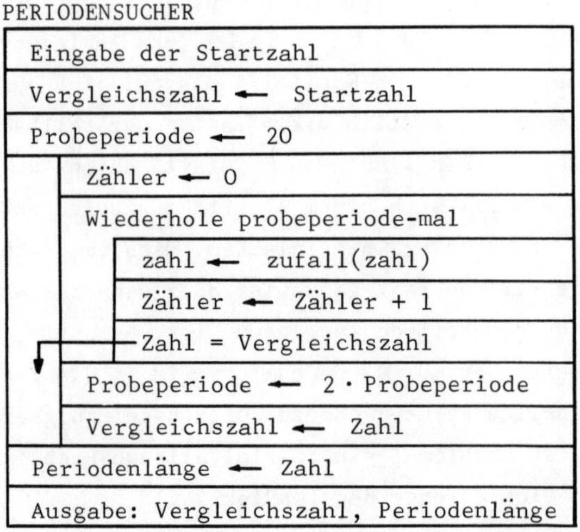

```
PROGRAM periodensucher;
  (* entdeckt Periode einer vom Computer
     erzeugten Zahlenfolge *)
  VAR
    startzahl, vergleichszahl, zahl : real;
    zaehler, probeperiode           : integer;
    gefunden                        : boolean;
  FUNCTION zufall(x : real) : real;
    ......  (* hier steht der zu untersuchende
               Zufallsgenerator *)
  BEGIN (* Hauptprogramm *)
    write (' Startzahl?   ');
    read(startzahl);
    vergleichszahl := startzahl;
    zahl := startzahl;
    probeperiode := 20;
    gefunden := false;
    WHILE NOT gefunden DO BEGIN
      zaehler := 0;
      WHILE (NOT gefunden) AND (zaehler < probeperiode)
        DO BEGIN
          zahl := zufall(zahl);
          zaehler := zaehler + 1;
          gefunden := (zahl = vergleichszahl)
      END; (* of while *)
      probeperiode := 2 * probeperiode;
      vergleichszahl := zahl
    END; (* of while *)
    writeln (' Vergleichszahl:   ', zahl);
    writeln (' Periodenlaenge:   ', zaehler)
  END.
```

Die Ergebnisse dieses Programms, angewandt auf den Zufallsgenerator von Beispiel 48, sind ernüchternd: jene Zahlenfolge hat zumeist eine Periodenlänge von 45 mit einer kurzen Vorperiode (abhängig von der Startzahl). Auch die anderen Generatoren von Aufgabe 176 sind nicht viel besser (bitte probieren Sie's aus!).

Fazit: wir müssen auf die Entwicklung eines guten Zufallsgenerators große Sorgfalt verwenden.

Unsere bisher betrachteten Zufallsgeneratoren haben den Nachteil, daß man - mit etwas Pech - sehr schnell in einem Zyklus landen kann. Sie haben mathematisch unvorhersehbare Eigenschaften, d.h. man kann über die Periodenlänge und über die Länge von Folgen aus lauter verschiedenen Zahlen keine allgemeinen Aussagen machen. Folgende Familie von Zufallsgeneratoren:

$$\boxed{x \leftarrow (a \cdot x + b) \text{ MOD } m} \quad (\text{mit } 0 \leqq a,b \leqq m)$$

ist in dieser Hinsicht wesentlich besser geeignet (auch wenn sie auf den ersten Blick ziemlich hausbacken und wenig 'zufällig' aussehen). Sie heißen <u>lineare Kongruenzgeneratoren</u> und stammen von dem amerikanischen Mathematiker D.H. L e h m e r (1948). Die Zahl a heißt <u>Multiplikator</u>, b heißt <u>Inkrement</u> und m heißt <u>Modul</u>. (In Beispiel 49 haben wir bereits ein Exemplar mit a = 5, b = 3 und m = 1000 kennengelernt.) Bei geschickter Wahl von a, b und m läßt sich die maximale Periode erreichen. Das folgende kleine Programm dient zum Erzeugen solcher Zufallszahlen; dabei werden sogenannte longinteger-Zahlen benutzt, das sind ganze Zahlen mit bis zu 36 Ziffern.

```
PROGRAM zufallszahl;
  (* dient zum Erzeugen von Zufallszahlen
     nach der Kongruenzmethode *)
  USES LONGINT;
  TYPE                                  Wahl der
    langzahl = integer[20]   <--        Ziffernzahl
  VAR
    a,b,x,m,y,x0 : langzahl;
    i,n          : integer;
  BEGIN
    write('Wieviel Zufallszahlen? '); read(n);
    write('Multiplikator? '); read(a);
    write('Inkrement? '); read(b);
    write('Modul? '); read(m);
    write('Startwert? '); read(x0);
    x := x0;
    FOR i := 1 TO n DO BEGIN
    y := a*x + b; y - (y DIV m)*m; write(y:10);x := y
  END  END.
```

Noch eine Bemerkung zum Programm: da bei Benutzung des Programmstücks LONGINT die Funktion MOD nicht zur Verfügung steht, mußte sie mittels DIV nachgebildet werden.
Experimentieren Sie mit den Generatoren

x ← (25173·x + 13849) MOD 65536 und x ← 9749·x MOD 131072 !

*

Wir wollen uns nun mit dem Problem der Zufälligkeit auseinandersetzen. Die Folge 1 0 1 0 1 0 1 0 1 0 1 0 1 0 1 0 1 0 werden Sie sicher als zu regelmäßig erachten, als daß sie ihr Entstehen dem Zufalls zu verdanken hätte (die Wahrscheinlichkeit wäre sehr klein). Eine Möglichkeit, die Unregelmäßigkeit zu messen ist, die Anzahl der Wechsel 0 → 1 bzw. 1 → 0 festzustellen: sehr viele Wechsel deuten auf bewußtes Mischen hin, sehr wenige Wechsel auf bewußtes Klumpen.

Beispiel 50 : Run-Test für Zufallszahlen

In einer Folge von Gegenständen zweierlei Art heißt jede maximale Teilfolge von Gegenständen der gleichen Art eine Serie (oder: Lauf, engl.: run). Beispielsweise beginnt die Folge aaabaabbab... mit einer Serie von drei a's. Wenn das Auftreten der Gegenstände vom Zufall gesteuert und gleichwahrscheinlich ist - wie groß ist dann die mittlere Anzahl solcher Serien in einer Folge von (sagen wir) 100 Elementen?

Zuerst noch zwei praktische Fälle:

(1) Onkel Uli behauptet nach seinem letzten Spielbankbesuch, er habe folgende 'Permanenz' mitgeschrieben (R = Rot, S = Schwarz):

RSSRSRRSRSSSSSSSRSSRSRRSRRRRRRSSRSSSSSRSRSRRRROSRSRRSRSSRSSRRRRR
SRSRRRRSRSSSSRSSRRSRSSRSSRRSRSSSRRSRRSSSRRRSSSSRSRSSSRRRSRRRSRSR
SSSSRSSRRSSRRSSRSSRSSRSSSRSRRSRSSSRSSRRSRRSRSRRRRRRSSSRRSSSROSRSS
RRRSOSSSSSSRSRSRSRRSSRRROSRSRSRSSSSRRSSSSRRRRRSRSSSSSRSRSRSRRRRS

Kann dies stimmen - oder hat Onkel Uli geflunkert?

(2) Auf einer Party nehmen 8 Gäste in einer Reihe von 20 Stühlen wie folgt Platz (● = besetzt, 0 = leer):

● 0 ● 0 0 ● 0 ● 0 ● 0 0 ● 0 0 0 ● 0 ● 0

Hier haben wir eine Serienhäufigkeit von 16:20, d.h. 80%.

Was sagt der Computer dazu? Schreiben wir uns zuerst ein Programm zum Auszählen von Serien:

```
PROGRAM serientest;
  (* zaehlt die Anzahl der Serien
     in  n  Versuchsfolgen *)
  CONST
    n = 20;
  VAR
    zahl1, zahl2, serien, wechsel, i, k : integer;
    zufallszahl                         : real;
  FUNCTION zuf : real;
    VAR
      z : real;
    BEGIN
      z := zufallszahl + 1.14597;
      z := z*z; z := z*z; z := z*z;
      zufallszahl := z - trunc(z);
      zuf := zufallszahl
    END; (* of zuf *)
  BEGIN (* Hauptprogramm *)
    zufallszahl := 0.11111;
    serien := 0;
    FOR i := 1 TO n DO BEGIN
      wechsel := 0;
      zahl1 := trunc(2*zuf);
      FOR k := 1 TO 99 DO BEGIN
        zahl2 := trunc(2*zuf);
        wechsel := wechsel + abs(zahl1 - zahl2);
        zahl1 := zahl2
      END; (* of for *)
      write(wechsel+1 : 4);
      serien := serien + wechsel+1
    END; (* of for *)
    writeln; writeln('Mittlere Serienzahl: '
    writeln('Mittlere Serienzahl: ', serien/100)
  END.
```

Folgendes ergibt sich:

46 48 57 54 54 58 53 55 59 54 53 60 54 52 59 55 51 61 55 50

Mittlere Serienzahl: 54.40

Was sagt die Theorie? Bei m Gegenständen und den Einzelwahrscheinlichkeiten p und $1-p$ erscheinen im Mittel $2(m-1)p(1-p)$ Wechsel und damit $2(m-1)p(1-p)+1$ Serien; im Fall $m = 100$ und $p = \frac{1}{2}$ also 49,5 Wechsel und 50,5 Serien. Unser Zufallsgenerator weist im Mittel 54,4 Serien auf: etwas zu viel. (Genauere Möglichkeiten der Beurteilung haben wir hier leider nicht.)
Im Roulette-Beispiel haben wir 53,5% Serien; im Party-Beispiel 80% (letzteres ist entschieden zu hoch).

*

Wir wollen jetzt einen Vorgang nachspielen, der jedem aus leidvoller Erfahrung bekannt ist:

<u>Beispiel</u> 51 : Simulation einer Warteschlange

An eine Telefonzelle kommen stündlich im Mittel 20 Personen, jede spricht im Mittel 3 Minuten. Der Vorgang soll simuliert werden.

Lassen wir zunächst einmal das naive Gefühl sprechen. Liefe der Vorgang schön regelmäßig ab, d.h. kämen die Personen in gleichen Zeitabständen, und spräche jede genau drei Minuten, so wäre die Zelle niemals leer und es bildete sich auch keine Schlange. Nun treffen die Kunden aber nicht regelmäßig ein und ihre Sprechzeit ist veränderlich. Das Gefühl sagt: Eintreffen von Kunden in kürzeren Abständen (und damit der Aufbau einer Warteschlange) wird durch Eintreffen in längeren Zeitabständen ausgeglichen, und längeres Sprechen wird durch kürzeres Sprechen ausgeglichen: auf lange Sicht stellt sich ein Gleichgewicht ein. Es wird sich zwar für eine gewisse Zeit eine Schlange bilden, doch dann auch wieder abbauen. Wie groß ist die Schlange auf lange Sicht? Dies soll uns der Computer beantworten!
Zuerst muß die A n k u n f t der Telefonkunden simuliert werden. Wir stellen uns vor, daß jede Minute ein Zufallsgerät betätigt wird, das im Mittel jede dritte Minute die Ankunft eines Kunden signalisiert. Wir lassen den Rechner eine Zufallszahl erzeugen: ist sie kleiner als $\frac{1}{3}$, heißt dies: ein neuer Kunde kommt.

Analog simulieren wir das Verlassen der Zelle; damit läßt sich der Vorgang wie folgt beschreiben:

WARTESCHLANGE

```
Eingabe: Anzahl  n  der Versuche
         Anzahl  k  der Kunden zu Beginn

Schlange ← k;  Summe ← k

Wiederhole n-mal
    Ziehe Zufallszahl  z  aus  [0,1]
    z < 1/3
      ja:   Schlange um 1 verlängern
      nein: %
    Ziehe Zufallszahl  z  aus  [0,1]
    z < 1/3
      ja:   Schlange um 1 verkürzen
      nein: %
    Ausgabe: Schlange
    Summe ← Summe + Schlange

Ausgabe: Summe/n  (* mittlere Schlangenlänge *)
```

Und nun das Programm:

```
100 PRINT "Warteschlange"
101 PRINT "============="
102 :
110 PRINT "Wie viele Versuche?";
120 INPUT n
130 s = 0 : REM Schlangenlaenge
140 t = 0 : REM Summe
145 :
150 FOR i = 1 TO n
160   z = RND(1)  : REM Zufallszahl ziehen
170   IF z > 0.333 THEN 190
180     s = s+1   : REM Schlange waechst
190   z = RND(1)  : REM zweite Zufallszahl
200   IF z > 0.333 THEN 220
210     s = s-1 MAX 0  : REM Schlange kann nicht
                             negativ werden
220   PRINT s;
230   t = t+s
240 NEXT i
245 :
250 PRINT "Mittlere Schlangenlaenge:  "; t/n
260 END
```

Tschuldigung, das ist ja die Sprache, die Pascal nie sprach. Sie sprechen sie auch nicht? Dann formulieren Sie die Geschichte doch bitte in PASCAL! Das Ergebnis wird Ihr vorhin geäußertes Gefühl über die Länge der Warteschlange gründlich enttäuschen. Die Schlange ... und ... und ... . Warum?

***

Aufgaben

176. Experimentieren Sie am Programm 'Zufallsdreiecke' mit anderen Anfangswerten und/oder einem anderen Verfahren zur Erzeugung von Zufallszahlen, z.B.:

a) $x \leftarrow \text{frac}[(x+\pi)^8]$ b) $x \leftarrow \text{frac}[\exp(x+5)]$

177. Schreiben Sie das Programm 'Zufallsdreiecke' so um, daß Sie damit die mittlere Länge der kürzesten Dreiecksseite schätzen können.

178. Das 'zufällige Stabbrechen' kann noch auf eine zweite Weise geschehen: Der Stab wird an einer zufällig gewählten Stelle durchgebrochen. Dann wird eines der beiden Teilstücke zufällig ausgewählt und an einer zufällig markierten Stelle durchgebrochen. Schreiben Sie ein Programm für dieses Zufallsexperiment und prüfen Sie, ob die gleiche Wahrscheinlichkeit für das Auftreten eines Dreiecks herauskommt.

179. Mit dem Programm 'Zufallsdreiecke' haben Sie einen gewissen Flächeninhalt (den eines Dreiecks) experimentell ermittelt. Ermitteln Sie auf analoge Weise folgende Flächeninhalte:

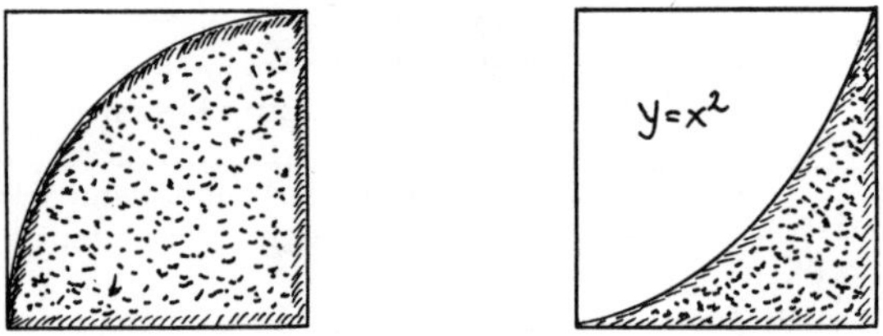

180. Das historisch älteste Verfahren zur rechnerischen Erzeugung von Zufallszahlen ist der 'Quadratmittengenerator' von John von Neumann aus dem Jahre 1946: Man nimmt eine k-stellige natürliche Zahl, quadriert sie und schneidet aus dem Ergebnis die k mittleren Ziffern heraus; dies ist die neue Zufallszahl. Beispiel ($k = 4$): $5678^2 = 32\overline{2396}84$, also

5678 → 2396 → 7408 → 8784 → 1586 → ... .

a) Untersuchen Sie die zweistelligen von-Neumannschen Zufallszahlen vollständig! Gesichtspunkte: welche der Startzahlen 00, 01, 02, ..., 99 führen schließlich auf die Zahl 00? (Beispiel: 43 → 84 → 05 → 02 → 00) Wieviele Zyklen gibt es und wie lang sind sie? Mit welchen Startzahlen bekommt man möglichst lange Folgen verschiedener Zahlen bevor man in einem Zyklus landet? Zeichnen Sie die anderen Bäume folgender Art:

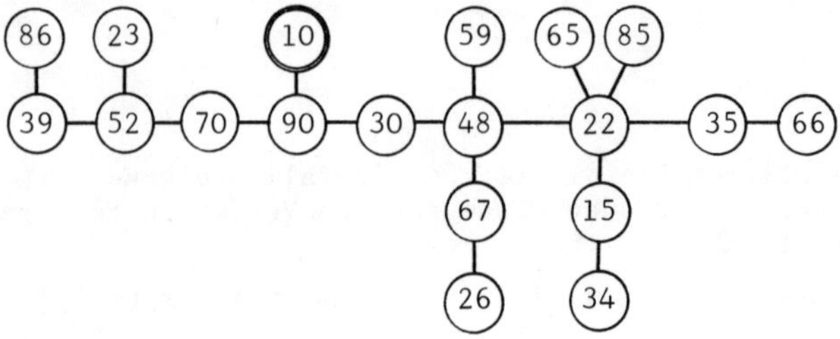

b) Auch die vierstelligen Zahlen sind eine Untersuchung wert. So geht z.B. 3794 in sich selbst über. Die Zahlen 2100, 1600, 0540 liegen in einem kurzen Zyklus; in welchem?

Die Zahl 7600 liegt in einem Baum mit 60 Elementen. Entdecken Sie diesen ganz!

c) Untersuchen Sie den Quadratmittengenerator auch für Zahlen in binärer Darstellung, z.B. die sechsziffrigen Dualzahlen von 000000 bis 111111 = 63. Hierbei ist 27 selbstreproduzierend, und es gibt drei Bäume mit 1, 26 bzw. 36 Elementen. Zeichnen Sie einen Graph wie in Aufgabe b).

181. Versuchen Sie, bei folgenden Zufallsgeneratoren längste und kürzeste Perioden zu ermitteln:

a) x ⟵ frac(137·x) b) x ⟵ frac(997·x)

c) x ⟵ frac(9821·x + 0.211327)

d) x ⟵ (41·x + 17) MOD 10000

e) x ⟵ 125·x MOD 8192

f) x ⟵ (19683·x + 7) MOD 1000001

182. Beim Poker unterscheidet man folgende Kartenkombinationen:

		Wahrscheinlichkeit
abcde	(alle verschieden, bust)	30,24%
aabcd	(ein Paar gleicher, pair)	50,40%
aabbc	(zwei Paare gleicher, two pairs)	10,80%
aaabc	(drei gleiche, three of a kind)	7,20%
aaabb	(full house)	0,90%
aaaab	(vier gleiche, four of a kind)	0,45%
aaaaa	(flush)	0,01%

Testen Sie hiermit Ihren Zufallsgenerator, indem Sie Fünfer-Blöcke bilden und die entsprechenden Häufigkeiten auszählen lassen (Pokertest).

183. Führen Sie den Pokertest auch für Vierer- und für Dreierblöcke durch.

184. Erzeugen Sie eine Folge von Nullen und Einsen durch Übersetzung der Folge 12345678910111213141516... ins Dualsystem, also: 1 10 11 100 101 110 111 1000 1001 ...
Testen Sie diese Folge mittels Run-Test auf Zufälligkeit.
Machen Sie das gleiche mit der Folge der Primzahlen!

185. Erzeugen Sie sich Zufallszahlen und ermitteln Sie arithmetisches Mittel und Varianz. Wenn die Zahlen gleichverteilt auf [0,1] sind, muß 0,5 und 0.0833 herauskommen.

186. Die Klasse $10L_2$ hat 24 Schüler(innen). Mit welcher Wahrscheinlichkeit haben zwei von ihnen am gleichen Tag Geburtstag? (Dies ist das berühmte 'Geburtstagsproblem'.)
Sie können die Frage leicht mittels Zufallszahlen beantworten.

187. Im Jahr 1980 hatten wir den nassesten Sommer, den größten Vulkanausbruch,... Wenn eine Zahl in einer Zahlenfolge alle ihre Vorgänger übertrifft, heißt sie ein Rekord. Lassen Sie den Computer schätzen, wieviel Rekorde eine Folge von Zufallszahlen der Länge (sagen wir) 100 aufweist.

188. Sammeln Sie Münzen oder Briefmarken? Dann erstreben Sie sicher vollständige Sätze. Wieviele der Ziffern 0 bis 9 müssen Sie im Mittel erzeugen, bis Sie einen vollständigen Ziffernsatz beisammen haben? Am besten, Sie fragen den Computer. (Wenn Sie gut in Theorie sind, können Sie dies als sogenannten coupon collector's test verwenden.)

189. POP ist eine beliebte Kaugummi-Marke in Computerland. Jede Packung enthält ein Sammelbild mit einer der Nummern 1 bis n.
a) Wieviele Packungen müssen Sie im Mittel kaufen, um die ganze Bildserie zu besitzen?
b) Der Werbechef von POP hofft, den Verkaufserfolg zu erhöhen, wenn er Bilder mit hohen Nummern häufiger beipackt. Testen Sie diese Annahme durch Simulation.

190. Ein Roulette-Spieler setzt 50 DM auf Noir. Er hört mit Spielen auf, wenn er entweder 100 DM Gewinn oder wenn er 200 DM Verlust hat. Wie groß ist die Wahrscheinlichkeit, daß er das Kasino mit 100 DM Gewinn verläßt? Wie lange dauert das Spiel im Mittel? (Rechnen Sie einmal mit Berücksichtigung von Zero, das andere Mal ohne.)

191. Auf einem Eisenbahn-Netz, das von einem Kraftwerk mit Energie versorgt wird, verkehren 12 Lokomotiven. Im Mittel fahren 3 davon pro Minute an; jede verbraucht dabei 10 Energie-Einheiten. Simulieren Sie die Schwankungen des Energieverbrauchs von Minute zu Minute.

192. Ein Glücksrad hat vier gleichgroße Sektoren mit der Aufschrift 0, 1, 2, 3. Jeder Einsatz kostet 2 Groschen; ausgezahlt werden jeweils soviel Groschen, wie der Sektor anzeigt. Ermitteln Sie durch Simulation die Gewinn- oder Verlustentwicklung.

193. Ein Spieler darf beliebig oft würfeln und die erzielte Augenzahl als Gewinn gutschreiben lassen; wirft er allerdings eine Eins, gilt die ganze Serie nichts. Simulieren Sie diesen Vorgang. Wie hoch ist der mittlere Gewinn?

194. In Aufgabe 58 (Seite 72) haben Sie die Wahrscheinlichkeiten für das Auftreten der Werte 2,3,...,12 der Augensumme beim zwiefachen Würfelwurf berechnet. Jetzt sollen Sie das gleiche mit Zufallszahlen simulieren und die Verteilungen vergleichen.

195. Ein Käfer der bekannten Art scarabäus stochasticus (er hört übrigens auf den Namen 'Arthur') krabbelt auf den Kanten eines Tetraeders; für jede Kante braucht er eine Minute. Gelangt Arthur an eine Ecke, zieht er einen Würfel aus der Tasche: wirft er 1 oder 2, so kriecht er zurück, wirft er 3 oder 4, kriecht er nach rechts, sonst nach links.
Eine der Ecken ist mit Leim präpariert; gerät Arthur an sie, bleibt er kleben und ist tot.
Schreiben Sie ein Programm, das diesen Vorgang simuliert und lassen sie schätzen, wie lange Arthur im Mittel lebt.

196. Erfinden Sie andere geometrische Figuren, auf denen Arthur krabbeln kann und beantworten Sie die gleiche Frage. (Die originellste Figur wird prämiiert!)

197. Wie lange dauert es, bis Arthur mindestens einmal jede Ecke besucht hat? (Ohne Leim.)

198. Die Auswahl einer optimalen Reihenfolge (z.B. von Maschinen bei einem Produktionsprozeß) spielt in den Anwendungen eine wichtige Rolle. Die Betrachtung aller $n!$ Reihenfolgen (Permutationen) scheitert bei etwas größerem n an dem ungeheuren Rechenaufwand. Hier hilft man sich mit Zufallspermutationen als Stichproben. Schreiben Sie ein Programm zur Gewinnung einer Zufallspermutation.

199. Schreiben Sie ein Programm für die zufällige Auswahl von k Gegenständen aus einer Menge von n Gegenständen.

200. An einem Postschalter wurden folgende Bedienungszeiten statistisch ermittelt:

Bedienungszeit (in Minuten)	0 bis 1	1 bis 2	2 bis 3	3 bis 4	> 4
relative Häufigkeit der Fälle	25%	35%	20%	15%	5%

Die Kunden trafen gemäß folgender Verteilung ein:

Zeit zwischen zwei Ankünften (in Minuten)	0 bis 2	2 bis 4	4 bis 6	6 bis 8
relative Häufigkeit der Fälle	50%	30%	15%	5%

Simulieren Sie Ankunft und Bedienung der Kunden am Schalter und beobachten Sie die Bildung von Warteschlangen.

*

9.3 Textverarbeitung

Die Umsetzung eines Gedankens in einen sprachlichen Text und die Weiterführung eines Textes zu veränderten Versionen nennt man E d i t i e r e n; ein Programm, welches diese Tätigkeit unterstützt, einen E d i t o r. (So besitzt auch unser PASCAL-Rechner einen Editor, d.h. ein Hilfsprogramm, welches uns beim Erstellen und Korrigieren eines Programmtextes auf dem Bildschirm hilft.) Editieren ist e i n Beispiel für T e x t v e r a r b e i t u n g, ein anderes ist die Untersuchung eines Textes auf charakteristische Eigenschaften. Damit wollen wir uns nun befassen:

Beispiel 52: Lesbarkeitsindex eines Textes

Anteil langer Sätze und langer Wörter sind die wichtigsten Faktoren für die (schlechte) Lesbarkeit eines Textes. Schwedische Forscher (unter Leitung von J. Poelanthius) haben hieraus einen sogenannten Lesbarkeitsindex (Lix) entwickelt:

$$\text{Lix} = \frac{\text{Anzahl aller Wörter}}{\text{Anzahl aller Sätze}} + \frac{\text{Anzahl der langen Wörter}}{\text{Anzahl aller Wörter}} \cdot 100.$$

Hierbei gilt ein Wort als 'lang', wenn es mindestens 8 Buchstaben aufweist. Ein Text mit Lix $\leqq$ 35 gilt als leicht, ein Text mit Lix $\geqq$ 55 als schwierig. Es soll ein Programm geschrieben werden, das zu einem gegebenen Text den Lesbarkeitsindex ermittelt.

Das Programm auf der folgenden Seite erläutert sich - glaube ich - selbst; allerdings weist es noch einige Mängel auf, die Sie beim Gebrauch entdecken und - sofern Sie das Programm benutzen wollen - abstellen mögen. Es lieferte, auf folgenden Text angewandt, folgendes Ergebnis:

Die Formel macht einen nahezu genierend einfachen Eindruck. Sollte man mit einem so groben Maßstab etwas so Sinnreiches und Subtiles wie die Sprache messen können? Sollte der Schwierigkeitsgrad eines Textes in einem Maß der Wortlänge und der Satzlänge bestehen? Auf derartige Fragen muß man mit Zahlenwerten antworten, nicht mit subjektiven Meinungen und Beurteilungen.

Lesbarkeitsindex: 64 (also schwer!).

```
PROGRAM lesbarkeitsindex;
  (* ermittelt zu einem gegebenen Text eine Zahl,
     die man als Mass fuer die Lesbarkeit des
     Textes interpretieren kann *)
  CONST
    leerzeichen.= ' ';
  VAR
    zeichen                    : char;
    buchstaben, satzzeichen    : SET OF char;
    b, wort, satz, langwort    : integer;
    lix                        : real;
  BEGIN
    b := 0; (* zaehlt die Buchstaben *)
    wort := -1;  satz := 0;  langwort := 0;
    buchstaben := ['a'..'z', 'A'..'Z'];
    satzzeichen := [',',';','.',':','!','?'];

    writeln(' Satz eingeben. Am Schluß CTRL-C!');
    REPEAT
      read(zeichen);
      IF zeichen IN buchstaben THEN b := b+1;
      IF (zeichen = leerzeichen) OR (zeichen IN satzzeichen)
        THEN BEGIN
          wort := wort + 1;
          IF b > 7 THEN BEGIN langwort := langwort + 1; b := 0 END
        END; (* of then *)
      IF zeichen IN satzzeichen THEN satz := satz + 1
    UNTIL eof;
    writeln;
    writeln(wort,'  Worte);
    writeln(langwort,'  Langworte);
    writeln(satz,'  Saetze);
    lix := round(wort/satz + langwort/wort*100);
    writeln('Lesbarkeitsindex:  ', lix)
  END.
```

*

In UCSD-PASCAL (nicht dagegen im Wirth'schen Standard-PASCAL) existieren vordefinierte Proceduren für Zeichenreihen (strings); ihren Gebrauch wollen wir jetzt kennenlernen.

<u>Beispiel</u> 53: Buchstabenaustausch

In einem gegebenen Text soll jedes Vorkommnis eines Buchstabens, z.B. 'r', durch einen anderen, z.B. 'l' ersetzt werden.

Das Programm ist einfach:

```
PROGRAM buchstabenersatz;
  (* tauscht in einem gegebenen Text
     jedes 'r' gegen ein 'l' aus *)
  VAR
    text  : string;
    p     : integer;
  BEGIN
    writeln('Text eingeben!');
    readln(text);
    REPEAT
      p := pos('r', text);
      delete(text,p,1);
      insert('l',text,p)
    UNTIL p = 0;
    writeln(text)
  END.
```

```
Running ...
Text eingeben!
Mit r ist's ein gefraeßig Tier
Mit l ist's ein geflaeßig Tiel
```

(1) Die Funktion `pos(muster, text)` gibt die Stelle an, wo die Zeichenreihe muster zum ersten Mal in der Zeichenreihe text vorkommt; kommt sie nicht vor, ist pos = 0.

```
writeln(pos('lot', 'Charlotte'))
```

⇒ 5

(2) Die Prozedur `delete(text, stelle, laenge)` löscht in der Zeichenreihe text ab der Position stelle so viele Zeichen, wie die Zahl laenge angibt:

```
text := 'Otto Mottenloch';
delete(text, 8, 4);
write(text)
```

⇒ Otto Moloch

(3) Die Prozedur `insert(muster, text, stelle)` fügt die Zeichenreihe muster in die Zeichenreihe text ab der Position stelle ein:

```
muster := 'kar';
text := 'Otto Moloch';
insert(muster, text, 5);
writeln(text)
```

⇒ Ottokar Moloch

(4) Die Funktion `concat(wort1, wort2, ... , wortn)` verkettet die Zeichenreihen wort1 bis wortn zu einer einzigen Zeichenreihe (concatination = Verkettung):

```
wort1 := 'Apfel'; wort2 := 'saft';
wort3 := '-'; wort4 := 'Flasche';
text := concat(wort1, wort2, wort3, wort4);
writeln(text)
```

⇓

Apfelsaft-Flasche

(5) Die Funktion `copy(text, stelle, laenge)` greift aus der Zeichenreihe <u>text</u> ab der Position <u>stelle</u> einen Teil von soviel Zeichen heraus, wie die Zahl <u>laenge</u> angibt:

```
text := 'Karl Kieselstein';
writeln(copy(text, pos('K',text),4))
```

⇒ Karl

***

Aufgaben

201. Die Verständlichkeit eines Textes kann dadurch geschätzt werden, daß man (zum Beispiel) jedes fünfte Wort entfernt und die Lücken dann aus dem Sinnzusammenhang ergänzen läßt. Schreiben Sie ein Programm, das in einem gegebenen Text jedes fünfte Wort durch soviel Punkte ..... ersetzt, wie es Buchstaben aufweist.

202. Eine Firma, welche Abreibebuchstaben herstellt, möchte die Häufigkeit des Vorkommens der Buchstaben in einem deutschen Text statistisch feststellen. Gesucht ist ein Programm, welches dies leistet und die Buchstaben ihrer Häufigkeit nach ordnet.

203. Der russische Mathematiker Markoff untersuchte die Häufigkeit für das Auftreten von Buchstabenpaaren der Form
- Vokal nach Vokal
- Vokal nach Konsonant .

Schreiben Sie hierfür ein geeignetes Programm!

204. In einem gegebenen Text sind alle Vorkommnisse der Wörter 'ja', 'nein', 'schwarz' und 'weiß' durch Sternchen zu ersetzen.

205. Hier sind wohl die Buchstaben verrutscht:

A ufe inerwi esesch läf te inri ese

Schreiben Sie ein Programm, das einen gegebenen Text in dieser Weise verfremdet. Die Wortlänge soll zufällig gewählt werden.

206. Ein gegebener fortlaufender Text ist in Zeilen zu gliedern. Schreiben Sie ein geeignetes Programm.

207. Mit sogenannten Palindromen haben wir uns schon einmal beschäftigt (Aufgabe 104). Schreiben Sie ein Programm, das mit Hilfe der eben geschilderten Zeichenreihen-Operationen
a) Wörter daraufhin testet, ob sie Palindrome sind,
b) Palindrome erzeugt.
Dabei sollen Leerstellen einmal berücksichtigt, einmal nicht berücksichtigt werden.

208. An folgendem Gedicht stimmt offenbar etwas nicht:

> Dur Kufur krutzt dun Kuntrubuß,
> Dii sißi Biini Ilsi
> soofzt toof bowogt ...

Schreiben Sie ein Programm, mit dem man in der gezeigten Weise Vokale austauschen kann.

209. Ein gegebener Text soll so gestaltet werden, daß jede Zeile rechtsbündig mit einem Wort endet (Randausgleich).

210. Der Satz FERN MEI NER HEIMATH soll durch Versuch und Irrtum (Mutation und Selektion) in den Satz LERN AUS DEN FEHLERN transformiert werden. Das heißt: fehlerhafte Buchstaben werden (vom blinden Zufall gesteuert) solange variiert, bis der Fehler behoben ist.

211. KOSMISCHE LANDSCHAFT ist ein rechner-erzeugtes Gedicht:

> Wolken, die verwehen
> Wirbel, die zerfliessen
> Wellen, die kreisen
> Sterne, die gluehen
> Blitze, die schweben
> Schreie, die steigen
> Fluten, die schwanken
> Planeten, die brechen
> Stimmen, die zusammensinken
> Schmerzen, die stuerzen
> Und immer wieder Fluten, Schreie, Wirbel.

Gesucht ist ein Programm, das dieses Gedicht erzeugt haben kann.
Entwickeln Sie andere Programme zum Dichten!

212. Ein <u>Wortratespiel</u> mit folgenden Regeln soll programmiert werden:
Von einem gesuchten Wort wird die Anzahl der Buchstaben durch das Programm bekanntgegeben sowie ein 'Stichwort' als Hinweis auf die Bedeutung. Der Spieler tippt ein
- entweder das seiner Meinung nach richtige Wort
- oder einen Buchstaben, der seiner Meinung nach im Wort vorkommt.

Das Programm gibt dann als Hilfe an, wo in dem gesuchten Wort dieser Buchstabe vorkommt - solange, bis das Wort geraten ist.

Folgender Dialog kann sich dabei abspielen:

```
Das gesuchte Wort hat die Länge 8:   ********

Stichwort: Welcher Pfarrer sitzt im Baum?

1. Versuch  ? F
Hilfe:                * * * * F * F F

2. Versuch  ? A
Hilfe:                * * * * F A F F

3. Versuch  ? O
Hilfe:                * O * * F A F F

4. Versuch  ? DOMPFAFF
Herzlichen Glueckwunsch! Sie haben richtig geraten.
```

Die zu erratenden Worte können durch Zufall aus einer Liste ausgesucht werden. Es kann auch die Rateleistung durch Angabe der benötigten Versuche protokolliert werden.

Blaise Pascal
vor einer seiner
Rechenmaschinen

9.4 Sortieren

So alt wie der Computer ist das Problem 'Sortieren', d.h. Zahlen, Worte, Datensätze in eine geordnete Folge bringen. Wußten Sie, daß das erste für einen elektronischen Rechner geschriebene Programm ein Sortierprogramm war? Es stammt von dem - uns aus Abschnitt 9.2 bekannten - bedeutenden Mathematiker John von Neumann (1945).
Sortieren ist eine der häufigsten Aufgaben der elektronischen Datenverarbeitung: ein sortierter Datenbestand kann wesentlich schneller verarbeitet werden als ein unsortierter; insbesondere ist das Suchen nach einzelnen Datensätzen erheblich einfacher, wenn der Bestand sortiert vorliegt.
Weiterhin ist das Sortierproblem ein klassisches Beispiel für die gegenseitige Bedingtheit von Algorithmus und Datenstruktur: Entscheidungen über die Strukturierung der Daten können nicht ohne Kenntnis der auf die Daten anzuwendenden Algorithmen getroffen werden - und umgekehrt hängt die Struktur der Algorithmen von der der zu verarbeitenden Daten ab. Man könnte einen ganzen Programmierkurs mit dem Sortierproblem bestreiten (Wirth [8]).

Beispiel 54 : Sortieren durch Auswahl

Es sollen n in einem Feld gegebene Zahlen (bzw. Worte) steigend sortiert, d.h. der Größe nach (bzw. alphabetisch) geordnet werden.

Nahe liegt folgende Idee: zunächst wird das kleinste Element im Feld a ausgewählt und auf den vordersten Platz gesetzt, d.h. das Element a[1] und das minimale Element tauschen die Plätze. Unter den verbliebenen Elementen a[2], a[3], ... a[n] wird nun wieder das kleinste Element bestimmt und mit a[2] vertauscht; und so geht es weiter.

Beispiel: (3,7,1,5) → (1,7,3,5) → (1,3,7,5) → (1,3,5,7) .

Das Vertauschen der Elemente selbst ist nicht so gut wie das Vertauschen der Platznummern, denn wenn die Elemente aus ganzen Datensätzen bestehen,ist ersteres viel aufwendiger. Daher:

1	2	3	4
3	7	1	5

3	2	1	4
3	7	1	5

2	3	1	4
3	7	1	5

2	4	1	3
3	7	1	5

Das zugehörige Struktogramm sieht so aus:

SORTIEREN DURCH AUSWAHL

```
Bereitstellung eines Feldes  a  mit  n  Plätzen
und Eingabe der Daten ins Feld

Für  i  von  1  bis  n-1
    Suche Ministelle (a , i ; Ergebnis: ministelle)
    Vertausche  a[i] mit  a[ministelle]

Ausgabe: a  (* sortiertes Feld *)
```

Das Aufschreiben des Programms in PASCAL sei dem Leser zur Übung überlassen.

Beispiel 55 : Sortieren durch Einfügen

Diesmal soll beim Sortieren wie ein Skatspieler vorgegangen werden, der jede neue Karte in das schon vorhandene Blatt einordnet.

Wir nehmen an, daß die Elemente liste[1] bis liste[i-1] bereits in einem Feld liste abgelegt sind. Das jeweils neu hinzukommende Element wird nun - bei Stelle 1 beginnend - mit den Listenelementen verglichen. Es wandert solange zu größeren Platznummern, bis es auf ein Listenelement stößt, das größer als es selbst ist: damit ist die Einfügestelle gefunden. Jetzt werden alle größeren Listenelemente um eine Stelle nach rechts geschoben: dies ist die Prozedur einfuegen (auf der nächsten Seite).
Die zu sortierenden Daten stellt uns eine Prozedur erzeugezufallswort zur Verfügung; wenn wir den Sortiervorgang mehrfach ablaufen lassen, können wir eine mittlere Sortierzeit für (sagen wir) 100 Datenelemente feststellen, um damit einen Vergleich mit anderen Sortierverfahren zu bekommen.

```
PROGRAM sortieren;
  (* sortiert Zeichenreihen durch Einfuegen,
     diese werden als Zufallsziffernfolgen
     vom Programm selbst bereitgestellt *)
  USES LONGINT;
  CONST
    n = 100;
  TYPE
    wort = integer[10];
  VAR
    anzahl                 : 0..n;
    liste                  : ARRAY[1..n] OF wort;
    zufallswort, neuwort: wort;
  PROCEDURE erzeugezufallswort;
    (* Zufallsgenerator zum Bereitstellen von Daten *)
    VAR
      m , y : wort;
    BEGIN
      y := 25173 * zufallswort + 13849;
      m := 100 000 ;
      zufallswort := y - (y DIV m) * m
    END; (* of erzeugezufallswort *)
  PROCEDURE ausgabe;
    VAR
      stelle : 1..n;
    BEGIN
      FOR stelle := TO n DO write(liste[stelle] : 10)
    END; (* of ausgabe *)
  PROCEDURE einfuegen ( neuwort : wort ) ;
    VAR
      stelle, neuestelle : 0..n;
      suchend            : boolean;
    BEGIN
    (* Einfuegestelle bestimmen *)
      stelle := 1;
      suchend := true;
      WHILE suchend AND (stelle <= anzahl) DO
        IF neuwort < liste[stelle] THEN suchend := false
                                   ELSE stelle := stelle + 1;
      neuestelle := stelle;
```

```
    (* Platz schaffen durch Verschieben *)

      FOR stelle := anzahl DOWNTO neuestelle DO
        liste[stelle + 1] := liste[stelle];

    (* Einfuegen *)

      liste[neuestelle] := neuwort;
      anzahl := anzahl + 1

    END; (* of einfuegen *)

  BEGIN (* Hauptprogramm *)

    write (' Erstes Zufallswort?  ');
    readln(zufallswort);

    anzahl := 0;

    WHILE anzahl < n DO BEGIN
      erzeugezufallswort;
      einfuegen(zufallswort)
    END; (* of while *)

    ausgabe

  END.
```

Achtung!
Globale Variable.

```
Running ...
Erstes Zufallswort?  123456
 1399   1936   3036   8116   9076   12810   14037
 ..................................   98099   99170
```

Läuft schön, nicht?

Um Sie besonders zu verwöhnen, möchte ich Sie noch mit dem interessanten Verfahren des amerikanischen Mathematikers C.A.R. Hoare bekanntmachen:

Beispiel 56 : Quicksort

Die gegebenen Elemente sollen nach der Devise DIVIDE ET IMPERA sortiert werden.

Diese etwas dunkle Anweisung besagt folgendes:
Das gegebene Feld wird so in zwei Teile aufgeteilt, daß in einem Teilfeld die Elemente stehen, welche kleiner als ein gewisses 'trennendes' Element sind,

im anderen Teil die größeren. Anschließend werden beide Teilfelder nach dem gleichen Muster behandelt; dies solange, bis man bei einelementigen Mengen angelangt ist: dann ist das Feld sortiert. Nehmen wir an, es sind die 10 Zahlen

98 89 07 85 32 23 72 78 38 13

zu sortieren. Als trennendes Element wird das jeweils in der Mitte stehende genommen (mit ◯ markiert); der Sortiervorgang verläuft dann wie folgt:

13	89	07	85	(32)	23	72	78	38	98
13	23	07	85	(32)	89	72	78	38	98
13	23	07	(32)	85	89	72	78	38	98
13	07	(23)	32	85	89	72	78	38	98
07	(13)	23	32	85	89	72	78	38	98
07	13	23	32	38	89	(72)	78	85	98

....

Es wird jeweils, zunächst von links beginnend, das erste Element gesucht, welches größer oder gleich als das Trennelement ist; dann von rechts her das erste Element, welches kleiner oder gleich dem Trennelement ist: diese beiden Elemente werden vertauscht. Bezeichnen wir das gegebene Feld mit liste und die beiden Indizes, die von links bzw. von rechts nach innen wandern, mit links bzw. rechts, läßt sich der Aufteilungsalgorithmus so beschreiben:

```
Solange  liste[links] < trennelement tue: links ← links + 1
Solange  liste[rechts] > trennelement tue: rechts ← rechts - 1
Wenn  links ≤ rechts dann vertausche liste[links] mit liste[re]
Setze links ← links + 1  und  rechts ← rechts - 1
```

```
PROGRAM quicksort;
  (* sortiert ein Feld nach dem Quicksort-Verfahren *)

  USES LONGINT;

  CONST
    n = 10;

  TYPE
    bereich = 1..n;
    wort    = integer[10];

  VAR
    zufallswort : wort;
    liste       : ARRAY[[bereich] OF wort;

  PROCEDURE erzeugezufallswort;
    VAR
      m , y : wort;
    BEGIN
      y := 2513 * zufallswort + 13849;
      m := 100000;
      zufallswort := y - (y DIV m) * m
    END; (* of erzeugezufallswort *)

  PROCEDURE eingabe;
    VAR
      stelle : bereich;
    BEGIN
      FOR stelle := 1 TO n DO BEGIN
        erzeugezufallswort;
        liste[stelle] := zufallswort
      END (* of for *)
    END; (* of eingabe *)

  PROCEDURE ausgabe;
    VAR
      stelle : bereich;
    BEGIN
      FOR stelle := 1 TO n DO write(liste[stelle]:8)
    END; (* of ausgabe *)
```

zur Erzeugung schön langer Zufallsworte

Die Prozedur Sortieren steht auf der folgenden Seite. Achten Sie auf den r e k u r s i v e n Prozeduraufruf; man könnte auch iterativ vorgehen: das Programm würde aber wesentlich aufwendiger.

```
  PROCEDURE sortieren (anfang, ende : bereich);
    (* Das Feld ist globale Variable *)
    VAR
      links, rechts       : bereich;
      merke, trennelement : wort;
    BEGIN
      links := anfang;  rechts := ende;
      trennelement := liste[(links + rechts) DIV 2];
    REPEAT
      WHILE liste[links] < trennelement DO  links := links + 1;
      WHILE liste[rechts] > trennelement DO rechts := rechts - 1;
      IF links <= rechts THEN BEGIN
        merke := liste[links]; liste[links] := liste[rechts];
        liste[rechts] := merke;
        links := links + 1; rechts := rechts - 1
      END; (* of then *)
    UNTIL rechts < links;
    IF anfang < rechts THEN sortieren(anfang, rechts);
    IF links  < ende   THEN sortieren(links, ende)
  END; (* of sortieren *)

BEGIN (* Hauptprogramm *)
  write (' Erstes Zufallswort?  ');
  readln(zufallswort);
  eingabe;
  writeln;
  writeln (' Unsortierte Daten:');
  ausgabe;
  writeln;
  writeln (' Sortiervorgang beginnt:');
  sortieren(1,n);
  ausgabe
END.
```

```
Running ...
Erstes Zufallswort:  12
Unsortierte Daten:        22  65  23  12  63  93  39  76  28  25
Sortiervorgang beginnt: 12  22  23  25  28  39  63  65  76  93
```

Wir haben jetzt drei unterschiedliche Sortierverfahren kennengelernt - und natürlich interessieren ihre Vorzüge bzw. Nachteile. Zu jedem der Verfahren gibt es Situationen, wo sie besonders gut, d.h. schnell, arbeiten, und solche, wo sie schlecht sind. Beim Vergleich der Verfahren ist besonders die Tatsache zu berücksichtigen, daß die meisten Datenbestände nicht völlig ungeordnet vorliegen, sondern bereits t e i l w e i s e s o r t i e r t sind. Im Hinblick darauf besteht beispielsweise ein Nachteil des Sortierens durch Auswahl darin, daß es aus dieser Tatsache keinerlei Vorteil zu ziehen vermag (die Anzahl der Vergleiche ändert sich nicht) - im Gegensatz zum Sortieren durch Austausch (Aufgabe 217). Quicksort arbeitet langsam, wenn wir das Pech haben, als Trennelement gerade das kleinste (oder das größte) zu erwischen...
Ein Vergleich der Verfahren kann rein t h e o r e t i s c h erfolgen (mathematische Berechnungen des Aufwands) oder empirisch, d.h. durch Ausprobieren. Damit ein Verfahren nicht aufgrund einer für es besonders günstigen Datenkonstellation ungerechtfertigt gut abschneidet, wird man die Daten - wie wir es bereits getan haben - durch Z u f a l l s a u s w a h l bereitstellen (Aufgabe 218).

Alle bisher besprochenen Sortierverfahren hatten die Daten (als Felder) im Arbeitsspeicher verfügbar (sogenanntes i n t e r n e s Sortieren). In der Praxis sind die Datenbestände aber häufig dafür zu umfangreich: dann muß man andere Sortierverfahren ersinnen (e x t e r n e s Sortieren, Sortieren von Dateien). Leider kann ich - aus Platzgründen - auf diese interessante Frage nicht mehr eingehen (Sie können darüber in [8] nachlesen).

***

A u f g a b e n

213. Das Programm 'Sortieren durch Einfügen' benutzt globale Variable, die durch die Prozedur <u>einfuegen</u> beeinflußt werden. Können Sie diesen Schönheitsfehler beseitigen?

214. Ändern Sie die Programme 'Sortieren durch Auswahl' und 'Sortieren durch Einfügen' so ab, daß damit V e r b u n d e

(Kenn-Nummer und Name) verarbeitet werden können. Einmal soll nach der Nummer, zum anderen alphabetisch sortiert werden.

215. Verfolgen Sie bei 'Quicksort' die Auswahl der Trennelemente und das Aufteilen, indem Sie jeden Prozeduraufruf durch eine geeignete Ausgabe protokollieren lassen.

216. Der Verfasser des folgenden Programmausschnitts behauptet, es arbeite gemäß Quicksort. Prüfen Sie diese Behauptung und bringen Sie das Programm in lesbare Form!

```
PROCEDURE quicksort (i , j : integer);
  VAR
    k , l : integer;
    aufw : boolean;
    v    : real;
  BEGIN
    IF i < j THEN BEGIN
      v := a[j];
      aufw := true;
      k := i;
      l := j;
      REPEAT
        IF aufw THEN BEGIN
          IF a[k] > v THEN BEGIN a[l] := a[k]; aufw
            a[l] := a[k]; aufw := false
            END (* of then *)
          END (* of then *)
        ELSE
          IF a[l] < v THEN BEGIN
            a[k] := a[l]; aufw := true
            END; (* of then *)
        IF aufw THEN k := k+1 ELSE l := l-1
      UNTIL k = l;

      a[k] := v;

      IF i < k-1 THEN quicksort(i,k-1);
      IF k+1 < j THEN quicksort(k+1,j)
    END (* of then *)

  END; (* of quicksort *)
```

217. Entwickeln Sie ein Sortierverfahren (Struktogramm, Programm), das nach folgender Idee arbeitet:
Je zwei nebeneinanderliegende Elemente werden vergleichen; sie werden vertauscht, wenn sie (im Sinne der erstrebten Anordnung) falsch stehen.
Beispiel: (5,3,1,2) → (3,5,1,2) → (3,1,5,2) → (3,1,2,5)
→ (1,3,2,5) → (1,2,3,5).

Dies Verfahren heißt 'Sortieren durch Austausch'; es trägt auch den schönen Namen 'Sprudelmethode' (engl.: bubble sort), weil die jeweils größten Elemente (in obigem Beispiel die 5 und die 3) wie Blasen in einer Flüssigkeit nach oben sprudeln.

218. Vergleichen Sie die vier Verfahren, die wir kennengelernt haben, mittels zufällig erzeugter Daten hinsichtlich ihrer Schnelligkeit. (Hinweis: Sie müssen klar erkennen lassen, wann der eigentliche Sortiervorgang beginnt; das Erzeugen der Zufallszahlen benötigt beträchtliche Zeit, die nicht auf das Konto der Sortierverfahren gehen sollte.)

219. Wenn ein Datenbestand sortiert vorliegt, geht das S u c h e n eines Elementes schnell. Entwickeln Sie Algorithmus und Programm 'Binäres Suchen', welche sich an der Idee der Intervallhalbierung (Aufgabe 51, Seite 68) orientieren. (Beachten Sie, daß Sie dort von den Eigenschaften der Dezimalzahlen nur deren A n o r d n u n g benutzen.)

220. Entwickeln Sie ein Sortierverfahren, das nach folgender Idee (John von Neumann 1945) vorgeht: Das Feld wird in zwei Teile geteilt; die beiden Teile werden getrennt sortiert und anschließend g e m i s c h t , d.h. in sortierter Reihenfolge auf ein zweites Feld kopiert (Sortieren durch Mischen). Wenden Sie das Verfahren auf D a t e i e n (files) an.

Damit ist meine Geschichte zu Ende. Hätte ich jetzt Wein zur Hand, so wollte ich trinken, bis mir die Augen übergingen ...

... sagt Hans Rosenplüt

ANHANG

I. Lösungen

ausgewählter Übungsaufgaben

1. Programm 'Preisberechnung ' mit Text:

```
PROGRAM preisberechnung;
  VAR
    menge , preis : real;
  BEGIN
    write('Menge =   ');
    read(menge);
    write('Stueckpreis =   ');
    read(preis);
    write('Bruttopreis = ',menge * preis,' DM.')
  END.
```

2. Rauminhalt und Außenfläche eines Kastens:

Eingabe: a , b , c (Kantenlängen)

Ausgabe: Rauminhalt a·b·c

Außenfläche: a·b + 2a·c + 2b·c

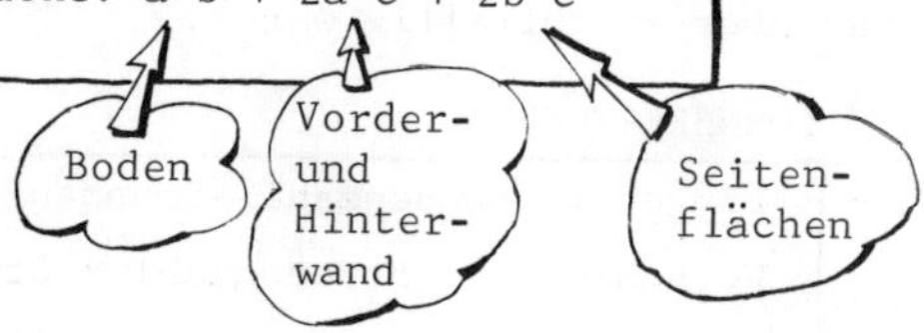

3. Nettopreis bei Rabatt und Mehrwertsteuer:

Eingabe: Listenpreis, Steuersatz, Rabattsatz

Ausgabe: $\text{Listenpreis} \cdot (1 + \frac{\text{Steuersatz}}{100}) \cdot (1 - \frac{\text{Rabattsatz}}{100})$

Die Reihenfolge (Rabatt-Steuer oder Steuer - Rabatt) ist - wie obige Formel zeigt - gleichgültig.

4. Übersetzung von PASCAL-Ausdrücken in gewöhnliche Schreibweise:

a) $2a^2 + a - 3$ b) $\frac{ac}{b} + d$ c) $\frac{k}{2}$ d) $\frac{1}{2k}$

5. Übersetzung arithmetischer Ausdrücke in PASCAL-Schreibweise:

a) 1/2 + 1/3 + 1/4 b) (3 + 7) * 37 - (3*3*3 + 7*7*7) = 0

d) (x + y)/(2*x - y) e) z := x + y; z := z * z

f) 1 + 1/(a + 1/b)

7. Wert einer Variablen: k = 6 .

8. Wirkung eines Programmausschnitts: berechnet $x^5 = 2^5 = 32$.

10. Kreistausch: h := a; a := b; b := c; c := d; d := h

11. Syntax-Error: links von einem Wertzuweisungsoperator darf nur ein Variablen-Name, keine Zahl und kein Ausdruck stehen!

12. Schuhgröße sei s, Geburtsjahr sei g. Dann bekommen wir folgende Rechenvorschrift:

$(2 \cdot s + 39) \cdot 50 + 30 - g = 100s + 1950 + 30 - g$

$= 100s + (1980 - g) = 100s +$ Alter im Jahr 1980.

Ist das Geburtsjahr z.B. 1940 und die Schuhgröße 42, so gibt dies 4200 + 40 = 4240.
Das Bezugsjahr ist hier 1980; im Jahr 1984 muß man 34 addieren (was aber zu auffällig wäre).

16. LOHNBERECHNUNG

```
Eingabe: Stundenzahl, Stundenlohn

Wochenlohn ← Stundenzahl * Stundenlohn

Zuschlag ← (Stundenzahl - 40) * Stundenlohn / 2

Wenn Stundenzahl > 40
  dann Wochenlohn ← Wochenlohn + Zuschlag

Ausgabe: Wochenlohn
```

22. SCHWEIZER COMPUTER-CLUB

```
Eingabe: Auftragswert, Mitgliedschaft

Rechnung ← Auftragswert

Wenn Auftragswert > 50 und Mitgleid
  dann Rechnungsbetrag ← Rechnungsbetrag * 0.9

Wenn Auftragswert <= 100
  dann Rechnungsbetrag ← Rechnungsbetrag + Versand-
                                             kosten
Ausgabe: Rechnungsbetrag
```

28. Es wird der Verkaufspreis einer Ware aus Listenpreis und zwei gegebenen Rabattsätzen berechnet: ist der Listenpreis > 5000 DM, kommt ein Rabattsatz von 10% sonst von 5% zur Anwendung.

30. Von A_2 aus verzweigt sich der Programmablauf sowohl nach A_5 wie auch nach B_3 - das geht nicht.

58. Häufigkeit der Augensummen beim Würfeln (es sei n = 3):

AUGENSUMMENZÄHLER

```
Feld a mit 18 Plätzen bereitstellen
und auf Null setzen
    Für i1 von 1 bis 6
        Für i2 von 1 bis 6
            Für i3 von 1 bis 6
                Summe ← i1 + i2 + i3
                a[Summe] ← a[Summe] + 1
Ausgabe: a[3] bis a[18]
```

71. Endlose Division ganzer Zahlen:
Es handelt sich um eine ganzzahlige Division mit Rest, wobei jeweils der ganzzahlige Anteil ausgegeben wird. Sind a , b gegeben und ist a:b zu bilden, so wird zunächst der ganzzahlige Anteil a DIV b ausgedruckt, dann wird das Komma gesetzt; anschließend wird der Rest mit 10 multipliziert: mit ihm beginnt das Spiel von neuem.

ENDLOSE DIVISION GANZER ZAHLEN

```
Eingabe von Dividend a, Divisor b und
Anzahl n der gewünschten Nachkommastellen
Ausgabe: a DIV b
Wenn a MOD b = 0 dann Ende
sonst Drucke Komma
      Wiederhole n-mal:
          r := a MOD b
          a := 10 · r
          Ausgabe a DIV b
```

72. Algorithmus zur Ziffernumkehr:

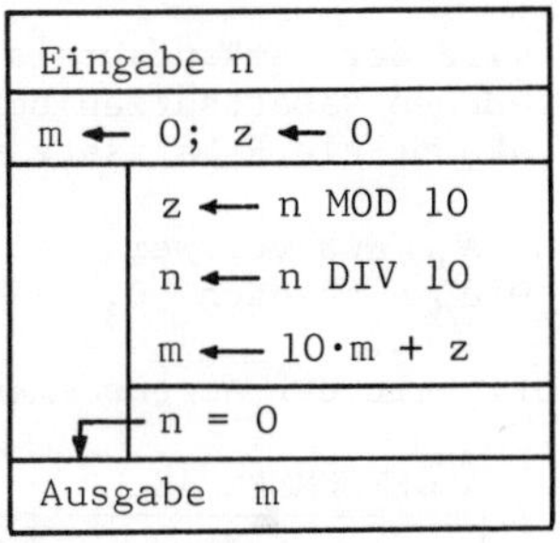

73.

```
PROGRAM dezdual;
  (* verwandelt Dezimalzahl
     in Dualzahl *)
  CONST
    basis = 2;
  VAR
    zahl,k : integer;
  BEGIN
    write('Welche Zahl soll umgewandelt werden?  ');
    read(zahl);
    write(zahl,'=');
    k := 1;
    REPEAT
      k := k * basis
    UNTIL k > zahl;
    REPEAT
      k := k DIV basis;
      write(zahl DIV k : 1);
      zahl := zahl MOD k
    UNTIL k = 1
  END.
```

81. Unzulässiges Programmstück: die Zeichen '3' und '5' kann man nicht addieren (wohl aber die Zahlen 3 und 5).

84. Vergleiche Beispiel 52 (Lesbarkeitsindex).

85. Wenn Sie das Programm laufenlassen wollen, müssen Sie zunächst folgenden Fehler beseitigen: text1, text2 sind als Felder zu deklarieren: ARRAY[1..10] OF char (bei strings ist eine Wertzuweisung an eine Komponente nicht möglich).

93. Ersatzoperator für p AND q ist einfach das Produkt p * q.

Für die Subjunktion p → q ist 1 - p + p*q Ersatzoperator.

94. Beim sogenannten Sieb des Eratosthenes werden zunächst alle echten Vielfachen von 2 gestrichen, dann erfolgt das gleiche mit der nächsten noch nicht gestrichenen Zahl (3,5,7,...). Das Sieb vereinbaren wir als Feld von Wahrheitswerten:

sieb : ARRAY[1..laenge] OF boolean;

die Bedingung sieb[zahl] bedeutet dann, daß <u>zahl</u> im Feld <u>sieb</u> enthalten ist.

94.(Fortsetzung)

```
PROGRAM eratosthenes;
  (* dient zur Bestimmung von Primzahlen
    gemäß der Siebmethode des Eratosthenes *)
  CONST
    n = 5000;
    drin = true; draussen = false;
  VAR
    sieb : ARRAY[1..n] OF boolean;
    zahl, faktor, vielfaches, laenge : 0..n;
  BEGIN
    write('Sieblaenge:  ');
    read(laenge);
    (* Fuellen des Siebes *)
    FOR zahl := 2 TO laenge DO sieb[zahl] := drin;
    (* Sieben *)
    FOR zahl := 2 TO laenge DO BEGIN
      IF sieb[zahl] THEN BEGIN
        faktor := 1;
        REPEAT
          faktor := faktor + 1;
          vielfaches := faktor * zahl;
          sieb[vielfaches] := draussen
        UNTIL vielfaches >= laenge
      END (* of then *)
    END; (* of for *)
    (* Leeren des Siebes *)
    FOR zahl := 2 TO laenge DO
      IF sieb[zahl] THEN write(zahl : 6)
  END.
```

99. Zahlen eines Feldes, die > , = oder < als gegebene Zahl b:

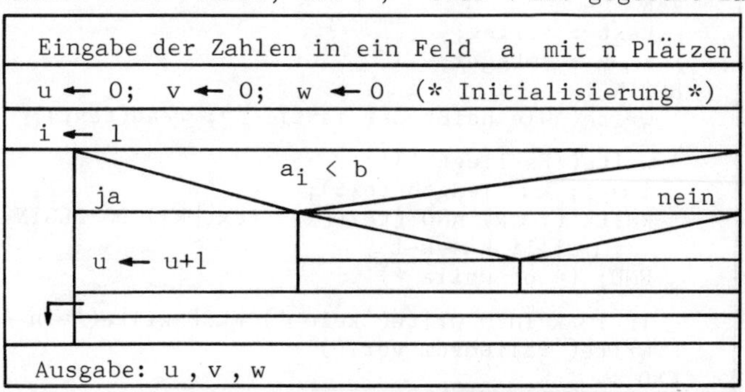

100. Provisionsübersicht

Für die Namen der Vertreter sehen wir ein Zeichenreihen-Feld (ARRAY[1..n] OF string), für die Provisionsbeträge ein Zahlenfeld vor. Beide sind über den Feldindex (Vertreter-Nummer) einander zugeordnet. Wird ein Auftragszettel (mit Vertreternummer und Auftragssumme) eingegeben, sucht der Rechner den Vertreternamen, den er zur Kontrolle auf dem Bildschirm ausgibt, und weist dann den Provisionsbetrag zu.
Struktogramm:

PROVISIONSÜBERSICHT

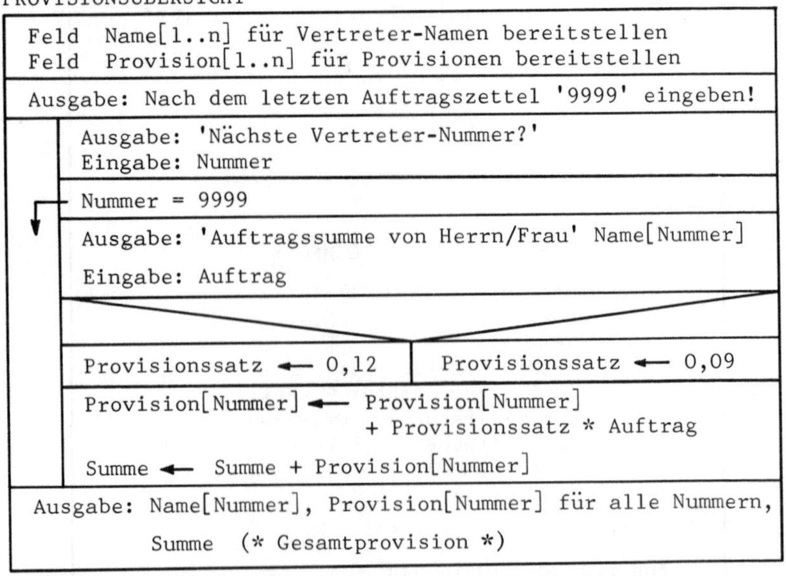

Dieses schöne Struktogramm enthält noch einen kleinen Fehler, können Sie ihn finden? Danke.

104.

```
PROGRAM palindrom;
  VAR
    text : string;
    i , k : integer;
  BEGIN
    write('Wie heißt der Text?  '); read(text);
    write('Es liegt ');
    i := 1; k := length(text);
    WHILE (i < k) AND (text[i] = text[k]) DO BEGIN
      i := i+1; k := k-1
    END; (* of while *)
    IF i < k THEN write('kein ') ELSE write('ein ');
    write('Palindrom vor.')
  END.
```

112. Zwei Funktionsprozeduren fürs Multiplizieren:

```
PROCEDURE multipliziere(x , y : integer; VAR z : integer);
  VAR
    u : integer;
  BEGIN
    u := y;  z := 0;
    REPEAT
      z := z+x;
      u := u-1
    UNTIL u = 0
  END; (* of multipliziere *)
```

```
PROCEDURE multipliziere(x , y : integer; VAR z : integer);
  BEGIN
    z := 0;
    REPEAT
      z := z+x; y := y-1
    UNTIL y = 0
  END; (* of multipliziere *)
```

Bei der zweiten Fassung übernimmt der Werteparameter die Aufgabe der lokalen Variablen u . Für theoretische Untersuchungen ist die erste Fassung besser geeignet.

115. Heronscher Quadratwurzelalgorithmus

```
FUNCTION wurzel(a : real) : real;
  CONST
    epsilon = 1E-5;  (* Genauigkeitsschranke *)
  VAR
    w : real;
  BEGIN
    IF a = 0 THEN wurzel := 0
    ELSE BEGIN
      w := (1+a)/2;
      REPEAT
        w := (w + a/w)/2
      UNTIL abs(a/(w*w) - 1) < epsilon;
      wurzel := w
    END (* of else *)
  END; (* of wurzel *)
```

131.

```
PROGRAM hofstadter;

  (* es wird die stark rekursive
     Hofstadter-Funktion berechnet *)

  VAR
    i , n : integer;

  FUNCTION hof(k : integer) : integer;
    BEGIN
      IF (k=1) OR (k=2)
        THEN hof := 1
        ELSE hof := hof(k - hof(k-1)) + hof(k - hof(k-2))
    END; (* of hof *)

  BEGIN (* Hauptprogramm *)
    write('Wie weit soll gerechnet werden?  ');
    read(n);
    FOR i := 1 TO n DO write(hof(i):8)
  END.
```

```
Running ...

Wie weit soll gerechnet werden?  20

1  1  2  3  3  4  5  5  6  6  6  8  8  8  10  9  10

11 11 12
```

hof(24) = 16 läßt sich leicht von Hand ausrechnen; der Rechner hat hier schon beträchtliche Schwierigkeiten. Bei hof(30) geht die Microengine baden.

132. Zeichenumkehr rekursiv

a)

```
PROCEDURE umkehren(n : integer);
  BEGIN
    write(n MOD 10);
    IF n DIV 10 <> 0
      THEN umkehren(n DIV 10)
  END; (* of umkehren *)
```

b)

```
PROCEDURE umkehren;
  VAR
    buchst : char;
  BEGIN
    read(buchst);
    IF buchst <> ' ' THEN umkehren;
    write(buchst)
  END; (* of umkehren *)
```

137. Es fehlt der Rekursionsanfang. Zieht man eine durchgehende Linie ein, so heißt dies, das das leere Wort eine Kette ist. Dann sind z.B. die Ketten *o, **oo, **oo* konstruierbar.

138. Bei Programmablaufplänen (allgemein: bei Algorithmen) ist der Ablauf determiniert, eindeutig vorgeschrieben (die Bedingungen in Entscheidungs- und Wiederholungsanweisungen sorgen dafür). Bei Syntaxdiagrammen fehlen solche Bedingungen; es sind somit mehrere Verläufe möglich (man nennt dies einen K a l k ü l).

155. Bestimmt Element-Anzahl einer Menge

```
TYPE
  grundmenge = (e1, e2, e3, e4, e5);
  menge      = SET OF grundmenge;

FUNCTION anzahl(x : menge) : integer;
  VAR
    g : grundmenge;
    z : integer;

  BEGIN
    z := 0;
    FOR g := e1 TO e5 DO
      IF g IN x THEN z := z+1;
    anzahl := z
  END; (* of anzahl *)
```

159. <u>monat</u> ist eine Menge von Monaten, für die die Schnittmenge

{jan, mrz, mai} $\cap$ <u>monat</u> nicht leer ist, d.h.

es gilt:(jan IN monat) OR (mrz IN monat) OR (mai IN monat).

198. ZUFALLSPERMUTATION

```
Eingabe: Anzahl  n  der Elemente
         Anzahl  m  der Permutationen
Bereitstellung eines Feldes  p  mit n Plätzen
Wiederhole m-mal
    Feld  p[i] := i  für i von 1 bis n  laden
    i := n
        z := trunc(i * zufallszahl) + 1
        p[i] mit p[z] vertauschen
        i = 2
        i := i-1
    Ausgabe: Feld p
```

****

Geschätzte Leserin, geneigter Leser!
Leider war es mir - aus Platzgründen - nicht möglich, mehr und/ oder ausführlichere Lösungen zu bringen.
Haben Sie eine Frage - ich gebe Ihnen (sofern ich es vermag) gerne Auskunft. Über Mitteilung von Fehlern, Kritik, Verbesserungsvorschläge würde ich mich sehr freuen.
Meine Adresse:

R. Baumann, In den Stuken 16, 2120 Lüneburg (04131/58308)

****

II. Erläuterung

einiger mathematischer Sachverhalte

- Zu Beispiel 2 (Seite 15):

Das Fallgesetz lautet $s = \frac{1}{2}gt^2$; dabei ist $g \approx 9.81 \frac{m}{s^2}$ die Fallbeschleunigung. Bei bekannter Fallstrecke s ist die Fallzeit $t = \sqrt{\frac{2s}{g}}$; im Fall $s = h - 650$ gilt also die Formel auf Seite 15.

- Zu Aufgabe 42 (Seite 62):

Die bessere Formel zur Berechnung der Standardabweichung lautet

$$s = \sqrt{\frac{1}{n}(x_1^2 + \ldots + x_n^2) - \bar{x}^2}$$

Beispiel: $x_1=1$, $x_2=2$, $x_3=3$. Nach der ersten Formel

$$s = \sqrt{\frac{1}{3}(1-2)^2 + (2-2)^2 + (3-2)^2} = \sqrt{\frac{2}{3}} \approx 0,82$$

Nach der zweiten Formel:

$$x_1^2 + x_2^2 + x_3^2 = 1 + 4 + 9 = 14, \quad \bar{x} = 2, \quad \text{und damit}$$

$$s = \sqrt{\frac{1}{3}\cdot 14 - 2^2} = \sqrt{\frac{2}{3}} \quad \text{wie oben.}$$

Der Nachteil der ersten Formel besteht darin, daß man bei der Eingabe von $x_1, x_2, \ldots$ das arithmetische Mittel $\bar{x}$ noch gar nicht kennt und somit die Rechnungen $(x_1 - \bar{x})^2, \ldots$ unmittelbar nicht ausführen kann.

- Zu Abschnitt 4.2 (Seite 82):

Als r e l l e Z a h l e n (in Dezimaldarstellung) bezeichnet man alle (abbrechenden und nicht-abbrechenden) Dezimalzahlen.

Der Ausdruck 'Gleitpunktdarstellung' rührt von der Vorstellung her, daß beim Übergang von (beispielsweise)

$$0.0000157 \quad \text{zu} \quad 1.57\cdot 10^{-5}$$

der Dezimalpunkt nach rechts (genauer: hinter die erste wesentliche Ziffer) 'gleitet'. Man spricht auch von 'Exponentialdarstellung', weil die Größenordnung der Zahl durch einen Exponenten (hier: -5) angegeben wird.

III. Literaturhinweise

[1] BAUKNECHT, K. und C.A. ZEHNDER: Grundzüge der Datenverarbeitung. Stuttgart (Teubner) 1980

Allgemeinverständliche und doch exakte Beschreibung von Begriffen und Methoden der Datenverarbeitung (wie Datenstrukturen und Speichermedien, Programmentwicklung, Computersysteme, Daten-Ein- und Ausgabe, Datenbanken, Datensicherung und -schutz).

[2] BOWLES, K.L.: Problem Solving Using PASCAL. New York - Berlin - Heidelberg (Springer) 1977

Einführung in UCSD-PASCAL, verfaßt vom Gestalter dieses PASCAL-Dialekts. Elementares Lehrbuch mit vielen Beispielen zur Graphik; es beschreibt nicht alles, was man mit PASCAL anfangen kann (keine höheren Datentypen).

[3] JENSEN, K. und N. WIRTH: PASCAL User Manual and Report. New York - Heidelberg - Berlin (Springer) 1978

Enthält eine präzise Beschreibung des original Wirthschen PASCAL ('Standard-PASCAL'). Eher Nachschlagewerk als Lehrbuch.

[4] SCHAUER, H.: PASCAL für Anfänger. Wien - München (Oldenbourg) 1976

[5] SCHAUER, H.: PASCAL-Übungen. Wien - München (Oldenbourg) 1978

Zwei gut lesbare Bände mit vielen interessanten Beispielen.

[6] WILLIS, J. und B. POL: Was der Mikrocomputer alles kann. Würzburg (Vogel) 1980

Leicht und locker geschriebene, doch nichtsdestoweniger informative Einführung in das Gebiet der Mikroprozessoren (das Herz unserer PASCAL-Rechner). Gelungene Werbung für die 'Computerei' als schöpferisches Hobby; enthält weitere Literaturhinweise.

[7] WIRTH, N.: Systematisches Programmieren. Stuttgart (Teubner) 1978

Führt ins Programmieren als eigenständige Disziplin, als das 'systematische Konstruieren und Formulieren von Algorithmen' ein. Anspruchsvolles Buch mit vielen, fast durchweg mathematischen, Beispielen.

[8] WIRTH, N.: Algorithmen und Datenstrukturen. Stuttgart (Teubner) 1979

'St. Nicks' klassisches Werk; die geeignete Lektüre für den fortgeschrittenen PASCAL-Aspiranten.

Weiterführend und ergänzend:

[9] BEGUIN, A.: Pascal. Hamburg (Rowohlt) 1976

[10] ENGEL, A.: Elementarmathematik vom algorithmischen Standpunkt. Stuttgart (Klett) 1977

[11] GANZHORN, K. und W. WALTER: Die geschichtliche Entwicklung der Datenverarbeitung. Stuttgart (IBM) 1975

[12] JEHLE, F.: Boolesche Algebra. München (Bayerischer Schulbuch-Verlag) 1971

[13] NIEVERGELT, J., FARRAR, J.C. und E.M. REINGOLD: Computer Approaches to Mathematical Problems. Englewood Cliffs (Prentice-Hall) 1974

[14] PASCAL, B.: Pensées sur la Réligion, sur l'Informatique et sur quelques autres sujets. Paris 1670

[15] SILVER, J.: Numerologie. Eine Kabbala des 20. Jahrhunderts. Genf (Ariston) 1976

Programmiersprache

Programmanfang

PROGRAM ...	Programmkopf

Vereinbarungsteil

CONST	Konstantenvereinbarung
TYPE	Typvereinbarung
VAR	Variablenvereinbarung
FUNCTION ...	Funktionsvereinbarung
PROCEDURE ...	Prozedurvereinbarung

Datentypen

integer , real	ganze Zahl, Dezimalzahl
char , string	Zeichen und Zeichenreihe
boolean	Wahrheitswert
(..., ..., ...)	Aufzählungstyp
a..b	Unterbereichstyp
ARRAY[a..b] OF ...	Feld
SET OF ...	Menge
RECORD ... END	Verbund
FILE OF ...	Datei
↑T	Zeigertyp

Anweisungsteil

BEGIN ... END.	Anweisungsklammern und Punkt

Entscheidungsanweisungen

IF ... THEN ... ELSE ...	Zweiseitige Auswahl
CASE ... OF ... END	Mehrfachauswahl

Wiederholungsanweisungen

WHILE ... DO ...	Schleife mit Eingangsbedingung
REPEAT ... UNTIL	Schleife mit Endebedingung
FOR ... TO ... DO ...	Zählschleife aufwärts
FOR ... DOWNTO ... DO ...	Zählschleife abwärts

Ein- und Ausgabeanweisungen

read , readln	Eingabe, Eingabe nächste Zeile
write , writeln	Ausgabe, Ausgabe nächste Zeile

Funktionen und Operationen

sqr , sqrt	Quadrat- und Wurzelfunktion
abs , trunc , round	Betrag, Abschneiden, Runden
sin , cos , arctan	trigonometrische Funktionen
exp , ln	Exponential- und Logarithmusfunktionen
succ , pred , odd	Nachfolger, Vorgänger, Parität
eoln, eof	Zeilenende, Dateiende
+ , - , * , / , DIV , MOD	arithmetische Operationen
NOT, AND, OR	logische Operationen
+ , - , * , IN	Mengenoperationen
= , <= , >= , <>	Vergleichsoperationen

Kommandosprache

Oberste Kommandoebene

E(dit	ruft den Editor (zum Erstellen oder Ändern eines Programms)
R(un	bringt Programm im Arbeitsspeicher zum Laufen
F(ile	ruft den Filer(zum Aufzeichnen, Lesen usw. von files = Dateien auf Platte)
C(omp	setzt den Compiler (Übersetzer) in Aktion

Editor

E	Dateiname <Return>	holt Datei (Programm) von Platte
E	<Return>	Eröffnung einer neuen Arbeitsdatei
E	ESC <Return>	Rückkehr zur obersten Kommando-Ebene
I(nsert		ermöglicht Schreiben bzw. Einfügen eines Programmtextes
D(elete		dient zum Löschen von Programmteilen
Q(uit		Verlassen des Editors

Filer

G(et	holt Datei von Platte in den Arbeitsspeicher
S(ave	schreibt Programm im Arbeitsspeicher auf Platte
N(ew	löscht Programm im Arbeitsspeicher
L(dir	listet Inhaltsverzeichnis der Platte auf

Tastenfolge zum Schreiben eines Programms

1. Gerät anschalten
2. Knopf RESET drücken (holt Betriebssystem von Platte)
3. F drücken (ruft Filer)
4. D drücken (Datum aktualisieren), dann RETURN drücken
5. N drücken (löscht evtl. vorhandenes Programm im Arbeitsspeicher)
6. Q drücken (Verlassen des Filers)
7. E drücken (Editor rufen)
8. RETURN drücken (eröffnet neue Arbeitsdatei)
9. I drücken: jetzt ist der Rechner zur Aufnahme des Programmtextes bereit.

Nach dem Schreiben des Programmtextes gleichzeitig die Tasten CONTROL und C drücken. Dann Q(uit , U(pdate , C(omp und schließlich (wenn keine Fehlermeldung auftritt) R(un.